한국교육철학회 학술서적 시리즈 3

교육과 한국불교

한국교육철학회 편

김방룡 · 김정래 · 박보람 · 석길암
안경식 · 이지중 · 이철헌 · 정혜정

학지사

발간사

　흔히 교육철학을 접근하기 쉽지 않다고 생각하는 분들이 적지 않은 세태에 2015년 한국교육철학회는 정기적으로 간행하는 학술지『교육철학』이외에 학술서적을 발간하기로 하였습니다. 그 결과 학술서적 시리즈 제1권『교육과 지식』, 제2권『교육과 성리학』에 이어 이번에 제3권『교육과 한국불교』가 세상에 나오게 되었습니다.

　불교는 우리의 삶에 수천 년간 지대한 영향을 미쳐 온 종교입니다. 그 영향은 우리나라 사람들의 정신세계를 지배한 철학사상은 물론이고, 문학, 언어, 조각, 회화, 불상, 음악, 무용, 음식 등 삶 전반에 걸쳐 있습니다. 무엇보다도 참선수행이 한국불교의 가장 큰 보배입니다. 그럼에도 불구하고 불교가 우리에게 선뜻 다가오지 않는 것처럼 여겨지는 이유 중 하나는 불교경전이 모두 한문으로 되어 있기 때문입니다. 또한 기독교처럼 한 권으로 산뜻하게 편집된 '바이블'이 없습니다. 부처님의 가르침을 담은 경전을 八萬大藏經이라고 하며, 여기에 주석이라 할 수 있는 論·疏·記, 그리고 祖師語錄까지 합치면 아무나 감당할 수 없을 만큼 양도 엄청나게 많습니다. 그래서 일반인이 무엇부터 공부해야 할지 당황하게 마련이며, 불교가 공부보다는 기복신앙으로 기울어지는 경향도 드러납니다.

　이런 상황에다가 우리는 부처님의 가르침과 불교에 담긴 지혜를 서양식 틀로 짜인 우리 교육 현실에 접목시켜야 할 과제를 안고 있습니다. 불교가 그간 교육학에서 전혀 다루어지지 않은 것은 아닙니다. 그러나 사정을 들여다보면, 교육학에서 불교 관련 부분이 강의 교재용 서적에 走馬看山 식으로 간략하게 나열되거나 아니면 그나마 출간된 전문서적은 대개 일반인이 접근하기 쉽지 않은 고답적이며 심오한 내용을 담고 있습니다.

『교육과 한국불교』가 이 문제를 모두 해결할 수는 없지만, 현실적 난점을 안고 있는 일반인들에게 이해와 접근을 용이하게 하면서도 그들을 부처님의 般若智와 慈悲實踐의 장으로 안내하고자 하였습니다. 다만, 공덕이 부족하여 한국불교를 다룬다고 하면서 과거 우리나라를 대표하는 스님들을 모두 포함시키지 못 하였습니다. 다음 기회에 法緣이 닿아 이런 부족함이 보완되기를 발원합니다. 하지만『교육과 한국불교』가 교육적 아이디어의 寶庫 역할을 톡톡히 할 것을 확신합니다.

한국교육철학회 임원진은 이 책 발간의 동기를 제공하셨고, 이번에 필진으로 모시게 된 불교학 권위자 일곱 분은 부처님의 法恩을 알리고자 바쁜 일상에도 학회 일정에 맞추어 옥고를 주셨습니다. 아울러 학지사 김진환 사장님은 타산성 없는 철학과 인문학 분야인 이 시리즈 출간을 흔쾌히 수락해 주셨습니다. 모든 분께 이 자리를 빌려 감사드립니다.

이 책이 부처님의 지혜와 자비가 우리 교육에 접목되는 또 다른 인연이 되길 기원하면서, 우리 학회 회원님들과 일반 독자 여러분의 뜨거운 성원과 비판을 기대합니다.

감사합니다.

2017년 6월

한국교육철학회장 김 정 래 합장

차례

차례

제1장 불교의 지혜와 한국교육

김정래 (부산교육대학교)

'觀自在'로 시작하는 『般若心經』은 다른 佛經이 '如是'로 시작하는 것과 다르지만, '있는 그대로 세상'을 '스스로 如如하게 돌아보라'는 점에서 두 말의 뜻은 같다. 물론 두 가지는 '如是我聞(나는 이렇게 들었다)'과 '觀自在菩薩(觀世音菩薩의 명호)'에서 따온 것이지만, 모두 세상을 똑똑히 보고 자신의 본래 성품을 철저하게 파악하라는 뜻이다. 이 점에서 사람들에게 자기 자신을 포함하여 세상을 온전하게 보고 이에 맞게 실천하며 살도록 가르치는 활동인 교육은 불교의 이러한 가르침과 한 치도 어긋나지 않는다. 그러면 '있는 그대로 세상'을 여법하게 보고 올바르게 실천하도록 하는 불교의 가르침이 교육에 어떻게 융해되어야 하는지를 살펴보기로 한다.

I. 불교의 지혜

불교를 생각하면, 누구나 空, 연기, 인과법, 일체유심조, 자비 등을 떠올린다. 불교를 어떤 방식으로 보건 간에 불교의 실상을 파악하려고 한다면, 적어도 두 가지 작업이 선행되어야 한다. 하나는 불교의 반야 지혜와 자비 실천이 일상적으로 어떻게 수용되어야 하는지 검토하는 일이다. 다른 하나는 불교의 지혜와 실천 규범이 철학적 견지에서 어떻게 이해되는지를 검토해 보는 일이다. 참선을 꽃 피운 한국 불교의 실천적 측면에서 전자의 중요성이 더욱 부각되지만, 여기서는 후자를 출발점으로 삼기로 한다.

1. 반야지(般若智)

불교경전의 방대한 양을 감안해 볼 때, 불교의 지혜를 표현하는 般若智를 논의할 경우, 반야지 또한 어떻게 보는가에 따라 여러 가지로 설명할 수 있다. 여기서는 五種般若 즉 實相般若, 境界般若, 文字般若, 方便般若, 眷屬般若를 살펴본다.[1]

실상반야는 형이상학의 도체를 가리킨다. 생각으로 다다를 수 없어서 '不可思議'이며, 말로 설명하거나 표현할 수 없기 때문에 '言語道斷'이라고 한다. 성품으로 보면 淸淨自性이다. 自性은 空한 것이므로, 실상반야는 空을 뜻한다. 여기서 '空'이라고 한 것은 실상반야가 우리가 일상적으로 접하는 사물이나 사건 또는 인식하는 관념의 형태로 존재하지 않는다는 뜻이다. '空'이라고 표현해도 '虛相'을 뜻하는 것이 아니다. 실상반야는 헛것이 아니라, 오히려 우주, 삼라만상, 어디에나 遍在함을 말한다. 그래서 '無所在, 無不所在', 즉 따로 있는 곳이 없으며 그렇다고 있지 않은 곳이 없다. 실상반야의 이런 특징은 모두 '아이러니'일 수밖에 없다. 반야 지혜 중에 실상반야는 가장 근본적인 것으로 일체의 것을 생성하는 원인(*aitia*)으로 보기도 한다.

경계반야는 반야 지혜가 일체법의 경계에 이른 것을 가리킨다. 修道를 통해서 道를 보는 경계여서 경계반야라고 한다. 그래서 '마음으로 체험하여 닿는 그것'이다(남회근, 2008: 20). 또한 사물로 보면, 달이 비추는 물마다 달이 존재하는 그 경계를 말한다. 천 개의 강물에 비친 천 개의 달[月印千江]이 경계반야에 의하여 체험하는 달이라면, 물에 비추기 이전의 원래 달이 실상반야이다. 경계반야는 菩薩의 측면에서

---

1) 이 다섯 가지는 남회근의 금강경 해설에서 근거한 것(남회근, 2008: 17-26)이지만, 본문에서 다룬 내용은 필자의 생각을 전개한 것이다.

보면 성취의 반야를 뜻하고, 중생의 측면에서 보면 고뇌의 반야를 뜻한다. 사람은 자신의 근기와 수행 정도에 따라 얼마나 그리고 어떻게 인식하는가에 따라 각기 다른 경계가 지어진다. 그래서 경계반야는 일종의 隨器, 隨分을 뜻한다. 공부하는 사람의 경계가 중심이기 때문에 경계반야는 교육 논의에서 매우 중요하다. 또한 현대물리학과 고등수학에서 언급되는 경계도 불교의 경계반야로 귀결된다. 제Ⅱ절에서 '경계'를 중심으로 논의하도록 한다.

문자반야는 언어 자체에 담긴 지혜를 말한다. '문자 자체가 이미 지혜를 구비하고 있다'는 것을 뜻이다(남회근, 2008: 21). 따라서 문자반야가 없으면 아름다운 글이나 좋은 논문을 쓸 수 없다. 사람이 도를 깨친 후 나타나는 능력은 그 사람이 출중해서가 아니라 문자반야로 인하여 드러나는 출중함이다(남회근, 2008: 23). 즉 사람이 글을 배워서 지혜에 이르는 것이 아니라 문자반야의 가피로 인하여 지혜에 도달한다는 것이다. 따라서 문자에도 문자의 경계가 있다. 이렇게 보면 문자반야는 글을 지혜를 얻는 수단으로 보는 우리의 교육적 상식과 배치된다. 흔히 '사람은 책을 만들고 책은 사람을 만든다.'고 한다. 이 말은 문자반야의 실체를 표현한 것이기도 하지만, 책과 사람이 相卽 관계에 있음을 나타낸다. 문자반야는 공부하는 사람들이 이미 지혜를 구족한 문자를 담은 책을 소중히 해야 하는 실천 강령의 근거가 된다. 또 문자반야는 우리가 일상적으로 수행하는 염불이나 다라니 수행과도 관련된다. 염불[2]을 하거나 다라니를 욀 때 입으로 암송하는 문자 그 자체가 우리에게 지혜를 안겨준다는 점에서 염불이나 진언, 다라니도 경전과 마찬가지로 문자반야이다. 염불문이 참선문과 원돈문과

---

2) 염불에는 입으로 외는 칭송염불만 있는 것이 아니다. 이외에 觀像念佛, 觀想念佛, 實相念佛이 있다.

함께 융화되는 것으로 파악한 휴정스님의 '삼문'을 다룬 본서 제7장에서 문자반야의 중요성을 확인할 수 있다.

방편반야는 지혜에 도달하는 데 요구되는 온갖 역량이나 능력을 갖추는 것을 말한다. 이때 '방편'은 '術(techne)'처럼 수단을 강구하는 기량만을 뜻하지 않는다. 오히려 방편 역량이 지혜를 구성하는 구성요소라는 뜻이다. 일례를 들어보자. 피아노 거장의 연주는 온갖 손동작으로 구성되어 있다. 초보자이건 거장이건 간에 온전한 손동작이 없다면, 피아노 연주 자체가 성립할 수 없다. 이 때 손동작은 연주자의 기량에 따라 다르지만, 거장의 경우에는 오묘한 깨달음이 이미 담겨 있을 수 있다. 손동작은 연주의 수단이 아니며, 연주가 손동작의 목표도 아니다. 손동작은 연주의 방편이다. 문자반야에서 문자가 지혜를 담고 있다면, 방편반야에서는 온갖 기량과 기예가 지혜를 담고 있다. 물론 방편반야에서 지혜를 담고 있는 방편이 반드시 기량이나 기예가 아닌 경우도 있다. 경우에 따라서 방편은 자연일 수도 있으며, 언어일 수도 있으며, 희미한 몸짓일 수도 있다. 이 점에 비추어, 삼라만상 어느 하나 방편 아닌 것이 없다(황산덕, 1980: 211). 이를 제대로 파악하지 못한다면, 우리는 그것이 방편인 줄 모르고 무엇이건 집착하게 된다. 교육에서 교과의 내재적 가치를 주장하는 것은 그것이 이론적으로 타당하다고 하여도 반야지를 얻는 방편임을 새기는 것도 매우 중요하다. 특히 교사에게는 아무리 어려운 내용이라도 아이들이 쉽게 알 수 있도록 가르치는 역량이 요구되는 바, 이것이 방편반야이다. 불가에서 온갖 만물이 善知識이 된다고 하는 것은 그것이 곧 방편반야라는 뜻이다. 제Ⅲ절에 소개하는 '禪圓'은 불교의 지혜를 드러내기 위한 방편반야라고 할 수 있다.

권속반야는 '깨달음의 지혜에 수반되는 실천'(남회근, 2008: 25)을 말하는 것으로 行願이라고도 한다. 구체적으로 六度 또는 六波羅蜜에서 앞 단계인 布施, 持戒, 忍辱, 精進, 禪定의 실천에 담긴 지혜를 뜻한다. 지혜의 깨달음은 실천 없이 이루어질 수 없기 때문이다. 그래서 권속반야는 실천이 곧 지혜이고, 지혜가 곧 실천에 있다는 것을 뜻한다. 그렇기 때문에 권속반야는 이론과 실제의 이분법을 떠나 있다. 지혜를 알음알이로 파악하고, 실천을 이와는 별개로 보는 방식, 즉 지혜와 실천을 떼어놓고 논하는 것은 권속반야를 제대로 파악하지 못한 것이다.

2. 인과 · 유심 · 공(因果 · 唯心 · 空): 일체실상(一體實相)

불교의 지혜를 철학적으로, 이론적으로 검토한다는 것은 불교에서 警戒하는 알음알이에 천착하는 일이다. 그러나 반야지가 말로 표현했을 때만 '지혜'라고 일컬어질 뿐이지, 그것은 실천을 포함하지 않을 수 없으며, 우리의 일상과 실천 현장에서 접하게 되는 '境界'와 떼어놓고 논의할 수 없다. 이는 『金剛經』이 주는 큰 교훈이다. 하지만 중생의 견지에서 실천적 측면이 설득력과 실행력을 가지려면, 반야지에 담긴 내용을 하나씩 철학적으로 검토해 보는 일이 요구된다. 여기서 불교의 空, 緣起, 一切唯心造의 토대가 되는 一切皆空, 三世因果, 三界唯心을 철학적 관점에서 살펴보자.[3]

불교의 가장 두드러진 특징은 因果 법칙이다. '善因善果, 惡因惡果'로 표현되는 인과법이다. 인과법은 緣起를 설명해 준다. 또 인과법은 금생에만 적용되는 것이 아니어서 三世因果法이라고 한다. 과거, 현

---

3) 一切皆空, 三世因果, 三界唯心 세 가지는 이상우의 논의를 토대로 한 것이다(이상우, 2000: 119-132; 2014: 64-75).

재, 미래 삼세의 모든 것이 인과법칙에 의한다. 과거가 원인이 되어 현재의 결과가 되고, 현재가 원인이 되어 미래의 결과를 낳는다. 따라서 인과법칙에 따라 삼세가 斷滅하지 않고 생멸 변화한다. 이러한 인과법을 인정한다면, 그것은 인과를 하는 가능하게 하는 법칙이 존재한다는 것을 인정하는 것이다. 이처럼 한 치 오차 없이 세세생생 작용하는 질서정연한 인과율이 존재한다면, 우리는 이를 일단 '실재론'으로 인정해야 한다.

반면에 欲界, 色界, 無色界가 끊임없이 생멸 윤회하지만, 그것은 실재하지 않는 허망한 것이어서 실체가 없다. 현실에서 우리에게 삼계가 실재하는 것처럼 보일 뿐, 사실 그것은 우리의 망령된 마음이 분별작용을 일으킨 것이다. 따라서 삼계는 모두 마음에서 비롯된 것이다. 이를 三界唯心論이라고 한다. 이때 삼계의 실재는 부정되고 이를 인식하는 마음의 실재는 인정하고 있으므로, 우리는 이를 일단 '관념론'으로 인정해야 한다.

모든 존재가 空하다는 생각은 불교의 가장 근본에 깔린 생각이다. 실제로 모든 사물은 독립적인 실체가 없다는 생각이 '空' 한 자에 담겨 있다. 『잡아함경』의 '三法印'의 諸行無常과 諸法無我는 불교의 空 사상을 잘 드러내 준다. 일체 모든 것이 일정하게 존재하지 않으며, 생각은 있는데 생각하는 내가 없다는 것이다. 이러한 생각을 一切皆空이라고 한다. 이때 세상이든 우리의 마음이든 모든 것이 부정되므로 우리는 불교의 '空'을 일단 '허무주의'로 인정해야 한다.

이렇게 보면 실재론으로 여겨지는 '삼세인과', 관념론으로 여겨지는 '삼계유심', 그리고 허무주의로 여겨지는 '일체개공'이 각각 대립하고 갈등하면서 상호 모순된 것처럼 보인다. 여기서 세 가지 모순, 대립되는 양상을 상정할 수 있다. 첫째, 삼세인과법이 실재론적 입장에 있다는 것과 삼계유심론이 관념론적 입장에 있다는 것 사이의 모순이다.
둘째, 삼계유심론이 관념론적 입장에 있다는 것과 일체개공이 허무주
의 입장에 있다는 것 사이의 모순이다. 셋째, 일체개공이 허무주의 입
장에 있다는 것과 삼세인과법이 실재론적 입장에 있다는 것 사이의
모순이다. 그러나 불교의 지혜가 이처럼 상호 모순된 전제를 바탕으
로 하지 않는다. 철학적 입장에서 이들 세 가지가 상호 모순 대립되지
않는다는 것을 살펴보기로 한다.

　우선, 삼세인과법의 실재론적 입장과 삼계유심론의 관념론적 입장
사이의 모순부터 살펴보자. 이 두 가지가 모순이라고 하는 논거는 과
거 · 현재 · 미래가 인과법으로 구성되어 있다고 하면서 동시에 마음
이 세상을 지어낸 것이라고 하면 한 치 오차 없이 엄격하게 적용되어
야 할 인과법이 마음이 지어내는 바에 따라 자의적으로 영향을 받는
것에 불과하다는 데 있다. 하지만 여기서 놓칠 수 없는 논점은 마음
도 인과법을 따른다는 것이다. 또 마음은 인과법칙의 지배만 받는 수
동적인 것이 아니라 인과관계를 파악하고 새로운 결과를 내고자 하는
능동적인 작용도 한다. 나아가서 마음은 인과법을 벗어나고자 한다.
즉 마음은 인과법에 매여 있으면서도 해탈하고자 한다. 그래서 마음
은 인과의 윤회를 벗어나기 위하여 윤회를 벗어날 因을 쌓고 윤회를
벗어날 果를 얻고자 한다. 이렇게 보면 삼세인과법과 삼계유심론은
상호 대립하거나 모순된 것이 아니다. 따라서 불교의 지혜는 실재론
적 입장과 관념론적 입장이 대립 갈등하는 것이 아니라 이 모두를 포
괄 수용한다. 여기서 핵심은 ‘해탈하고자 하는 마음’이다.

　그 다음으로, 삼계유심론의 관념론적 입장과 일체개공의 허무주의
입장 사이의 모순을 보자. 이 두 가지가 모순이라고 하는 논거는 세상
을 만든 것이 마음이라면 마음도 어떤 형태로든 존재해야 하는데, 모

든 것이 쏲이라고 하니 모순이라는 것이다. 마음이 사물을 만들고 세상을 만들고 六道도 만들고 부처도 만들고 마구니도 만들었다면, 이 모든 것을 만든 마음은 실재해야 한다. 여기서 우리는 온갖 것을 지어내는 마음과 마음이 지어낸 온갖 것이 결코 같은 방식으로 파악되지 않는다는 점에 유념해야 한다. 마음이 지어냈다고 하는 만물은 생멸하는 것이지만, 만물의 근원인 마음은 '일체개공'이라는 말의 '일체'의 범주에 속하는 것이 아니다(이상우, 2000: 129). 일체의 것, 만물, 온갖 사물과 사건 등은 존재 여부를 물을 수 있고 인과 법칙에 묶여서 생멸 윤회하지만, 그것을 지어내는 마음은 인과법칙을 벗어나 있다. 인과 법칙을 벗어나 있기 때문에 생멸 윤회하지도 않고 허망한 것도 아니라 만물의 본체이며 궁극적인 원인이다. 앞서 소개한 '실상반야'는 마음의 이러한 특성을 가리킨다. 따라서 불교의 지혜는 관념론적 입장과 허무주의 입장이 대립 갈등하는 것이 아니라, 이 모두를 포괄 수용한다. 오히려 핵심은 마음이 없으면 모든 것이 공하다는 것이다.

마지막으로, 일체개공의 허무주의 입장과 삼세인과법의 실재론적 입장 사이의 모순을 살펴보자. 이 두 가지가 모순이라고 주장하는 논거는 세상 만물이 공하다고 하면서 세상 만물을 지배하는 인과법이 어떻게 병립할 수 있는가 하는 것이다. 우리는 여기서 연기법을 들어 생각해 볼 수 있다. 십이연기는 상호 간에 원인-결과를 이루면서 상호 의존하는 모습을 설명해 준다. 그러나 연기법을 파악하는 방식에 따라 우리는 일체개공의 허무주의와 삼세인과법의 실재론이 모순되지 않음을 알 수 있다. 唯識에서 언급되는 '蛇·繩·麻'는 이 모순을 해결하는 좋은 예가 된다. 일상생활에서 뱀이라고 인식된 실체가 알고 보니 새끼줄이며, 그 새끼줄의 본성을 파악해보니 삼베라는 것이다. 사람들은 새끼줄을 착각한 것인 줄 모르고 뱀이 상존하는 실체라고 집착하며 살아간다. 이를 '遍計所執性'이라고 한다. 그러나 연기에 의하여 세상의 생사윤회는 만물이 서로 의존해 있으므로 이를 '依他起性'이라고 한다. 이때 緣起하는 존재가 自性을 갖지 않으므로 이를 緣起空[4]이라 한다. 여기서 蛇·繩·麻, 즉 뱀·새끼줄·삼베의 관계가 연기에 의하여 파악되지만, 그것을 연기라고 파악하는 마음은 뱀·새끼줄·삼베가 연기법에 따라 원만하게 구족되어 있다는 점을 파악한다. 이를 '圓成實性'이라고 한다. 이때 마음은 뱀·새끼줄·삼베와 같은 방식으로 파악되는 실체가 아니다. 이렇게 보면 세상 만물이 공하다는 것과 인과를 작용하는 연기법이 실재한다는 것은 상호 모순되지 않는다. 따라서 불교의 지혜는 허무주의와 실재론이 대립 갈등하는 것이 아니라, 이 모두를 포괄 수용한다. 여기서 핵심은 緣起空에 의하여 淸靜自性이 실재한다[5]는 것이다.

이상에서 삼세인과론의 실재론, 삼계유심론의 관념론, 그리고 일체개공의 허무주의가 철학적으로 상호 대립하거나 모순되지 않음을 확인하였다. 오히려 철학적 검토를 통하여 우리는 보다 적극적인 견지에서 인과법의 지배를 받으면서 그 지배를 벗어나려는 해탈의 마음을 지니고 있으며, 그 마음으로 인하여 허무주의에 빠지지 않는다는 점, 그리고 연기에 묶여 있는 모든 것은 자성이 없지만 만물을 구족하게 하는 도체가 있다는 점을 확인할 수 있다. 이 결론은 모두 '마음'에 귀

---

4) '緣起'는 얽혀서[緣] 발생한다[起] 또는 의존하여[緣] 발생한다[起]는 뜻이다. 즉 연기는 홀로 발생할 수 없다. 이처럼 인과 관계를 서로 의지하여 서 있는 갈대에 비유한 '蘆束'의 비유는 묶여 있는 갈대가 서로 의지하는 특성처럼 연기가 自性을 갖지 않는다는 점을 드러내준다(성철, 2014: 204-205).

5) 여기서 주의해야 할 점은 연기법이 실재한다는 점이다. 연기법이 실재하는 '法界는 그 자체로 나지도 않고 없어지지도 않으며[不生不滅], 늘지도 않고 줄지도 않는다[不增不滅]. 거기에는 서로 의지하여 원용무애하게 존재할 뿐이다'(성철, 2014: 206). 淸淨自性의 실재는 곧 실상반야를 가리킨다.

결된다. 그러면 '마음'의 문제를 살펴보아야 할 것이다.

3. 중도(中道)의 지혜: 불이원융(不二圓融)

흔히 불교를 '깨달음의 종교'라고 한다. 그렇다면 무엇을 깨닫는다
는 말인가?

초기불교에서 釋尊께서 깨달음의 과정을 설하신 것이 四聖諦와 八
正道이다. 苦·集·滅·道의 四諦를 이해하는 데 주의해야 할 필요가
있다. 四諦를 이해하는 데 線型 또는 往相으로 파악하면, 四諦는 '苦
에서 시작하여 道에 이르러 끝나는 과정'이 되어버린다. 그렇게 되면
불교의 지혜를 심하게 왜곡하게 된다. 당초 석존께서 초기 가르침을
펴실 때 전하고자 한 것이 '中道' 사상이다. 중도사상은 불교만이 지니
는 독특성이라고 한다.[6)]

苦·集·滅·道의 四諦를 중도 원리로 이해해야 하는 근거는 성철
스님의 다음 법문에서 찾을 수 있다.

> 苦를 버리고 성불하는 것이 아니고, 集을 끊어서 滅諦로 들어가 열반을 증득
> 하는 것이 아닙니다. 集諦 그대로가 滅諦입니다. (성철, 2014: 225)

'集諦가 곧 滅諦'라고 한다. 같은 연장에서 보면, 苦諦가 곧 道諦가
된다. 이 말을 이해하려면 불교만이 지니는 독특함이라고 하는 '중도'
의 의미를 명백하게 파악해야 한다.

中道는 양변을 버리면서 양변을 모두 수용하는 것이다. 중도의 의

---

6) 중도사상이 불교만의 독특함이라고 강조한 대표적인 분은 성철스님이다. 성철스님의
『백일법문』상권(2014년 개정판) 제2부 제4장을 참조하라.

미를 단순하게 중간자(mediocrity), 산술평균(arithmetic mean), 중앙값 (median)으로 파악하거나 아리스토텔레스의 中庸[7]과 같은 뜻으로 해석해서는 안 된다. 양극단을 포용한다는 圓融의 측면에서 중도는 중용과 결코 같을 수 없기 때문이다. 그러면 양변을 버리면서 동시에 양변을 수용한다는 것은 무엇을 뜻하는가?

중도 진리는 원융 무애하다. 四諦를 언급한 앞의 법문에서 성철스님은 苦가 眞如를 떠나지 않고 진여와 다름이 없다고 하면서, 苦·集·滅·道의 네 가지가 버릴 것도 없고, 취할 것도 없이 원융무애하다고 하였다(성철, 2014: 224). 결국 중도에 따르면, 네 가지 지혜는 상호 원융하기 때문에 滅諦와 道諦만이 성스러운 것이 아니라 苦諦와 集諦도 성스러운 것이다. 즉 苦, 고통, 괴로움 자체가 성스러운 것이다. 고통이 성스럽다고 하면, 상식적으로 이를 수용할 수 있겠는가? 일상적으로 유복하게 태어난 사람과 그렇지 못한 사람을 놓고 보자. 전자에 비하여 후자는 더 많은 세속적 고통 속에서 살아가게 마련이다. 그렇지만 후자는 전자에 비하여 이른바 '행복'을 추구하려는 소망과 다짐이 더욱 강할 것이다. 행복의 의미가 세속적인 것이건 아니건 간에 고통을 더 많이 감내하는 사람이 행복의 성취를 위한 노력을 배가할 것은 틀림없으며, 실제로 행복감을 더 느낄 것이다. 이 점에서 고통은 행복의 원인이 된다. 이는 苦諦와 道諦가 상호 대립하는 것이 아니라 상호 원융하는 이치와 같다.

중도의 본질을 좀 더 확실하게 파악해 보자. 성철스님(2014: 129)은 『中庸』의 다음을 거론하면서 성리학 체계의 중용과 불교의 중도가 확

---

7) 아리스토텔레스의 '중용'은 일차적으로 양극단을 버린 상태를 말한다. 양극단을 포용한다는 뜻이 들어있지 않다. Aristotle, *Ethics*, Book Ⅱ. Thompson의 번역본인 펭귄판에 제시된 도표(1958: 104)에서 '중용'이 '양변을 버린 상태'임을 알 수 있다.

연히 다르다는 것을 강조하고 있다.

> 喜怒哀樂이 발하지 않는 것을 '中'이라고 하고, 희로애락이 발하여 모두 절도
> 에 맞는 것을 '和'라고 한다. 『中庸』 제1장

희로애락이 발하지 않고 이 모든 것이 떨어진 것을 '中'이라고 해서
이를 중도라고 하면 안 된다는 것이 스님의 설명이다. 불교의 中道는
양변을 버리는 동시에 양변을 완전히 융합하는 것을 가리키기 때문이
다. 『中庸』의 설명은 양변을 버리는 것만을 이르는 것이지, 양변을 모
두 융합하는 것을 이르지 않기 때문에 불교의 중도가 될 수 없다는 것
이다. 양변을 버리는 동시에 양변을 모두 융합하는 것을 이르러 '雙遮
雙照' 또는 '遮照同時'라고 한다. 앞의 인용문에서 '和'는 양변을 버리
면서 동시에 융합하는 것을 가리키는 것이 아니라 양변을 버리기만
하는 상태를 말한다. 이 점에서 중도의 雙遮雙照 또는 遮照同時는 '中
和'와 확연하게 다르다.

이러한 논의를 한국불교에서 독자적으로 발전시킨 것이 원효의 和
諍 논리이다. 원효의 화쟁 사상은 당시 승랑의 삼론과 원측의 유식사
상을 '화쟁의 논리로 지양한 것'(박종홍, 1999: 94)으로 평가된다. 초기
불교의 중도를 설명하고자 했던 宗論인 삼론종과 有宗인 유식사상을
다시 한꺼번에 융합한 것이 원효의 和諍이다.[8] 그런 만큼 버리면서
동시에 그것을 융합하는 중도사상은 원효의 和諍을 통하여 독특한 방
식으로 제시된다.

---

[8] 박종홍은 원효의 화쟁 이전에 한국불교의 독특함을 승랑의 삼론종과 원측의 유식 사상
에서 먼저 찾을 수 있다고 하였다. 독창적으로 발전시킨 대립된 두 가지 사상을 다시 독
창적인 중도 논리로 '開合'하고 '立破'한 것이 원효의 화쟁 논리라고 박종홍은 설명한다
(1999: 89-110).

중도의 지혜는 부처님의 법신, 삼라만상의 실재, 佛性을 온전하게 파악하기 위한 지혜이다. 주지하는 바와 같이, 불교는 절대자나 신에 의존하지 않고 淸淨自性, 일체만법의 자성을 깨닫는 종교이다. 앞서 청정자성은 道體, 實相般若라고 하였으니, 결국 불교는 일체의 실상을 '있는 그대로' 깨닫는 것이다. 우리나라 화엄의 初祖인 義湘스님의 『法性偈』에 의하면:

> 법의 성품 원융하여 두 모습이 아님이여
> 모든 법은 부동하여 본래부터 고요하니
> 이름 없고 모습 없어 모든 것이 다 끊어져
> 증득해야 아는 바요 다른 경계 아님이라[9]

여기서 '無二相'이란 '圓融'을 뜻한다. 일체가 두 가지 모양을 하지 않는다는 뜻이다. 두 가지가 없으니, 이를 표현할 때 '不二'라고 한다. 不二는 '身土不二'처럼 일상적으로도 사용되지만 '중도'의 핵심을 이르는 말이다. 그래서인지 불교 안에서 매우 다양하게 폭넓게 사용된다. 그러면 불교의 맥락에서 파악되는 '不二'의 여러 가지 의미를 정리해 보기로 한다.

첫째, 윤리적 차원에서 不二는 善·惡이 相通함을 말한다. 선과 악의 분별이 遮照同時에 의하여 圓融하는 것을 뜻한다. 나아가서, 교육적으로 다소 오해의 소지가 있기는 하지만, 선악 자체의 무분별을 뜻하기도 한다. 그 교육적 난점은 제Ⅴ절에서 살펴본다.

둘째, 인식 차원에서 不二는 境·能이 다르지 않음을 뜻한다. 즉 주관과 객관의 인식 작용이 둘이 아니며, 마음과 세계가 둘이 아니라는

---

9) 法性圓融無二相 諸法不動本來寂 無名無相絶一切 證智所知非餘境

뜻이다. 나아가서 能이 境이 상통하는 경지를 가리킨다. 여기서 모든 것은 마음이 지어낸다는 '應觀法界性 一切唯心造'라는 말이 성립한다.

셋째, 존재론적 차원에서 不二는 生·滅이 둘이 아님을 말한다. 즉 삶과 죽음이 둘이 아니다. 『般若心經』과 中道八不에서 볼 수 있는 '不生不滅'은 이런 의미에서 不二이다.

넷째, 우주론적 차원에서 不二는 一合相을 뜻한다. 『金剛經』의 '一合理相分'에 담긴 지혜가 이 경우의 不二이다. 다른 한편으로 『涅槃經』의 요체인 佛身常住도 이에 해당하는 不二이다.

다섯째, 사회적 차원에서 不二는 自·他, '나'와 '남'이 다르지 않음을 말한다. 이는 자아 문제를 다룬 四相과도 연결된다. 나와 남이 둘이 아니라는 不二思想은 '同體大悲'의 실천원리를 제공한다.

여섯째, 물리적 차원에서 不二는 '一卽一切', 즉 전체와 부분이 다르지 않다는 것을 뜻한다. 이는 다시 『法性偈』의 '하나 속에 일체이고 일체 속에 하나이니, 하나가 곧 일체이고 일체가 곧 하나여서, 작은 하나 티끌 속에 시방세계 머금었고, 일체 모든 티끌 속에 하나하나 그러하네'에서 확인할 수 있다.[10) 極小와 極大가 상통함과 프랙탈(Fractal)도 이에 속하는 不二를 뜻한다.

일곱째, 논리적 차원에서 不二는 有·無가 다른 것이 아님을 말한다. '非有而非無'나 중도의 해탈논리가 이에 해당한다. 같은 맥락에서 不二는 '~임'과 '~아님'이 다르지 않음을 뜻한다. 이는 서양의 논리체계를 부정하여 'A ≡ ~A'임이 성립시킨다. '~임'과 '~아님'이 다르지 않음은 수학의 간단한 예에서 입증된다. '1'은 자연수이지만, 수학적으로 '1 = 0.999…'이므로 결과적으로 '1'은 자연수가 아니다. 자연수

---

10) 一中一切多中一 一卽一切多卽一 一微塵中含十方 一切塵中亦如是

와 자연수 아닌 것이 다르지 않다[不二].

앞에 소개한 『法性偈』의 '無名無相絶一切'는 不可思議, 言語道斷이라 한 실상반야를 지칭하는 것이다. 그리고 '證智所知非餘境'은 실상반야의 경계를 어떻게 표현조차 할 수 없음을 나타낸다. 즉 인식론적으로나 존재론적으로 언어와 사고를 떠난 '無境界'를 뜻한다. 그래서 불교는 '오로지 識만 존재하고 境은 없다'는 唯識無境을 다룬다. 유식무경은 관념론적으로, 성유식론적으로, 중도론적 비판으로 다양하게 접근할 수 있는 만큼, 방대한 논의를 요구한다. 이 중에서 우리가 목하 관심을 갖고자 하는 것은 識으로 파악할 수 없는 경계가 있다는 것이다. 이는 곧 경계 너머의 자유에 대한 자각이며, 궁극적으로 해탈의 깨달음을 가리킨다.

II. 경계와 반논리

오로지 識만 있고 境은 없다는 유식무경은 결국 모든 것은 마음이 지어낸다는 一切唯心造로 연결된다. '一切唯心造'는 '마음'의 문제에 귀결된다는 뜻을 가진 문자반야이다. 일체유심조의 경지를 여기서 모두 논할 수는 없지만, 누구나 마음이 지어내는 경계가 있게 마련이므로, 마음이 지어내는 경계를 가지고 불교의 지혜를 살펴보기로 한다. 이는 다섯 가지 반야 중에서 주로 경계반야에 속하는 문제이다.

1. '앎'과 인식경계

교육학의 핵심 문제인 '앎'을 어떤 방식으로 다루든지 간에 그것은

'아는 것'과 '모르는 것'의 경계에 의하여 파악된다고 규정할 수 있다. 일차방정식은 알고 있지만 이차방정식을 모르는 어떤 학생(A)에게, 일차방정식은 그 학생의 앎 영역 안에 있고, 이차방정식은 모름 영역 안에 있다. 즉 '앎'은 아는 영역과 모르는 영역의 경계에 의하여 파악된다. [그림 1-1]은 이를 도식화한 것이다.

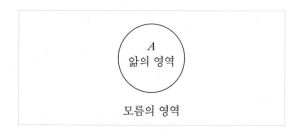

[그림 1-1] 앎과 모름의 경계

앎은 인식의 결과이므로 앎의 문제는 인식경계의 문제라고 할 수 있다. [그림 1-1]에서 인식경계는 A가 자신이 모르는 영역을 접했을 때 인식하는 경계선이다. 그러면 인식경계는 곧 앎의 영역과 모름의 영역의 경계선, 즉 그림에서 A의 앎 영역을 나타내는 圓周를 가리킨다. 원주는 A가 모르는 영역에 접했을 때 겪게 되는 크기를 나타낸다. 따라서 한 사람의 앎의 정도는 그 스스로가 모른다고 인식하는 정도이다.

여기서 많이 아는 사람(A)과 적게 아는 사람(B)의 경우를 [그림 1-2]와 같이 비교해 볼 수 있다.

[그림 1-2]에서 A의 원주가 B의 원주보다 크다. 교육을 많이 받은 사람 또는 많이 아는 사람은 그렇지 않은 사람에 비하여 자신이 아는 바로써 직면하게 되는 무지의 인식 영역이 훨씬 크다는 것을 자각하게 된다. 즉 앎의 크기가 아니라 자신의 무지경계가 남들보다 크다는 것을 인식하게 된다. 따라서 많이 아는 사람은 적게 아는 사람보다 스

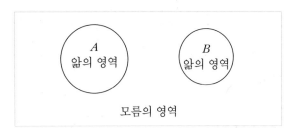

[그림 1-2] 앎의 경계와 무지의 자각

스로가 모르는 것이 많다고 생각한다.[11] 결론적으로 앎의 문제가 인
식의 경계로 규정된다는 점에서 교육적 성공은 결국 인식경계 문제에
달려 있다고 할 수 있다.

문제는 앎의 경계가 무한히 확장되었을 경우이다. 그러면 [그림
1-2]에서 A의 원주는 A의 앎이 확장됨에 따라 경계가 한정될 수 없을
만큼 불분명해진다. 그러면 [그림 1-2]는 [그림 1-3]의 형태로 바뀌게
된다.

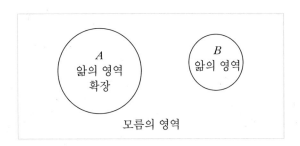

[그림 1-3] 앎의 경계의 무한 확장

[그림 1-3]에서 앎의 영역이 다시 무한 확장되면 '아는 영역'과 '모르

---

11) 소크라테스의 '무지의 자각'이나 『周易』에서 '地山謙' 괘가 주는 교훈은 겉치레가 아님을
   우리는 [그림 1-2]에서 확인할 수 있다.

는 영역'이 상통하게 된다. 즉 知와 無知가 둘이 아닌 경계[不二]를 이루게 된다. 이를 형상화하면, [그림 1-4]가 된다. 앎과 모름의 不二 경계가 형성된다.

A
앎의 영역

B
앎의 영역

[모름의 영역 = 아는 영역]

[그림 1-4] 앎과 모름의 不二 경계

[그림 1-4]는 中道 不二가 인식경계 문제에도 한 치 어긋남 없이 적용되며, 앎과 모름이 원융하는 경지도 수긍할 수 있도록 형상화한다.

앞서 보살의 측면에서 보면 경계반야는 성취의 반야이고, 중생의 측면에서 보면 고뇌의 반야를 뜻한다고 하였다. [그림 1-4]를 놓고 보면, *A*는 보살의 경지에서 끊임없고 끝없는 성취를 달성하였고 *B*는 중생의 처지에서 알음알이의 집착에 갇혀 있음을 뜻한다. 이를 다시 四諦로 보면 *B*의 앎의 경계인 원주는 集諦가 되고 그것이 반전하여 *A*의 경계가 되면 원주가 소멸되는 滅諦가 된다. 성철스님이 설파한, 集諦와 滅諦가 둘이 아닌 不二의 이치는 [그림 1-4]에서도 확인된다. 이 점에서, 기존 교육학에서 인식 문제를 단순한 행동 변화에 따른 '학습'의 문제, 언어 습득의 문제, 이에 따른 명시적 증거의 확보로 보는 것은 불교의 관점에서 '집착'에 초점을 두는 결과를 초래할 가능성이 매우 크다.

2. 인식경계와 경계론(境界論)

'인식'과 '경계'에 관한 논의는 교육의 핵심인 '앎'을 파악하는 데 매우 중요하다. 실제로 이상우(1999)는 '구성개념으로서 경계'라고 하여 '경계'를 우리의 오감이 주관하는 구성개념으로 보고 있다.[12]

인간의 五感 또는 五官, 그리고 여기에 의식을 더하면 불교의 六根(眼·耳·鼻·舌·身·意)이 성립한다. 이에 상응하는 대상인 六塵(色·聲·香·味·觸·法)이 있고, 이를 인식하는 六識(眼識, 耳識, 鼻識, 舌識, 身識, 意識)이 있다. 육근, 육진, 육식에 따라 파악되는 경계가 앎의 세계와 어떻게 연결되는지를 예를 들어본다. 우리가 '오감'과 '의식'의 작용을 뜻하는 동사를 사용할 때, 그것은 피상적 의미에서 감각작용만을 지칭하지만, 그 이면으로 다음과 같은 심층적인 의미를 파악할 수 있다.

△ 보다 → 眼, 色의 경계 → 파악하다, 이해하다(see)
△ 듣다 → 耳, 聲의 경계 → 수긍하다, 복종하다(listen to)
△ 맡다 → 鼻, 向의 경계 → 탐하다, 알아채다(smell)
△ 맛보다 → 舌, 味의 경계 → 익숙하다, 시도하다, 낌새를 채다(taste)
△ 닿다 → 身, 觸의 경계 → 이르다, 다다르다, 접하다, 비견하다(touch)
△ 생각하다 → 意, 法의 경계 → 분별하다(discriminate)

---

12) 경계론은 서양의 인식론이 설명하지 못하는 관점을 포함한다. 이를테면, 주객의 분리를 인정하면서 그것을 같은 體로 보고 있다. 혹자는 경계론이 서양의 구성주의(constructivism)와 유사하다고 할지도 모른다. 그러나 '경계론'은 다음과 같은 논거에서 서양의 구성주의와 동일하지 않다.
첫째, 인식 주체와 인식 대상이 대등하다. 따라서 경계론은 데카르트와 같은 이원론이 아니다.
둘째, 인식 주체와 인식 대상이 상호작용한다. 경계론에서 인식작용은 칸트가 상정한 것처럼 선험적 능력이 일방적으로 인식 파악하도록 하는 것과 다르다.
셋째, 인식 이전의 寂寞과 인식 이후의 明白의 세계가 있지만, 그것은 관념론에서 보는 것과 같은 유-무의 세계가 아니다. 경계론은 서양의 존재론과 논의 틀 자체가 다르다. 이는 이상우가 왕양명의『傳習錄』에 나오는 '적막'과 '명백'을 인용한 것이다(이상우, 1999: 18-21).

여기서 핵심은 인간의 주관이 적극적으로 작용함으로써 경계가 파악된다는 점이다.[13] 흔히 집착하지 말라는 불교의 가르침으로 우리의 오관이나 앎의 문제를 '알음알이'라고 하여 경시하는 경향이 있다. 이어 살펴보겠지만, 경계의 수준을 교육적으로 검토할 경우 오관이나 육근, 육경의 문제를 소홀히 해서는 안 된다. 『信心銘』에도 이르기를,

> 일승으로 나아가고자 하거든 육진(六塵)을 미워하지 말라.
> 육진을 미워하지 않으면 도리어 정각(正覺)과 동일함이라.[14]

우리의 감각과 사고 작용은 깨달음의 가장 기본이다. 그보다는 깨달은 사람에게는 육진 그대로가 '眞如大用'이기 때문이다. 즉 육진은 진여가 그대로 작용한 바이다. 그래서 육진을 '六用'이라고 한다(성철, 1986: 45). 따라서 불교의 가르침은 감각에 의하여 파악된 현상이나 피상적 알음알이에 집착하지 말라는 뜻이지, 오관이나 일상적인 사고 작용을 부정하는 것이 결코 아니다.

앎의 수준과 특징이 인식 경계에 의하여 파악된다고 보는 '경계론'은 교육이 지향하는 교육목적으로 볼 수도 있고, 가르쳐야 할 교육내용으로 볼 수도 있다. 이와 같은 교육적 논의를 전개하기 위해서는 境界의 수준을 상정해야 한다. 이상우는 '경계의 세 가지 수준'을 '세 가지 경계', '두 가지 경계', 그리고 '한 가지 경계'로 나누어 논의하고 있다.

'세 가지 경계'는 나[六根], 대상[六塵], 인식[六識]을 통하여 인식작

---

13) 이상우가 '경계론'을 전개한 것은 동양의 미학을 소개하고 설명하기 위한 것이다. 그에 따르면 동양미학은 '경계' 이외의 다른 개념으로 설명할 수 없다. 그러나 필자가 보기에 그의 경계론은 단순히 미학 담론에만 그치는 것이 아니라 불교의 깨달음을 설명하는 데 매우 타당하고 중요한 개념이다.

14) 欲趣一乘 勿惡六塵. 六塵不惡 還同正覺. 『信心銘』 성철(역). (1986). 45-46쪽.

용이 이루어진다는 것이다(이상우, 1999:61). 대개 우리가 겪는 일상적 인식 작용은 이와 같은 세 가지 경계에 의존한다. 우리의 일상적 인식은 세 가지 경계의 구성물이다. 하지만 앞서 지적한 바와 같이 세 가지 경계에서 서양 인식론처럼 인식 주체와 객체의 대립은 없다.

　'두 가지 경계'는 '攄得', '體得'의 경지를 이르는 말로서, '나와 경계만 남아서 사물을 잊거나[境生於象外], 뜻을 얻어서(~을 하는 법을 배워서) 말로써 설명할 수 없다[義得而言喪]'는 것이다(이상우, 1999: 62-63). 여기서 우리는 '두 가지 경계'가 언어로 표현할 수 없는 '암묵적 영역'과 깊이 관련되어 있음을 알 수 있다. 두 가지 경계는 『莊子』에 나오는 '相忘(大宗師)', '物化(齊物論)', 그리고 '有待'의 개념으로 설명된다(이상우, 1999: 64). 심미적 감성 능력이 막연하게 암묵적이라고 주장하는 것이 아니라 '두 가지 경계'에서 말로써 설명하지 못하게 되는 지경에 이른 것임을 뜻하기 때문이다.

　'한 가지 경계'는 깨달음의 경지이다. 이 경계는 不可思議, 言語道斷이다. 따라서 淸淨自性과 실상반야의 인식 경계라고 할 수 있다. 한 가지 경계는 『莊子』에 나오는 '坐忘(大宗師)' 그리고 '無待'의 경지이다(이상우, 1999: 82). 이를 '한 가지' 경계라고 표현하지만, 필자가 보기에 그것은 '경계 없음'의 경계, 즉 '無境界'를 말한다. 비록 인식작용이라고 하지만, '한 가지 경계'는 인식의 작용이 멈춘 상태를 가리킨다. 『六祖檀經』에 이르는 '更無去處'도 같은 맥락에 파악되는 이치이다.

　『老子』제42장 "道生一 一生二 二生三 三生萬物"는 세 가지 수준의 경계를 설명하는 논거가 된다. 여기서 '道'는 아무것도 없는 무경계를 가리킨다. 굳이 이를 말로 표현하자니 '道'라고 한 것이다. 그래서 한 가지 경계는 '坐忘' 그리고 '無待'의 경지이며, '更無去處'가 된다. 여기서 '하나'가 나오게 되므로 '道生一'이 된다. 여기서 '一'은 이상우가 말하는 '두 가지 경계'를 가리킨다. 왜냐하면 우리가 무엇인가를 '하나'라고 지칭하는 순간 이미 우리는 '하나 아닌 것'을 논리적으로 받아들여야 하기 때문에 이미 '둘'이 된다. 따라서 '一'은 그렇게 표현한 순간 두 가지 경계를 가리키며, 『莊子』의 '相忘', '物化', '有待'의 개념으로 표현되는 것이다. '하나'라는 표현을 쓰는 것은 나와 경계만 남아서 사물을 잊은 '攄得', '體得'의 경지임을 말하고자 한 것이다. 그리고 『老子』의 '一生二'는 두 가지 경계가 작용하는 것을 가리킨다. 그 결과 생겨나는 '二'는 세 가지 경계를 가리키며 나[六根], 대상[六塵], 인식[六識]을 통하여 인식작용이 이루어지는 것을 뜻한다. 『老子』의 '二生三'은 세 가지 경계가 작용함을 가리킨다. 그 작용의 결과 우리는 만물이 化生함을 인식할 수 있다[三生萬物].

이와 같은 境界論을 교육적으로 검토해 보면 다음과 같은 사실을 확인할 수 있다.

첫째, 교육은 '세 가지 경계' 수준에서 이루어진다. 왜냐하면, 한 가지 경계와 두 가지 경계의 수준은 언어로 전달될 수 없기 때문이다.

둘째, 가르치는 이는 자신이 깨달음의 경지를 두 가지 경계인 '攄得', '體得'의 경지로 전환하여 가르치는 활동을 기획해야 한다. 그리고 그 기획은 교육 실제 장면에서 그것을 구체화하는 세 가지 경계 수준으로 전환되도록 해야 한다.

셋째, 배우는 이는 가르치는 이와는 반대 방향으로 세 가지 경계에서 배운 내용을 두 가지 경계와 한 가지 경계의 경지로 순환하는 것이 요구된다. 배우는 이와 가르치는 모든 이에게 경계 수준의 전환은 매우 어려운 일이다. 이것은 곧 성현들에 의하여 여러 가지로 표현되었던 교육이 지니는 '난점'을 가리킨다.

세 가지 경계를 여기서 모두 상론하기 어려우므로 다음의 인용문을 통하여 그 요체를 소개하기로 한다.

> 한 가지 경계: 형체가 있거나 작용이 있는 일체의 것을 생성하는 최고의 원
> 인, 無待의 '나', 道, 부처, 플라톤의 이데아, 유일신, 불교의 淸淨自性, 왕양명
> 의 心本體, 唯識論의 八識 阿賴耶識.
> 　두 가지 경계: 형체가 있거나 작용이 있는 일체의 것, 생명과 생활을 유지하
> 는 경계. 六根에 의해 나누어지지 않는 경계, 자연경계, 物化의 경계, 칸트의
> 物自體, 예술체험의 경계, 심리학의 무의식, 唯識論의 七識 末那識.
> 　세 가지 경계: 형체가 있거나 작용이 있는 일체의 것 중 우리의 감각과 의식
> 으로 구성된 부분, 六根・六塵・六識의 경계, 감각과 인식의 경계, 평가와 판
> 단의 표준이 작용하는 경계, 문화・과학・상식의 경계, 현상계(이상우, 1999:
> 174-175).

이처럼 세 가지 수준의 경계를 설명하면서 '분별할 수 없는 지혜'를
가리키는 '한 가지 경계'는 실상반야의 경지, 언어와 사고로 도달할 수
없는 경지에 이른다는 것을 뜻한다. 그 결과 불교의 중도 지혜를 파악
하는 경계론은 비현실적인 논의라고 비판받을 소지가 있다. 또한 논
리를 벗어났다는 비판도 면하기 어렵다. 그렇다면 불교의 지혜는 논
리를 벗어난 비현실적인 것인가? 이러한 비판과 관련하여 불교의 중
관논리를 살펴볼 차례이다.

3. 중관논리: 논리를 벗어난 지혜

서양의 틀에 맞추어보자면, 불교에도 '논리학'이 있다. 『中論』에 담
긴 중관논리가 그것이다. 여기서 중관논리는 중도의 지혜에 담긴 논
리라는 뜻이다.[15] 즉 양극단을 떠난 중도의 의미를 밝히기 위하여 양

---

15) 『中論』은 '중도에 대하여 논리적으로 해명한 문헌'(김성철, 2004: 31)이다.

극단 모두를 비판하는 논리가 중관논리이다. 동시에 그것은 양극단을 버리지 않고 포용하는 원융에 있다. 그렇지 않으면 중관논리는 허무주의를 자초하게 된다. 또한 중관논리는 앞서 살펴본 '한 가지 경계'와 '두 가지 경계'가 일상의 논리를 벗어나 있는 경우를 검토하는 데도 요구된다. 청정자성의 실상반야가 언어도단이라고 하여 아무 말도 할 수는 없다는 것인가? 또한 체득의 경지는 말로 표현하거나 전달할 수 없는 영역이어서 오로지 체험을 통하여 획득할 수 있다고 하면서 아무 말을 하지 않는 것을 교육에서 용납할 수 있겠는가. 이 난점을 극복하기 위하여 중관논리가 필요한 것이다.

중관논리는 反논리학이다. 여기서 중관논리를 모두 설명할 수 없지만,[16] 서양의 고전논리와 중관 논리를 비교하면 다음과 같다.

〈표 1-1〉 고전논리와 중관논리의 비교

	논리학(고전논리)	반논리학(중관논리)
개념	개념에 실체가 있다	모든 개념은 연기한 것이기에 공하다
판단	판단은 사실과 일치한다	四句 판단 모두 사실과 무관하다
추론	추론은 타당하다	어떤 추론이든, 상반된 추론이 가능하다

출처: 김성철(2006: 66)

---

16) 중관논리를 보다 정확하게 이해하기 위하여 요구되는 것이 二諦說이다. 有 · 無 또는 俗 · 眞의 구분에서 시작하여 二諦說은 보다 높은 차원으로 발전하면서 논의된다. 그 결과 初重二諦, 初重二諦의 眞諦를 俗諦로 보는 兩重二諦說, 다시 兩重二諦의 眞諦를 俗諦로 보는 三重二諦說로 전개된다. 그리하여 급기야 四重二諦에 가서 언어와 사고가 끊어진 '言忘慮絶'을 眞諦로 한다. 이 글에서 二諦說에 대한 소개는 지면사정상 생략하기로 한다. 다만 한국불교에서 二諦說이 독특하게 발전한 것을 박종홍은 고구려 승랑의 '二諦合明中道'의 방법에서 찾을 수 있다고 하였다(박종홍, 1999: 40-52). 여기서 우리는 한국불교의 우수함이 그 독특함에만 있는 것이 아니라 그 뿌리조차 깊다는 것을 확인할 수 있다.

우리가 앞서 살펴보았듯이, 반야지의 '실상'이 불가사의하고 언어도 단이라고 하여 '생각으로 미칠 수도 없고', 또 '말도 안 되는 소리'라고 일축하면서 이에 대한 탐구 자체를 포기한다면, 그것은 불교를 허무주의에 빠뜨리는 것이고, 공부하는 이의 입장에서 인생을 스스로 방기하는 것이 된다. '반논리'의 중관사상을 검토하는 이유는 불교의 반야 지혜를 논리적으로 해명해 주는 방편이기 때문이다.

우선 中論四句부터 살펴보자.

제1구: 주어 속에 술어의 의미가 있다[有].
제2구: 주어 속에 술어의 의미가 없다[無].
제3구: 주어 속에 술어의 의미가 있으면서 없다[有無].
제4구: 주어 속에 술어의 의미가 있지도 않고 없지도 않다[非有非無].

이를 '바람이 분다'를 적용하면, 四句는 다음과 같이 전개된다.

제1구: '부는 바람'이 분다.
제2구: '불지 않는 바람'이 분다.
제3구: '불면서 불지 않는 바람'이 분다.
제4구: '부는 것도 아니고 불지 않는 것도 아닌 바람'이 분다.

또 여기에 '비가 내린다'를 다시 적용하면,

제1구: '내리는 비'가 내린다.
제2구: '내리지 않는 비'가 내린다.
제3구: '내리면서 내리지 않는 비'가 내린다.
제4구: '내리는 것도 아니고 내리지 않는 것도 아닌 비'가 내린다.

여기서 우리는 '바람'과 '비'의 속성을 잘 새겨야 한다. '비'는 '하늘에서 내리는 물'이다. 그렇지 않은 물은 샘물, 냇물, 강물, 수돗물, 강물, 바닷물이라고 하지 '비' 또는 '빗물'이라고 하지 않는다. 마찬가지로 '바람'도 '부는 공기'이므로 불지 않는 공기는 바람이 아니다. 앞의 추론에서 우리는 주어에 이미 술어의 의미가 담겨져 있다는 점을 쉽게 알 수 있다.

앞의 추론을 하나하나 따져보건대, 우리가 수긍할 수 있는 것은 하나도 없다. 제1구는 하나마나한 말을 한 꼴이고, 제2구는 사실에 위배되는 말을 하고 있고, 제3구는 자체 모순이며, 제4구는 우리 사유를 벗어나 있다. 즉 제4구는 불가사의하고 언어도단이다. 결국 중론사구를 비판하면 수긍할 것이 하나도 없다. 왜 그런지 그 의미를 정리해 보자.

제1구의 경우, 술어의 의미를 주어에 내포시킬 경우 의미 중복의 오류를 범한다.

제2구의 경우, 술어의 의미를 주어에서 배제시킬 경우 사실에 위배되는 오류를 범한다.

제3구의 경우, 제1구와 제2구의 連言인 제3구는 모순판단이다.

제4구의 경우는 두 가지이다. 하나는 제3구의 連言的 부정인 제4구는 우리의 사유에 들어올 수 없는 판단이며, 다른 하나는 제3구가 비판되면 제4구도 비판된다.

이를 보다 실제적인 문제로 연결시켜 四句의 예를 몇 가지 더 들어보기로 한다. 먼저 영혼과 육체의 문제를 보자.

제1구: 영혼과 육체는 같다.
제2구: 영혼과 육체는 다르다.

제3구: 영혼과 육체는 같으면서 다르다.

제4구: 영혼과 육체는 같지도 않고 다르지도 않다.

이를 정리하면, 영혼과 육체 문제는 ① 같은가[一], ② 다른가[異], ③ 같으면서 다른가[亦一而亦異], ④ 같지도 않고 다르지도 않은가[非一而非異] 하는 문제가 된다. 여기서 얻고자 하는 바는 다름 아닌, 인간의 영혼과 육체가 상존한다든지 불멸한다든지, 반대로 존재하지 않는다는 주장을 모두 부정하면서 동시에 이 모두를 포용하는 논리 전개를 '中道不二'를 해명해 주는 방편으로 삼은 것이다.

이어 부처님의 常住를 논의하는 열반 문제를 四句에 적용해 보자.

제1구: 여래는 열반한 후 어딘가 존재한다.

제2구: 여래는 열반한 후 어디에도 존재하지 않는다.

제3구: 여래는 열반한 후 존재하면서 존재하지 않는다.

제4구: 여래는 열반한 후 존재하는 것도 아니고 존재하지 않는 것도 아니다.

이를 정리하면, 여래는 死後에 ① 존재하는가[有], ② 존재하지 않는가[無], ③ 존재하면서 존재하지 않은가[亦有而亦無], ④ 존재하는 것도 아니고, 존재하지 않는 것도 아닌가[非有而非無] 하는 문제가 된다. 이와 관련하여 원효스님은 자신의 『涅槃宗要』에서 중도 지혜의 원융함을 '非有而非無'라는 중론의 언어로 설명한 바 있다.

그러면 '말장난'처럼 보이는 중관논리는 왜 공부해야 하는가? 중론은 양극단을 버리면서 동시에 양극단을 포용한다는 중도를 논리적으로 해명한 것이기 때문이다. 하지만 실상반야를 담은 중도의 지혜는 그 자체가 언어도단이며 불가사의한 것이어서 그것을 '언어를 통하여 논리적으로' 해명한다는 것 자체도 아이러니가 된다. 아이러니인 반야지를 아이러니를 통하여 해명하고자 한 점에서 중관논리는 일종의 '메타 아이러니(meta-irony)'라고 할 수 있다.[17] 이 메타 아이러니를 메타 차원에서 다시 간명하게 표현한 것이 '非有而非無'이다.

있는 것도 아니면서 동시에 없는 것도 아님을 뜻하는 '非有而非無'의 의미를 中道八不에 적용해 보자. 우리가 상식적으로 인과관계[18]로 인식하는 꽃과 열매의 예를 통하여 살펴보면 다음과 같다.

> 꽃에서 열매가 맺을 때,
> 꽃에서 열매가 발생하는 것이 아니다: [不生]
> 꽃이 완전히 소멸하는 것이 아니다: [不滅]
> 꽃이 열매로 그대로 이어지는 것이 아니다: [不常]
> 꽃과 열매가 단절된 것이 아니다: [不斷]
> 꽃과 열매가 완전히 동일한 것이 아니다: [不一]
> 꽃과 열매가 전혀 다른 것이 아니다: [不異]
> 열매가 다른 어느 곳에서 오는 것이 아니다: [不來]
> 꽃이 그대로 열매로 가는 것이 아니다: [不去][19]

---

17) 앞의 각주 16)에서 소개한 二諦說의 전개는 이러한 메타 아이러니를 일목요연하게 설명해 준다.

18) 꽃과 열매에 비유하여 부처님의 실상을 표현한 말이 '花果同時'이다. 三寶를 표현할 때 사용하는 이 말은 우리가 생각하듯이 꽃과 열매는 시간상의 차이를 두는 인과관계를 맺지 않는다는 말이다.

19) 『中論』은 중도의 지혜를 표현하는 중도팔불을 놓고 부처님을 경배하는 歸敬偈를 담고 있다.

발생하는 것도 없고[不生] 소멸하는 것도 없으며[不滅]
서로 이어진 것도 아니고[不常] 서로 끊어진 것도 아니며[不斷]
서로 같지도 않고[不一] 서로 다르지도 않으며[不異]
어디선가 오는 것도 아니고[不來] 어디론가 가는 것도 아니며[不去]
온갖 망상을 잠재우며[戲論寂滅] 상서로운[吉祥]
'연기(緣起)의 진리'를 가르쳐 주신 부처님,
최고의 스승이신 그분께 머리 조아려 예배드립니다.
(不生亦不滅 不常亦不斷 不一亦不異 不來亦不出
能說是因緣 善滅諸戲論 我稽首禮佛 諸說中第一) [중론 1장 1-2]

『中論』에 담긴 중관논리는 우리가 세상을 '있는 그대로' 보도록 하는 방편이다. 중관의 방편반야는 '~이다, ~아니다'라는 현상에 집착하지 않도록 하면서 동시에 허무주의에 빠지지 않게 한다. 인식경계론과 관련시켜 말하자면, 우리가 六根과 六塵에 의하여 갖게 되는 인식인 六識을 확장시켜면서, 동시에 六根과 六塵에 의한 六識에 안주하거나 집착하지 않게 하는 인식론적 자유로 가는 가교역할을 하는 것이 중관논리이다. 그리고 그 대표적인 예가 中道八不이다.

당초 釋尊의 '중도' 선언은 자아 문제에서 비롯된 것이다. 이제 자아 문제를 설명해 줄 '禪圓'을 살펴보도록 한다.

Ⅲ. 선원(禪圓)의 지혜와 교육

1. 선원과 자아 문제

교육학에서 '자아' 문제는 학습주체로서 자아, 교육목적으로서 자아실현, 자아개념의 형성 등과 같이 여러 측면에서 강조된다. 당초 불교에서 자아는 '諸法無我'라 하여 자아의 존재를 인정하지 않는다. 하지만 오로지 마음만이 존재한다고 하는 三界唯心으로 볼 때 마음을 부리는 주체가 있어야 하므로 자아가 없다고 할 수도 없다. 이 역시 '非有而非無'의 형식으로 설명된다. 교육 실천 장면에서는 성취해야 할 자아를 전제하거나 상정하지만, 불교에서는 '성취해야 할 자아'란 애초부터 존재하지 않으므로, 불교의 지혜가 교육무용론으로 이끈다고 주장할 수도 있다. 이처럼 모순되어 보이는 문제를 '禪圓'을 통하여 풀어보기로 한다.

여기서 소개하는 '禪圓'은 숭산스님의 법문집(2001)에서 따온 것이다. 禪圓은 애초에 존재하지도 않는 자아를 '성취해야 할 자아' 문제로 다루기 위한 방편으로 설정된 것이다. 따라서 선원은 자아 문제를 설명해 주는 방편반야이다. 숭산스님에 따르면, 우리가 인식할 수 있는 자아는 小我, 業我, 無我, 妙我, 그리고 大我이다. 이 각각은 자아문제만이 아니라 불교의 지혜를 여러 각도에서 설명해 주는 개념적 도구, 즉 방편을 제공해 준다. 당초스님의 법문집이 영문이어서 이 각각을 영어로 'small I', 'Karma I', 'Nothing I', 'Freedom I', 그리고 'Big I'라고 칭하였다. 이를 '禪圓'의 0°, 90°, 180°, 270°, 360°에 각각을 위치시킨 것이다. 스님의 그림을 재현하면 [그림 1-5]와 같다.

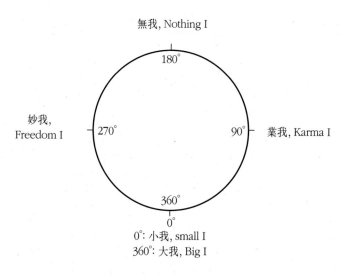

[그림 1-5] 숭산스님의 선원 모형

※ 출처: 숭산, 『선의 나침반』 하권(2001: 118)

[그림 1-5]처럼 '圓'으로 형상화한 것은 小我, 業我, 無我, 妙我, 大我를 각기 구분하기는 했지만, 결국 小我, 業我, 無我, 妙我, 大我가 모두

하나라는 점을 나타내기 위한 것이다. 그리고 圓은 경계가 없는 無境界 또는 無餘境을 재현하는 상징이므로, 선원은 자아를 어떻게 보건 간에 그 자아에 法性, 眞如의 성품이 이미 있다는 如來藏 사상을 담고 있다.

'禪圓'에 담긴 자아의 특징을 각각 정리해 본다. 小我는 아무것도 인식하지 못하는 '等身'의 상태를 말한다. 12연기로 설명하자면, 小我는 原始無明 상태의 자아를 가리킨다. 業我는 '나는 천재다', '나는 학생이다'와 같은 자아의식과 '산은 푸르다'와 같은 유무의 분별이 있는 존재를 가리킨다. 業我는 분별의 마음을 내고 집착하면서 살아가는 세속적 자아를 뜻한다. 수행의 차원에서 세속적 성취만을 위하여 정진하는 세속적 수행자가 이에 해당한다. 無我는 '나는 없다', '산은 없다'와 같은 진공 상태를 그려낸다. 이 상태에서 자아는 존재하지 않지만, 법은 실재한다고 믿는다. 경우에 따라 세속보다는 내세를 믿는 양상을 드러내기도 한다. 수행의 차원에서 보면 세속의 오욕락을 등지고 수행하는 소승 수행자이다. 妙我는 '나는 나비이다'와 같은 자유자재한 상태의 자아와 '산은 물이고, 물은 산이다' 또는 '물에서 불이 난다, 불 속에서 물이 흐른다'는 상식을 넘어선 妙有의 존재를 가리킨다. 妙我는 자아도 존재하지 않고 法도 존재하지 않는다고 믿는다[我空法空]. 나와 남을 초월하고 속세와 내세를 구분하지 않는 대승의 수행자가 이에 해당한다. 세속의 눈을 보면 보살행을 수행하는 자아이다. 大我는 깨달음의 자아를 드러내며 있는 그대로의 세계인 如如한 상태를 그려낸다. '산은 산이요, 물은 물이다'라는 말은 如如한 인식 경계를 마지 못해 언어로 표현한 것이다. 大我는 眞我라고도 하며, 眞俗均等, 無上正等正覺의 중도를 깨달은 경지를 가리킨다. 大我는 앞서 소개한 세 가지 수준의 경계 중에서 '한 가지 경계'의 경지에 해당한다.

이를 도식화하면 [그림 1-6]이 된다.

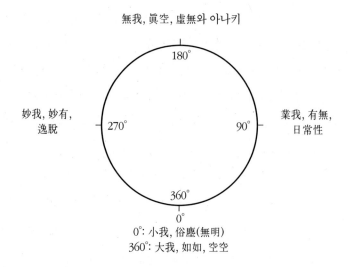

[그림 1-6] 禪圓 모형으로 본 자아와 세상

[그림 1-6]은 각기 달리 파악되는 자아가 영위하는 세상이 어떤가를 나름대로 설명해 준다. 우선 0°는 원시무명, 무명 상태의 속진이다. 그 결과 小我는 변별심을 가지게 되고 일상생활로 나가게 된다. 그리하여 90°의 세계는 범부의 일상적인 세속을 나타낸다. 범부들이 유무의 분별을 하면서 살아가는 일상의 세상살이이다. 이에 비하여 180°는 소승의 세계를 나타낸다. 자아는 존재하지 않지만 부처님의 법이 상존한다고 보는 망상에 머문다. 하지만 간혹 왜곡되어 허무주의에 빠지거나 세계를 아나키 상태로 파악하기도 한다. 불교에서 無記空에 빠지는 것을 경계하는 것은 이를 두고 하는 말이다. 『信心銘』의 '遣有沒有'와 '從空背空'의 상태에서 空道理를 파악하지 못하는 경우는 이에 해당한다. 270°는 보살의 세계를 나타낸다. 여기서 보살은 妙用을 이루는 존재이다. 아도 공하고 법도 공한 我空法空이어서 묘용이 가능하다. 묘용이 가능하므로 자유자재한 상태에 머물 수 있으며 無量

無邊의 보살행이 가능하다.『信心銘』의 '極小同大 極大同小'의 경계를 가리킨다. 360°는 열반의 부처님 경계를 말한다. 대각이 이루어진 경계, 즉 '한 가지 경계'를 말한다. 일체의 분별이 없으며, 坐忘의 경지이다. 이 경계는『信心銘』에 이르길, 일체의 분별심이 다 떨어져 버린, 玄旨 또는 圓同太虛의 경지를 말한다.

360°의 경계는 외견상으로 보면 무명 상태인 0°의 경계와 구분되지 않는다. 이는 小我가 곧 大我, 眞我라는 말이다. 이러한 아이러니를 설명하기 위하여 還相型이 요구된다. 그러면 眞我는 무명 속에 사는 小我, 또는 세속에 매여사는 業我와 다르지 않다[不二]는 말이 된다. 즉 분명 성과 속이 다르지 않으며 부처와 중생이 다르지 않다는 '不二'의 경계를 이른다.[20] 다만 0°인 小我와 360°인 大我가 한 지점에서 분별없이 접하는데, 그래서 전자를 等身이라 한 연장에서 후자는 等身佛이라고 할 수 있다.

2. 선원의 중도 논리

禪圓이 원을 통하여 '不二'의 경지를 드러낸다는 말은 중도의 논리를 해명하는 데도 禪圓이 방편이 된다는 말이기도 하다. 우선 중도 지혜의 측면에서 보자.

---

20) 禪圓에서 360°의 경계가 당초 출발점인 원시무명의 0°와 합치되는 還相型 형상은『十牛圖』의 경우와 같다. 廓庵師遠스님이 썼다고 하는 十牛圖는 소를 찾아 나서는 '尋牛'에서 속진의 세계로 돌아오는 '入廛垂手'를 포함하는 열 개의 장면을 구성하여 깨달음의 수행 과정을 묘사한 것이다. 본문에 소개하는 '禪圓'이 원시무명의 상태로 돌아오는 것과 비교하면 '십우도'와 '선원'은 같은 이치를 담고 있다. 하지만, 선원의 네 단계(또는 원시무명을 포함하는 다섯 단계)가 십우도의 열 가지 장면과 어떻게 연관되는가 하는 문제는 별도로 깊이 고찰해야 탐구 과제이다. 십우도에서 소는 인간의 본성에, 목동은 수행자에 비유된다.

[그림 1-6]에서 원시무명의 0°에서 연기된 일상의 세계 90°는 범부들이 중도를 자각하기 이전에 지속적으로 緣起 원리에 따라 생활하게 된다. 여기서 요구되는 지혜는 일차적으로 우리가 무명에서 벗어나고자 오관과 이성에 의존하는 앎을 말한다. 대개 실증적이거나 사변적이다. 이를테면 '산은 푸르고, 물은 차다'는 분별의 지혜이다. 이를 '中道 이전의 緣起 세계'라고 할 수 있다. 『般若心經』에서 五蘊, 六根六境에 따라 연기되는 세계를 말한다. 반면에 無我眞空의 180°는 雙遮의 지혜를 가리킨다. 산도 공하고, 물도 공한 空의 이치를 비로소 깨닫는다. 『般若心經』에 의하면 이는 우리가 지각하는 현상계를 부정하여[雙遮] 깨닫게 되는 色不異空 空不異色 色卽是空 空卽是色의 지혜를 말한다. 妙有의 세계를 가리키는 270°는 空道理를 온전하게 파악하여 자유자재한 지혜를 말한다. 자유자재하다는 것은 양변을 포용하는 雙照의 지혜를 터득해야 가능하다. 그 결과 산이 물이 되고, 물이 산이 된다. 『般若心經』에 의하면, 이는 空의 실상인 '不生不滅 不垢不淨 不增不減'의 지혜를 말한다. 大我의 경지를 가리키는 360°는 걸림이 없는 세계, 즉 如如한 경지를 말한다. '부정의 부정'을 표현하는 '空空'은 遮照同時의 경지를 이른다. 『般若心經』의 표현에 의하면, '究竟涅槃'의 경지이며 '阿耨多羅三藐三菩提'를 증득한 것을 말한다. 하지만 이 경지는 그렇다고 표현한 것일 뿐, 언어와 사고로 다다를 수 없다.

이상의 내용을 禪圓으로 형상화하면 [그림 1-7]과 같다.

중관논리가 중도의 지혜를 논리적으로 해명하는 것이라면, [그림 1-7]처럼 禪圓으로 설명되는 중도의 지혜는 中論四句로도 해명될 수 있어야 한다.

[그림 1-7]에서 우선 緣起가 작용하기 이전인 원시무명의 0°에서 아예 분별의식이 없다가 연기작용으로 인하여 90°의 상태가 나타난다.

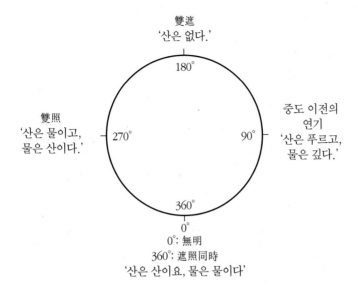

雙遮
'산은 없다.'
180°

중도 이전의
연기
'산은 푸르고,
물은 깊다.'
90°

雙照
'산은 물이고,
물은 산이다.'
270°

360°
0°
0°: 無明
360°: 遮照同時
'산은 산이요, 물은 물이다'

[그림 1-7] 禪圓과 中道의 지혜

그 결과 중도 이전의 연기에 적용받는 일상의 세계인 90°는 중론의 제
1구에 해당한다. '산은 푸르다', '불은 깊다.', '여름은 덥다'는 진술에
서 알 수 있듯이, '~이다'로 표현되는 세계이다. 이를 '亦有'라고 한다.
분별의 세계이며, 선악의 분별지가 지배한다. 어떤 대상이나 관념을
놓고 '~이다 ~아니다'[21]를 판별하여 진위를 가리게 되므로 'Either-
Or'의 세계이다. 이에 반하여 空의 이치를 강조하는 雙遮의 지혜를 담
은 180°는 中論의 제2구에 해당한다. '산은 없다'는 진술에서 알 수 있
듯이 '~아니다'의 세계이다. 이를 '亦無'라고 한다. 분별지를 극복하
려는 부정의 세계이다. 어떤 대상이나 관념을 놓고 '~도 아니고 ~
도 아니다'라고 판단하므로, 'Neither-Nor'의 세계이다. 妙有의 이치

---

21) 中論四句에서는 '없다', '아니다', '않다'의 구분이 없다. 영어에서 '없다', '아니다', '않다'
가 모두 'not'으로 표현되는 것처럼, 인도-유럽 어족에서는 '無[없다]', '非[아니다]', '不
[않다]'을 구분하지 않는다(김성철, 2004: 47쪽 각주).

를 드러내는 雙照의 지혜를 가리키는 270°는 中論의 제3구에 해당한
다. 삼구는 모든 긍정과 부정의 양극단을 포용하므로 '～이며 동시에
～이다'를 뜻한다. 그래서 '亦有而亦無'라고 표현한다. 긍정과 부정을
모두 포함한다는 점에서 'Both-And'의 세계이다. 遮照同時의 지혜를
담은 如如의 세계를 뜻하는 360°는 中論의 제4구에 해당한다. 일체의
것을 떨쳐버린 세계이므로 言語道斷이며 不可思議하다. 하지만 이를
언어로 굳이 표현하자면 '～도 아니고 ～아닌 것도 아니다'를 의미하
는 '非有而非無'이다. 영어로 표현하자면, 어떻게 표현한다 해도 그 표
현 자체가 넌센스(nonsense)이며 아이러니이지만, 'Neither-Nor and
Both-And'가 된다.

　이상 중론사구를 禪圓으로 형상화하면 [그림 1-8]과 같다.

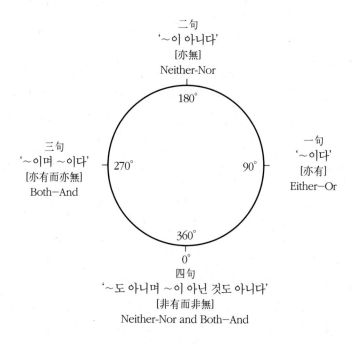

[그림 1-8] 禪圓과 中論四句

3. 선원과 사덕(四德)

불교의 지혜를 바탕으로 교육의 목적을 논의한다면, 누구나 비교적 손쉽게 합의할 수 있는 가치가 常 · 樂 · 我 · 淨의 四德이다. 하지만 사덕은 여러 가지 수준에서 파악되는 가치이다. 범부와 보살, 소승과 대승의 차원에서 그 파악되는 바가 각기 다르므로, 이를 교육목적으로 논의하고자 한다면, 그 수준과 경지를 각각 세심하게 검토해야 한다.

禪圓은 불교의 지혜를 드러내는 방편인 常 · 樂 · 我 · 淨의 四德을 설명하는 것뿐만 아니라 그것이 담고 있는 각기 다른 수준과 경지를 이해하는 데 있어서 결정적인 역할을 한다.[22] 常 · 樂 · 我 · 淨의 四德 은 凡夫四倒, 小乘四顚倒, 菩薩四德, 그리고 涅槃四德의 네 가지 수준 으로 이해된다. 첫째, 범부사도는 常 · 樂 · 我 · 淨이 실제로 존재하 는 것처럼 착각하고 사는 것을 말한다. 둘째, 소승사전도는 마치 常 · 樂 · 我 · 淨이 아에 존재하지 않는 것처럼 여기며 사는 것을 말한다. 그래서 小乘은 常 · 樂 · 我 · 淨이 아니라 無常 · 無樂 · 無我 · 無淨이 라고 생각한다. 마치 서양의 허무주의와 유사하게 無記空에 빠지기 쉽다. 無常 · 無樂 · 無我 · 無淨을 小乘의 四顚倒라고 한다. 셋째, 보 살사덕이다. 이때 부처님의 四德은 단순히 常 · 樂 · 我 · 淨과 구분하 여 眞常 · 眞樂 · 眞我 · 眞淨이라고 한다. 이는 소승과 대비되는 대승 의 경지에 있음을 뜻한다. 보살이 묘용의 경지에서 드러내는 네 가지 덕이다. 부처님의 五眼 중 法眼을 지닌 이 경지를 菩薩의 四德이라고

---

22) 선원 모형으로 설명할 수 있는 것은 자아 문제만이 아니다. 불교적 개념을 중심으로 보 면 唯識, 四諦, 空 · 假 · 中의 三諦偈 문제 등을 설명할 수 있다. 또한 선원은 불교 외적 으로 자연, 자유, 평등의 의미를 설명해 주는 개념도구가 된다. 이에 관해서는 별도의 기회에 소개하고 논의하기로 한다.

한다. 이때 보살은 '妙用大乘菩薩'이라고 일컬어지는데 일종의 妙覺의 경지를 이른다. 그래서 묘각의 사덕이라고 한다. 넷째, 열반사덕이다. 원래 부처님의 자리는 妙覺의 경지를 넘어선다. 常覺의 경지로서 일체의 분별을 허용하지 않는다. 부처와 중생, 성과 속, 소승과 대승 등 일체의 경계를 초월한다. 부처님의 경계를 열반의 경지에 이르렀다고 하여, 이를 涅槃四德이라고 한다.

四德을 禪圓에 적용하면 [그림 1-9]와 같이 나타낼 수 있다.

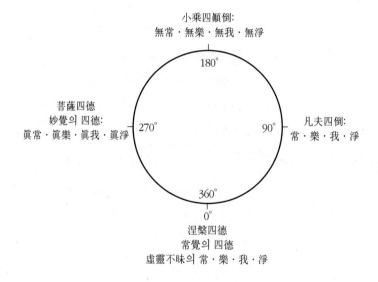

[그림 1-9] 禪圓의 관점에서 四德

[그림 1-9]의 네 가지 四德을 놓고 살펴보자. 그 이전에 0°의 원시무명 수준에서는 四德이 발현되거나 파악되지 않는다. 하지만 무명 상태에서 범부들의 분별심은 전도된 생각을 낳는다. 그래서 凡夫四倒가 나타난다.

우선 凡夫四倒를 禪圓에 대입해 보면, 이는 90°의 業我에 상응한다.

범부는 세상이 상존하며[常], 오욕락에 매여살면서[樂], 자아가 실재한
다고[我] 믿고 나름대로 살아간다[淨]. 하지만 그 결과 아만과 집착에
빠져 살게 된다. 불교에서 我執과 法執은 이를 두고 경계하는 것이다.
만약 이를 교육이 지향해야 할 교육목적으로 삼는다면, '현실적으로
유복한 환경'을 만들어낼 수도 있지만, 자칫 아집과 아만이 가득한 세
상을 만들어버리는 결과를 초래할 수도 있다. 이를테면 서양의 공리
주의를 교육목적으로 삼게 되면 교육이 사회적 효용성 제고에는 성공
하지만, 도덕적 자기 방종(moral self-indulgence)이 야기될 가능성[23]이
있는 것과 같은 이치이다.

　小乘四顚倒를 禪圓에 대입해보면, 이는 180°의 無我에 상응한다.
小乘의 수행자는 범부의 아집과 법집에서 벗어나서 空의 이치를 체험
한다. 그 결과 無常・無樂・無我・無淨의 가치체계를 갖게 된다. 수
행자들이 시체 옆에서 수행하는 것은 이러한 不淨觀의 지혜를 터득하
고자 하는 것이다. 그러나 이를 교육이 지향해야 할 교육목적으로 삼
는다면, 교육은 매사 소극적인 태도를 중시하는 생활을 지향하게 되
어 자칫 허무주의에 빠지거나 세상을 등진 무기력한 인간상을 찬양하
는 결과를 초래할 가능성도 있다.

　菩薩四德을 禪圓에 대입해 보면, 이는 270°의 妙我에 상응한다. 大
乘의 수행자가 지니게 되는 眞常・眞樂・眞我・眞淨은 이타적 인간
을 표본으로 하는 교육목적을 제공한다. 실제로 이 妙覺의 경지는 보
살행을 뜻한다. 하지만 이를 교육목적으로 삼는 데에는 현실적인 제

---

23) 세속적 차원에서 서양의 공리주의가 기여하는 바는 매우 크다. 특히 민생복리 차원에서
　　그러하다. 그러나 그것이 도덕적 자기 방종을 야기하는 것은 그 기여 이상으로 인류에
　　게 안겨주는 폐해이다. 비록 불교의 맥락은 아니지만 이에 관하여 윌리엄스(Williams)
　　의 글(1976)을 참조하라.

약이 따른다. 학생들이 접하는 세계는 묘용의 세계가 아니기 때문이
다. 따라서 이를 어떻게 교육상황에 수용할 것인가를 고려해야 한다.
이에 따라 가르치는 상황을 주도해야 할 교사의 역할이 심각하게 고려
되어야 한다. 원효사상과 의상계 화엄을 다룬 본서의 제2장과 제3장
은 이 점에서 해결의 실마리를 제공해 줄 것으로 보인다.

涅槃四德을 禪圓에 대입해 보면, 이는 360°의 大我에 상응한다. 虛
靈不昧의 常 · 樂 · 我 · 淨을 뜻하는 열반사덕은 누구나 지향하고 실
천해야 할 가치이면서 도달해야 할 경지이다. 다만 이 경지가 언어와
사고를 떠나 있어서 이를 교육상황에서 구체적으로 실행하기 위한 방
안을 어떻게 강구하는가가 관건이다. 앞서 禪圓은 각기 달리 파악되
는 자아와 세계관이 이미 '하나'[圓]에 내재해 있다는 것을 언급한 바
있다. 그렇기 때문에 涅槃四德은 '저 높은 곳을 향한' 가치로 여길 것
이 아니라 누구든지 성불한다는 근본교리에 입각하여 교육원리로 수
용해야 할 것이다. 원측스님의 '일천제 성불론'을 다룬 본서 제4장은
이러한 교육원리를 규명하고 정립하는 데 근거를 타당한 제공한다.

4. 선원의 교육원리

석가모니 부처님이 출가를 결심하게 된 단초가 '나는 무엇인가'하는
자아 문제였다. 이처럼 불교의 근본 문제는 '자아'의 탐색에서 비롯되었
다고 해도 과언이 아니다. 禪圓은 자아 문제를 이해시키기 위하여 당초
숭산스님이 고안한 것이지만 이제까지 살펴본 바와 같이 선원은 비단
'자아' 문제만을 설명하는 개념이 아니라 불교의 지혜를 여러 각도에서
설명해 주는 방편반야이면서 문자반야이다. 그러면 그 지혜가 어떻게
교육에 융해될 수 있는지 선원이 담고 있는 특성을 정리해 보자.

禪圓은 불교의 지혜를 體·相·用의 세 가지 측면에서 확인할 수 있다. 우선 선원은 中道의 원리를 體로 한다. 자아, 삼라만상의 이치, 인식경계를 모두 원융하게 담고 있는 '몸'이다. 原始無明에서 如如한 해탈경지를 모두 담아 설명해 준다. 相의 측면에서, 중도가 원융하고 雙遮雙照의 不二를 드러낸다는 점에서 '선원'은 圓融不二한 '모양[相]'을 드러내 준다. 선원은 모든 분별을 하나의 원으로 연결된 모습으로 형상화시킴으로써 '不二'의 모양을 형용한다. 또한 用의 측면에서, 선원은 중생이 비록 속진번뇌 속에 시달리면서도 이미 불성을 담고 있어 누구든지 성불한다는 가능성을 원으로 나타내준다. 이는 선원이 수행의 작용[用]을 형상화한 것이다.

이와 같이 선원이 담고 있는 특성은 그대로 교육원리가 되거나 교육방법으로 활용될 여지가 많다. 이제 그 예를 몇 가지 들어보기로 한다.

불교에서 戒·定·慧를 三學이라 하여 수행의 내용으로 삼는다. 戒·定·慧는 貪·瞋·癡 三毒을 반추한 것이다. 이를 토대로 하면, 戒·定·慧 三學을 선원에 대입할 수 있는 소지가 있다. 먼저 貪心은 무명과 業我에서 비롯된 것이다. 업아가 탐심을 지니고 사는 한 계행을 끊임없이 요구된다. 이렇게 볼 때, 貪心과 戒行은 선원의 90°에 상응한다. 좋은 것을 탐하는 것과 대조적으로 나쁜 것과 싫어하는 것을 변별하면서 갖게 되는 瞋心은 禪定으로 극복할 수 있다. 여기서 선정은 세속적 자아를 잊는 無我를 전제한다. 이렇게 볼 때, 瞋心과 禪定은 선원의 180°에 상응한다. 같은 연장선상에서 어리석음을 다스리는 지혜는 妙用의 견지에서 발휘된다. 이렇게 보면, 癡心과 이를 극복하는 지혜는 선원의 270°에 상응한다. 끝으로 戒·定·慧 三學은 별개로 존재하는 것이 아니다. 大我는 三學이 圓融無礙한 경지에 이른 자아를 말한다. 따라서 三學의 圓融無礙한 경지에 있는 大我는 선원의

360°에 상응한다고 볼 수 있다.

『法華經』의 法師品에 교육방법에 해당하는 開 · 示 · 悟 · 入이 소개된다. 물론『法華經』은 이루 말할 수 없는 값진 비유로 가득하여 開 · 示 · 悟 · 入만을 따로 떼어내어 교육방법 운운하는 것이 지나친 단순화 오류를 범하는 것인지 모른다. 하지만 논의 목적상 '開 · 示 · 悟 · 入'을 法師의 가르침 순서로 보고, 이를 교육방법으로 풀어볼 수 있다. 그러면 '開'는 세상의 이치를 방편으로 가르치는 일을 가리키므로, 세속의 업아가 배워야할 학습과제를 방편으로 삼는다는 뜻이 된다. 이는 선원의 90°에 상응한다고 볼 수 있다. '示'는 세상의 실상을 있는 그대로 보여주는 일이다. 이는 우리 현상계가 쭐함을 보여주는 일이다. 쭐相을 보여주는 일은 여러 가지로 해석할 수 있는 소지가 있다. 『法華經』에서 말하자면, 三乘의 쭐함을 보여줌으로써 一乘을 설하고자 한다. 이는 부정의 뜻이 강하므로 선원의 180°에 상응한다고 볼 수 있다. '悟'는 一佛乘을 통하여 중생이 여래의 오묘한 이치를 깨닫게 하는 것을 말한다. 聖 · 俗이 다르지 않고 중생이 부처라는 妙體를 깨달게 하는 일은 妙有의 세계를 전제한다. 이는 선원의 270°에 상응한다고 볼 수 있다. '入'은『法華經』의 표현대로 '여래의 방에 들어와 여래의 옷을 입고 여래의 자리에 앉아' 원융무애한 대승의 세계에 '들어왔음'을 가리킨다. 따라서 이는 선원의 360°에 상응한다고 볼 수 있다.

이와 같은 방식으로 禪圓을 교육원리와 교육방법으로 고려할 수 있다. 하지만 선원을 검토함에 있어서 간과해선 안 될 중요한 논점이 있다. 선원의 형상이 '원'이라는 사실에서 확인할 수 있듯이, 선원과 관련하여 논의되는 모든 교육원리와 교육방법이 還相型으로 이해되어야 한다. 교육원리와 방법을 이른바 線型(linear system)인 往相型으로 파악할 경우, 불교의 근본원리인 중도사상에 계합하지 않는다.

다소 단순화해서 말하자면, 기독교적 가치체계와 서양의 변증법, 그리고 매슬로(Maslow)의 자아실현이론이나 서양 심리학에서 설정하는 발달이론은 모두 單線型 住相을 전제한 것이다. 住相型 사고를 전제할 경우, 우리는 논리적으로 무한 회귀 문제에 직면하게 되고, 실제적으로 '不二'에 계합하지 않는다는 심각한 난점에 봉착한다(김정래, 2014). 앞서 '不二'를 간략하게 정리하면서 소개한 극소-극대의 문제, 佛身常住의 문제, 同體大悲 문제 등도 교육상황에서 설명할 길이 없다. 교육원리와 교육방법에서 還相型 사고를 늘 전제해야 한다는 사실은 '禪圓'이 교육학에 기여할 수 있는 핵심적 개념도구임을 입증하는 것이다.

끝으로 '자연에 따른 교육'처럼 교육학에서 '自然'을 교육원리로 삼아야 한다고 끊임없이 제기되어 온 주장을 '禪圓'에 적용해 살펴보기로 한다. '자연'을 교육원리로 받아들여야 한다는 교육적 주장이 공허한 슬로건에 그치지 않으려면, 주장하는 바에 담겨진 '자연'이 어떤 의미로 사용되는가를 우선적으로 면밀하게 검토해 보아야 한다. 실제로 동·서양을 막론하고 자연에 '反'하는 교육을 주장한 사례는 거의 찾아보기 어렵다. 그러나 각기 주장에 담긴 '자연'의 의미는 결코 같지도 않으며, 어느 경우에는 상반된 내용을 담고 있기 때문이다.[24]

'자연'을 교육원리로 상정하는 대표적인 경우는 아동중심교육을 포함한 진보교육사상이다. 이들에 따르면, '자연'은 사회규범이 배제된 '사실(fact)'을 뜻한다. 그러나 '사실'이라고 할 경우, 그것이 반드시 규

---

24) 이 글에서는 '선원'에 비추어 네 가지 차원의 '자연'을 상정하였지만, 필자의 이전 글(김정래, 2016)에서는 다르게 범주화한 바 있다. 즉 '사실로서 자연', '반제도로서 자연', '소극적 자연', '이치로서 자연'이다. 이 글에서 언급하는 '자연'의 범주는 이전의 네 가지와 상이하지만 이를 토대로 발전시킨 것이다.

범을 배제한 것을 가리키는 것만은 아니다. 사회적 관습에 따라 형성된 사실은 규범의 역할을 하는 자연의 특성을 지닌다. 이렇게 보면 '자연'의 첫 번째 범주에는 관습적 규범, 사회적 효용성을 주장하는 공리주의, 실정법을 강조하는 法家 사상, 공유를 주장하는 墨家 사상이 모두 포함된다. 이들에 관한 자세한 논의는 지면상 생략하기로 하고, '자연'을 공통분모로 할 경우, 이를 '有爲自然'이라고 칭할 수 있다. 여기서 '자연'은 세속적 삶을 영위하는 요구되는 지침이나 질서 또는 가치관으로서 역할을 하기 때문이다. '유위자연'은 業我가 준수하면서 가치와 질서를 가리킨다. 이를 선원에 적용해 보면, 90°에 상응한다.

반면에 적극적 가치를 제시하는 것과는 반대로 소극적 측면에서 의미가 파악되는 '자연'이 있다. 老莊의 無爲自然이 이에 해당한다. 이 사상에 따르면, 일체의 유위는 자연에 위반된다. 그래서 사회적 질서 유지에 요구되는 '덕'에 앞서 '道'를 강조한다. 이때 道가 무위자연이다. 무위자연은 세속의 유위를 부정한다. 따라서 무위자연은 선원의 180°에 상응한다고 볼 수 있다. 하지만 무위자연은 선원의 180°가 왜곡되어 허무주의와 아나키로 흐를 가능성을 배제하지 않는다.

세상살이에 구체적인 지침이나 실용적 원리를 제공해주지는 않지만, 심층적으로 파헤쳐 보면 우리의 삶과 세상살이에 요구되는 심오한 이치가 있음을 알 수 있다. 이를 원리로서 '자연'이라고 한다. 서양의 아르케(arche)와 무한자(apeiron)의 탐구나 동양의 태극음양의 우주론적 원리가 이에 해당한다. 앞에 소개한 '유위자연'과 '무위자연'과 달리, 이 경우 자연은 순순한 '이치'를 가리키므로 이를 '理致自然'이라고 칭할 수 있다. 반드시 그렇다고 단정할 수는 없지만, 연기법은 삼라만상의 생성이치를 空의 관점에서 설명해 준다는 점에서 '이치자연'에 속한다. 앞의 두 가지와 달리 이치자연은 일상적인 견해로는 파악하기 쉽지 않아 妙用의 慧眼이 요구된다. 따라서 이치자연은 선원의 270°에 상응한다고 볼 수 있다.

끝으로 자연의 이치, 자연의 섭리 등의 표현은 우리의 언어와 사고로 근접할 수 없는 '자연'이 실재함을 뜻한다. 우리는 이를 '如如하다'고 표현한다. 이러한 경지의 자연을 '如如自然'이라고 한다.[25] 여기서 여여자연은 반야의 실상인 道體, 실상반야, 예외 없다는 뜻에서 無漏法을 가리킨다. 일체의 모든 것이 융화된 중도의 경지이며. 부처님의 법신을 가리키기도 한다. 따라서 여여자연은 선원의 360°에 상응한다고 볼 수 있다. 이렇게 볼 때, '자연을 따르는 교육'을 논의할 경우, 우리는 어떤 의미의 자연을 지향하고 어떤 수준의 자연을 전제로 한 것인지를 고려해야 한다. 禪圓은 이처럼 교육학 논의에 결정적인 단초를 제공해 준다.

IV. 한국 불교의 전개

『교육과 한국불교』는 제2장 이하에서 한국의 高僧大德의 생애, 사상 그리고 업적을 소개한다. 역사상 실존했던 우리나라 모든 큰스님들을 다 다루지 못하였음에도 불구하고, 불교의 지혜가 우리 역사적 맥락과 사회적 상황에서 어떻게 수용되어 독자적으로 발전하였는지

---

25) '不二自然'과 '중도'와 같은 의미를 지닌 '如如自然'은 연꽃에 비유되어 설명함으로써 佛·法·僧 三寶를 뜻하기도 한다. '佛'은 '處染常淨'으로, 더러운 진흙 속에서 연꽃이 피우듯이, 세상의 무명 속에서 부처가 물들지 않고 청정함을 드러낸다는 것을 뜻한다. '法'은 '花果同時'로서, 생사가 불이하여 因果同時하며 遮照同時의 이치를 드러낸다. '僧'은 '眞空妙有'로서, 연꽃이 뿌리에서 줄기까지 모두 비어있지만[眞空] 꺾이지 않고 물들지 않고 더럽혀지지 않는다[妙有는 꿋꿋한 수행을 뜻한다.

가 몇몇 고승대덕의 경우를 통해 논의된다.

원효사상을 다룬 석길암 교수의 제2장은 교육에서 흔히 대립하는 것으로 여겨지는 자유와 평등, 또는 차별성과 동일성 문제를 단초로 한다. 원효사상은 이 두 가지가 원융할 수 있다는 점을 시사하고 있다. 또한 원효의 삶 자체가 제도권과 거리를 둔 사회적 제약을 받지 않았다는 사실에서 '걸림 없는[無碍]' 삶을 강조한 점을 들면서 그것이 동시에 원효의 불교사상적 지향점임을 지적한다. 원효의 『起信論疏』에 '一心二門'을 논의하면서 그것을 혜원, 법장의 논지와 비교 설명하고 있다. 원효에 따르면, '일심'이 움직여서 六道를 일으키며 육도가 일심을 벗어나지 않기 때문에 의심에 물결이 일어도 의심을 제거하면 큰 마음을 일으킬 수 있다는 점, 眞如門과 生滅門이 대립되는 것 같지만, 두 문에 止와 觀이 쌍으로 움직이고 이에 萬行이 갖추어져 있기 때문에 두 문에 들어가면 수행을 잘 일으킬 수 있다는 점을 설명한다. 이 점에서 원효는 혜원이나 법장과 달리 의심을 없앤다는 것이 聖道의 성취, 즉 上求菩提가 아니라 聖道의 행함, 즉 下化衆生에 있음을 강조한다. 하지만 하화중생의 사유에서도 부처와 중생이 각각 교화 주체와 대상이 아니라 중생 하나하나가 부처와 다르지 않음을 강조한다. 또한 無明에 의한 眞如의 熏習과 眞如에 의한 無明의 熏習을 특징으로 하는 『起信論』을 놓고 원효는 不思議熏으로 그 특징을 설명한다. 여기서 원효의 초점은 진리[眞如] 그 자체를 드러냄이 아니라 진리 그 자체를 드러내는 중생의 가능성에 맞추어져 있다. '一心'은 진리의 보편성 또는 보편적 진리의 차원에서 형이상학적으로나 관념론적으로 파악되는 것이 아니라 일심과 중생심이 서로 相卽, 相入하는 華嚴論的 관점에서 파악되어야 한다는 것이 원효의 和諍 논의의 핵심이다.

이러한 해석은 부처님의 中道思想, 구체적으로 中道八不로 어김없이 설명된다. 원효의 기신론 해석과 和諍思想은 적절하게 축약하면서 논의한 제2장은 가르치는 사람과 배우는 사람이 서로 분별되지 않으며[不二], 그것은 다시 차별성과 동일성 또는 자유와 평등 문제가 상호의존적이면서 융화된다는 논점으로 이어진다. 따라서 같음은 다름을 기반으로 하고, 다름은 같음을 기반으로 한다는 원효의 확고한 입장은 화엄의 相卽, 相入 사상은 물론 초기불교의 중도사상 자체를 원용한 것으로 볼 수 있다. 이는 교육 현장에서 자유와 평등의 가치가 상호 대립하거나 배타적인 관계에 있지 않으며, 가르치는 사람과 배우는 사람 사이에 소통도 圓融의 관점에서 파악해야 한다는 것이 원효를 논의한 제2장의 결론인 셈이다.

원효와 의상이 당대 한국불교의 쌍벽을 이루며, 원효의 사상이 화엄과 무관하지 않다. 이 점을 감안하여 순서로 본다면 한국 화엄사상의 종주인 의상을 원효에 앞서 살펴보는 것이 더 타당할지 모른다. 화엄사상은 불교 철학적 사유의 寶庫일 뿐만 아니라 서양의 어느 철학 이론과 논의도 따라올 수 없는 독특한 측면을 지니고 있기 때문이다. 이 점에서 한국불교에서 의상스님이 차지하는 비중과 위치는 매우 지대하다. 원효스님이 '和諍'이라는 한국불교의 독창성을 발휘한 것과 마찬가지로 의상스님 역시 화엄사상을 '의상계 화엄'이라는 명칭을 사용하듯이 그 독창성을 발휘한다.

의상계 화엄을 대상으로 각각의 목표와 주체를 비교하고 그 의미를 분석한 박보람 교수의 제3장은 교육과 불교의 유사점에서 논의를 시작한다. 학습자가 인간다운 삶과 인류를 위한 삶을 가꿔 나갈 수 있도록 학습자를 변화시키는 목표를 가지고 있는 교육과 마찬가지로 불교 또한 학습자인 중생이 완전한 행복의 삶을 누릴 수 있도록 교수자인 불보살이 중생을 깨달음의 길로 이끌도록 한다. 하지만 의상계 화엄은 배우는 자와 가르치는 자 사이에 어떤 근본적인 차이를 두지 않는다는 점에 주목한다. 이를테면 교육을 통하여 학습자인 중생을 교수자인 부처로 만드는 것을 목표로 하는 往相型, 단순형 교육을 지향하지 않는다. 의상계 화엄에서 학습자인 중생은 예로부터 교수자인 부처이기 때문에 가르침과 배움을 통한 교육의 목표는 부처가 '되는 것'이 아니라 '나' 자신이 부처임을 깨달아 부처로서 살도록 하는 데 있다. 따라서 교육과 불교 일반이 배우는 자와 가르치는 자의 역할을 구분하고 그 자격을 규정하는 것과는 달리 의상계 화엄에는 가르치고 배우는 구분 자체가 불가능하다. 대부분의 불교에서 중생은 배우는 자이고 불보살은 가르치는 자이지만, 중생이 예로부터 부처인 의상계 화엄에서는 이러한 구분이 무의미하다. 따라서 의상계 화엄은 예로부터 부처인 내가 나에게 배우고 내가 나를 가르친다. 이 점에 착안하여 제3장은 해인삼매 중에 현현한 일체 제법의 總相인 나는 필요에 따라서, 緣에 응하여 가르치는 자가 되고 배우는 자가 되기도 하며 가르치는 자로서의 배우는 자, 배우는 자로서 가르치는 자이기도 하다는 점을 논의하였다.

신라의 승려 원측의 '일천제 성불론'을 다룬 이지중 교수의 제4장은 원측의 인간이해론를 고찰하고 그 교육적 의미를 해석한 것이다. 원측은 7세기 당시 중국의 불교 사상계에서 큰 학문적 영향력을 행사하고 있던 자은학파의 '일천제 불성불론'에 맞서 '일천제 성불론'을 주장하였다. 여기서 일천제란 태어날 때부터 불성을 선천적으로 가지고 있지 못한 사람들로 분류된 자들이다. 그러므로 '일천제 불성불론'이란, 우리들 중 누군가는 애초부터 부처가 될 수 있는 아예 가능성이 없는 사람들이 있다는 주장이 된다. 그러나 원측이 해석한 일천제들은 결코 성불할 수 없는 사람들이 아니라 단지 그들 자신이 여래장 즉, 자신이 이미 불성을 가지고 있는 사람인줄 모르고 있거나, 아직 성불할 수 있는 인연이 성숙치 못하여 지혜로운 삶을 살고 있지 못하는 사람들일 뿐이다. 원측은 우리 모두는 성불할 수 있다는 교육적 확신을 개진한 것이다. '교육'이 다양하게 정의될 수 있다고 하여도 교육은 인간이 지닌 내적인 가능성을 바람직하게 구체화하고 현실화하는 일임에 틀림없다. 하지만 이 일은 묵시적으로 '인간 스스로의 자기 창조성에 대한 믿음'과 인간에 의해 그 창조성은 발현될 수 있다는 인간 이해를 전제로 해야 한다. 이러한 이해를 바탕으로 해야만 교사의 교육적 행위와 학생의 주도적 창조성의 화합이 학생들의 교육적 성장에 결정적인 역할을 할 수 있다. 이러한 점에서 교사는 스승이 일천제를 포함한 일체의 중생이 모두 불성을 가지고 태어난다는 것을 믿고, 또한 학생들에게 '너 자신이 여래장이다'라는 것을 확신하면서 학생들을 선도할 수 있어야 한다. '일천제'라는 제약에도 불구하고 원측이 우리 모두는 부처를 이룰 수 있는 불성을 타고 태어난다는 것을 일관적으로 주장하고, 이를 논리적으로 해명함으로써 우리 스스로 우리 모두는 언제든 성불할 수 있다는 믿음을 가지게 하였던 것은 한국교육에서 매우 큰 의미가 있다. 즉 '누구든 성불한다'는 부처님 말씀이 공허한 장담이나 위로가 아니라 근거 있는 설법이라는 것을 원측은 교육적으로 증명한 셈이다.

안경식 교수의 제5장은 신라 하대 불교지성이자 고승인 진감선사의 삶을 교육학의 관점에서 고찰하였다. 교육철학 연구에서 종종 인물연구를 하는 이유와 마찬가지로 우리가 고승의 삶에 주목한 이유는 고승은 처음부터 신적인 존재가 아니라 수행을 통해서 학덕을 연마하고, 연마한 학덕을 바탕으로 교화력을 발휘하는 사람이기 때문이다. 교육의 관점에서, 고승은 태어날 때부터 고승으로 태어나는 것이 아니라 '교육'을 통하여 고승이 되며, 고승은 '교육자'의 역할을 하기 때문에, 이 점을 중시하여 제5장은 먼저 진감선사의 출생과 성장기의 삶, 출가 후의 수행기의 삶, 그리고 교화실천기의 삶을 차례로 고찰하였다. 이어서 진감선사의 삶의 교육학적 의미를 여섯 가지 측면에서 정리하였다.

원효가 신라불교를 대표한다고 보는 것과 마찬가지로 고려불교를 대표하는 知訥을 다룬 김방룡 교수의 제6장은 頓悟漸修, 定慧雙修, 禪教一致 문제를 교육과 관련하여 다루고 있다. 지눌의 저술과 성향을 간략하게 소개한 뒤, 『修心訣』의 사상체계와 돈오점수의 교육적 의의를 논의한다. '마음 닦는 비결'을 밝힌 『修心訣』은 불교의 출발점과 종착점, 그리고 항상 지향하는 바가 마음에 있고, 마음을 닦는 '修心'을 통하여 부처가 되는 공부[成佛之學]를 천명한다. '마음이 곧 부처'라고 하지만, 마음은 언어로서 그 實相을 형용할 수 없어서 '一物'이라고 한다. 하지만 이를 언어로 군이 표현한 것이 '空寂靈知'이며, 이를 통하여 마음의 性相과 體用을 밝히고 있다. 언어로 하면 마음의 바탕과 모양, 마음의 실체와 쓰임이라고 할 수 있지만, 실상은 性이 곧 相이면서 相이 곧 性이며, 또 體와 用이 둘이 아니다. 마음의 실상이 般若智처럼 相卽相入하는 不二의 측면을 띤다. 하지만 언어로 다 할 수 없으니 스스로 신령스럽게 알 수 있다[性自神解]고 한다.

頓悟漸修 문제는 그 자체가 교육문제이다. 知訥의 돈오점수는 북종 神秀의 漸修를 통한 깨침과 남종 惠能의 頓悟를 통한 깨침이라는 '南頓北漸'의 전통을 발전시킨 것이다. 이 점에서 지눌의 돈오점수는 중국 불교를 한 단계 위에서 조화롭게 발전시킨 것이다. 제6장은 이러

한 특징을 지닌 지눌의 돈오점수를 간략하면서도 조리 있게 소개한
다. 지눌스님의 돈오점수는 근래에 성철스님의 '頓悟頓修' 논의[26]가
대두되면서 이를 보다 심층적으로 고찰하는 계기가 마련되었다. 일상
적 의미에서 보자면, 수행 방법을 다룬 漸修는 교육방법의 일반 원리
라고 할 수 있다. 제6장은 '定慧雙修'에서 '漸修'가 어떤 것인지, 무엇
보다도 중국 선종의 입장을 비판적으로 수용하여 발전시킨 것이라는
점을 상세하게 안내하고 있다. 頓漸 논의가 두고두고 공부해야 할 숙
제임에 틀림없지만, '頓悟頓修'가 지닌 불교적 지혜의 떨칠 수 없는 매
력에 앞서 김방룡 교수가 지눌의 頓悟漸修를 심각하게 받아들여야 한
다고 주장한 것은 바로 우리 일상에서 찾을 수 있는 교육적 필요 때문
이다. 즉 돈오점수는 지속적인 수행과 사회적 실천의 측면을 부각시
키기 때문이다. 그러나 교육적 맥락에서 강조되는 지눌의 돈오점수가
우리가 아는 상식적 견해에 의하여 파악되는 것은 아니다.[27] 지눌이
강조하는 돈오와 점수의 뜻은 단순히 닦음으로 인한 깨침에 다다라서
머무는 것이 아니라 깨침에 의한 닦음, 깨침 이후의 지속적 닦음에 있

---

26) 성철스님의『禪門正路』제13장 (277-310쪽)과 『百日法門』하권 (개정증보판) 제3장
   (301-385쪽)에 頓漸의 심층적 논의가 담겨 있다.

27) 頓修와 漸修를 각기 방편지의 차원에서 논의할 수 있다. 이를테면, 누군가 담벼락에다
   낙서를 하는 경우, 집주인은 '낙서금지'라는 표기를 본래 낙서보다 더 크게 표기한다.
   그것은 또 다른 '낙서'를 한 셈이지만, 집주인의 '낙서금지'라는 낙서가 전혀 가치 없는
   행위가 아니다. 담벼락을 깨끗하게 하는 작용[수행]을 한다. 그러나 더 이상의 낙서가
   필요하지 않다는 것을 안다면[깨달음], 원래 낙서와 '낙서금지'라는 표기는 모두 없애야
   한다. 다른 한편, '낙서'니 '낙서금지'니 하는 언행이나 그것을 지워야 하는 것 자체가 단
   박에 알 수 있는 것이라는 점을 상기할 수 있다. 이 점에서 六祖 慧能의 '頓悟頓修'는 知
   訥의 '頓悟漸修'와 지향하는 방향이 다르다. 무엇보다도 頓悟頓修는『六祖壇經』에 '悟人
   頓修'라 하여 '悟後漸修'를 가리키는 頓悟漸修와는 근본적으로 다르다. 하지만 교육적
   맥락에서 知訥의 '頓悟漸修'도 나름대로 의미가 있다. 깨달음[頓悟]에 이어서 끊임없이
   낙서를 지워야 하는 일[後修]이 공부하는 사람에게는 모두 요구되기 때문이다. 이 예는
   김정래(2015) 참조.

다. 이를 위하여 지눌의 '자성문정혜'와 '수성문정혜'를 온전하게 이해할 필요가 있다. 끝으로 김 교수는 지눌의 돈오점수가 곧 다가올 죽음을 직면하게 되는 모든 인간의 실존적 상황에 비추어도 그 의미가 강화된다는 점을 강조하고 있다.

당초 부처님이 사람들의 각기 다른 성품과 이해수준에 따라 적절하게 교화한 방법을 수기설법이라 한다. 이 설법의 연장에서 이철헌 교수의 제7장은 三門을 강조한 휴정스님을 다룬다. 휴정의 삼문수학은 법에는 많은 뜻이 있고 사람은 여러 근기가 있으니 각기 다른 방편으로 사람들을 교화한 것이다. 여기서 '三門'은 참선문·원돈문·염불문이라 하여 참선과 교학과 염불을 수행하는 경향을 말한다. 이를 위하여 이 교수는 불교가 한반도에 들어오면서 수용되는 경위를 우선 설명한다. 결과적으로 참선과 교학, 그리고 일상에서 행해지는 염불이 융화되는 견지에서, 휴정은 선사로서 임제종의 간화선을 중요시하면서도 교학의 필요성을 인정하고, 때로는 염불을 권하고 불교의식을 정비하였다. 이처럼 휴정과 제자들에 의해 정착된 삼문수행의 전통은 조선 후기 불교계의 가풍이 되었다. 또한 禪師인 휴정은 선을 가장 중히 여기면서도 교학은 물론 염불까지도 수용한 점에서 사람들의 이해능력에 따라 각기 다른 수행법을 인정하고 있다. 이러한 휴정의 사상은 통일신라시대 원효의 교학회통, 고려중기 의천의 교·관 일치, 지눌의 禪을 중심으로 한 선·교일치, 고려말 혜근의 선·교·정토의 겸수, 조선 초기 기화의 유·불·도 회통으로 이어져 온 한국불교의 전통사상을 계승하면서 더욱 발전시킨 것이다. 하지만 휴정은 『선가귀감』에서뿐만 아니라 『청허집』 여러 곳에서 참선·염불·간경·송주를 수행방법으로 제시하는 바, 이는 휴정이 독창적으로 주장한 종풍이 아니라 휴정 이전부터 형성된 조선불교의 현상이었다. 휴정이 펼친 삼문수학은 학습자의 이해 정도에 따라 교육내용을 전하는 눈높이 교육을 위한 실천방편이라고 할 수 있다.

불교의 사회적 실천을 담고 있는 정혜정 교수의 제8장은 조선의 주체적 사유와, 조선을 넘어 인류를 향한 보편적 사유를 불교에서 찾고자 했던 만해의 사상을 다룬다. 만해가 불교 세계관을 바탕으로 하여 서구 근대정신을 성찰하면서도 불교적 사유로 그 의미를 재구성하고 불교혁신뿐만 아니라 조선의 현실을 타개해나간 조선의 주체적 사유를 전개한 인물임을 강조한다. 또한 만해에 대한 기존 연구와는 달리 만해가 한국불교의 전통적 사유를 계승하면서도 서구 외래사조를 주체적으로 수용하여 토착적 근대화를 이끌어냈음을 지적한다. 즉, 만해는 자유 근대사조를 접하면서 불교 전통의 폐해를 성찰하는 동시에 서구형 계몽의 틀을 넘어선 한국불교만의 계몽에 초점을 맞추고 불교 정신문명의 발전을 통한 조선혼의 계승과 민족의 해방적 자유에 토대를 둔 불교의 주체성을 강조한다. 재개념화하는 작업을 통하여 만해는 자유, 평등, 개성 존중, 사회주의, 사회진화론, 박애 등의 근대적 가치에 주목하였지만, 이 중에서 단순히 억압으로부터의 해방을 뜻하는 정치적 자유, 종교선택의 자유가 아니라 궁극적 진리인 眞我의 깨달음으로부터 비롯되는 자유에 주목하였다. 만해의 사회진화 입장은 서양의 사회진화론과는 다른 만물을 愛育하고 해탈의 힘에서 찾고자 하는 불교적 正信에 입각해 있다. 하지만 깨달음의 각오가 있는 신앙인 정신에 입각한다고 하여 만해는 그것을 禪을 강조하는 선불교에 한정시킨 것이 아니라 모든 사람이 수행해야 할 마음 수양을 강조하였다.

V. 불교 지혜의 교육적 현정(顯正)

1. 중도 교육의 난점

이제 불교의 핵심사상 또는 불교만의 독특한 가치가 중도라는 사실에 누구나 동의한다. 또한 양변을 떠나 있으면서 동시에 양변을 수용한다는 중도 사상에 입각하여 중관논리가 언어와 사고에 따른 논리를 초월함을 해명한다. 그러나 이를 교육현장에서 어떻게 가르쳐야 할 것인가 하는 문제는 결코 쉬운 문제가 아니다. 왜냐하면 중도사상이 실증적 근거를 중시하고 현실적인 필요를 존중하는 서구화된 교육에 잘 부합하지 않기 때문이다. 이제 중도 교육의 난점을 살펴보기로 한다.[28]

첫째, 논리적 차원에서 난점이다. '중도'를 가르친다는 것은 학생들에게 '卽離兩邊'과 동시에 양변을 즉시 수용해야 한다는 것을 가르친다는 뜻이다. 구체적으로 말하자면 중론의 핵심인 '非有而非無'의 특성을 가르칠 수 있는가에 있다. 먼저 중도를 언어로 전달한다는 자체가 불가능하다. 그 사례는 부처님의 열반 문제에서 찾을 수 있다. 중론의 '非有而非無'의 교육적 난점은 『涅槃經』에 있는 부처님과 중생과의 인연 문제, 즉 부처님이 중생 제도를 위해 오신 인연이 있는가 그리고 열반하신 인연이 있는가의 문제에서 찾을 수 있다. 단순하게 말하자면, 부처님이 오신 인연이 있는 것도 아니고[非有] 없는 것도 아니며[非無], 있고 없음을 떠나 제3의 원인이 있는 것도 아니며, 있다

---

[28] 필자는 중도의 교육적 과제를 정리한 바 있다(김정래, 2009b: 16-24). 여기서 소개하는 네 가지 구분은 이를 토대로 한 것이지만, 상이한 내용을 담고 있다.

없다고 말할 수 있는 것도 아니며[非有] 그런 이유가 없다고 할 수 있
는 것도 아니다[非無].[29] 성장기의 아이들에게 이와 같이 중관논리에
입각한 '부처님과의 인연'을 가르치는 일이 결코 쉬운 일은 아니다.
하지만 교육적으로 그 난점을 극복하는 방법은 중관논리, 중론사구
를 여러 사례에 적용시키면서 중도적 사고를 체험하도록 하는 수밖에
없다.

둘째, 인지적 난점이다. '중도'는 空 사상을 전제한 것이어서 일상
적 차원에서 수용되는 인과관계와 다르다. 교육적 난점을 드러내는
단적인 예가 因果同時이다. 일상적으로 원인이 결과에 앞선다고 하지
만, 중도의 空 사상에서는 그렇지 아니하다. 또한 우리가 인지하는 현
실이 모순된 양상을 띤다는 것도 중론사구를 통하여 확인할 수 있다.
이에 따른 교육적 난점을 극복하는 방법은 우리의 오관과 사고에 의
존하는 인지체계가 절대 불변하는 것이 아님을 가르치는 것이다. 이
를 위하여 고전물리학, 상대성 이론, 그리고 양자역학과 천체물리학
에 담긴 내용, 이를테면 극소-극대 문제를 가르치는 것이다. 이때 이
내용은 물리교과의 내용으로서 가르칠 것이 아니라 우리의 인지 경계
를 확장하는 방편으로 가르쳐야 한다.[30] 앞서 제Ⅱ절에서 소개한 인
식 경계 문제는 이와 관련하여 중요한 논거를 제공한다. 보다 구체적
으로 인지적 차원의 난점은 '인지함정(cognition trap)'을 통하여 확인
할 수 있다(김정래, 2009b: 19). 원인혼란에 빠지지 않으려면 중도의 이
치를 확실하게 파악하면 된다.

---

29) 이에 관한 요점은 원효스님의 『涅槃宗要』 제2장. 황산덕 (역). (1982). 15-20 참조.
30) 이 점에서 교육학에서 주장하는 교과의 내재적 가치의 절대적 평가 문제는 근본적으로
   재고해 볼 필요가 있다. 적어도 '내재적 가치'가 중도의 지혜를 얻는 방편이라는 점에서
   그러하다.

셋째, 윤리적 난점이다. 이는 교육적 견지에서 가장 심각한 문제이다. '中道'에서 善-惡을 초월했다는 말은 선-악의 양변을 버리면서 동시에 선과 악을 모두 수용한다는 뜻이다. 그러면 교육에서 '악을 수용하라'는 비교육적 뜻도 포함하게 된다. 이러한 문제를 해소하는 방법은 중도의 의미를 보다 철저하게 파악하여 '선'에 집착하지 말라는 입장을 견지하는 것이다. 즉 선을 행하지 않아도 좋다거나 악행을 일삼아도 된다는 뜻이 아니다. 선을 행하지 않고 악행을 수용해도 좋다는 해석은 삼학의 戒行의 원리에 어긋나기 때문이다. 三學의 원융함이 곧 중도의 원리이기 때문에 戒行을 어긴 중도는 생각할 수 없다. 핵심은 선-악에 집착하지 말고 그 대립구도를 방편으로 삼는 데 있다. 이 논거는『六祖壇經』에서 찾을 수 있다. 육조 혜능스님은 양단의 대법을 설하였다.

> 모든 법을 설하되 성품과 모양을 떠나지 말라. 만약 사람들이 법을 묻거든 다 雙으로 해서 모두 對法을 취하여라. 가고 오는 것이 서로 인연하여 究竟에는 두 가지 법을 다 없애고 다시 가는 곳마저 없게 하라.[31]

선-악의 對法을 취하는 것은 양단을 벗어나는 방편이다. 적어도 중도의 이치를 깨닫고자 한다면, 선을 행하지 말고 악을 행해도 좋은 것이 아니라 '있는 그대로 모습[眞性相]'을 파악하기 위하여 선-악의 對法을 취하라는 뜻이다. 따라서 선-악을 떠나라는 가르침을 세속적 차원에서 해석해서는 안 된다.

넷째, 실행 차원에서 난점이다. 이는 불교의 無我 사상 때문에 야기

---

31) 說一切法 莫離於性相 若有人問法 出語盡雙 皆取法對 來去相因 究竟 二法盡除 更無去處.『六祖壇經』27 對法, 성철 역, 1988, 장경각, 243-246쪽.

된다. 행하는 '나'가 없는 데 어떻게 실행을 하는가 하는 반문이다. 이는 부정적 의미의 無爲 사상으로 이어지기도 한다. 그러나 무아사상은 자기 자신에게 집착하지 말라는 뜻이며 '있는 그대로 세상'에서 아무것도 하지 말라는 것[無爲徒食]을 뜻하는 것이 아니다. 따라서 교육적으로 가르치고 배우는 과정에서 '실행하는 자아'가 무엇인지를 늘 반추해 보라는 교훈을 새겨야 한다.

2. 분별지의 교육적 활용

불교의 중도사상은 일체의 분별망상을 떨쳐버리고 반야지혜를 증득하는 데 있다. 그러나 무명 상태에 있는 초심자들을 전제하는 교육상황에서 분별지를 털어내고 반야지를 증득하게 하는 일은 결코 쉬운 일이 아니다. 무엇보다도 교육현실을 보면, 학교에서 가르치는 교육내용의 대부분이 분별작용을 기르는 것으로 구성되어 있다. 그 결과 '교육받았다'는 논리적 증거는 분별작용의 결과인 의식의 분화에서 찾는다. 의식이 분화되었다는 것은 개념적으로 세상을 변별할 줄 안다는 것이며, 달리 말하자면 분별심을 갖게 되었다는 말이다(김정래, 2012). 예컨대, 수학을 잘 가르쳤다는 것은 수학적 변별능력을 갖추게 했다는 뜻이다. 맨 처음 자연수를 배우고 나서 덧셈, 뺄셈을 배우는 과정에서 양수-음수를 배우고, 곱셈과 나눗셈을 배우는 과정에서 소수와 제곱수를 배우고, …… 이어 무리수를 배우고, …… 무한수를 배우고 …… 이러한 과정이 '수'의 개념적 분화를 뜻하며, 또 이 분화과정은 학습자가 수학적 구조를 갖게 하는 것을 뜻한다. 결과적으로 수학을 잘 배운 것은 수학적 분별심을 갖게 된 것이다. 과학, 문학 등 다른 교과도 사정은 마찬가지이다. 사정이 이렇다면 중도사상에 계합하려면 기존의 교과교육을 포기해야 한다고 말해야 한다. 그러나 이 주장은 중도사상에 계합하는 것이 아니라 위배된다. '중도'가 양단의 분별망상을 떨쳐버리는 동시에 그것을 수용하는 것이어서 중도의 진정한 뜻은 떨쳐버려야 할 양단을 확실하게 파악하는 데 있기 때문이다. 따라서 분별지는 교육에서 필연적으로 요구되는 덕목이다. 그렇다면 분별지를 교육적으로 어떻게 활용해야 하는가 하는 문제가 대두된다.

분별지의 교육적 활용과 관련하여 적어도 두 가지가 요구된다. 하나는 분별지가 반야지의 증득에 필연적으로 요구된다는 것을 밝히는 일이다(김정래, 2009a). 교과교육을 통하여 의식이 분화된다는 것은 마냥 분별 능력만을 조장하는 것이 아니다. 분화된 개념구조와 의식은 전체적으로 그것을 조망할 줄 안다는 것을 뜻한다. 다른 하나는 반야지의 증득과 같은 교육적 노력은 아이러니 상황을 야기한다는 점이다. 분별심을 통하여 반야지를 길러야 하는 아이러니가 그것이다. 이에 대한 교육적 해결방법은 여러가지 방편을 도모하는 일이다.

첫째, 해결해야 할 문제는 初發心者의 아이러니이다. 초발심자는 無明 상태에 있으므로 지혜로운 상태가 무엇인지 모르는 상태에서 지혜를 구하는 發心을 하는 셈이다. 그러나 그것이 가능한가? 이 아이러니는 분별지와 반야지를 往相型 사고로 파악하기 때문에 야기된다. 이를테면, 어리석은 사람[無明]의 입장에서 般若를 말한다는 것이 가능한가라는 의문은 다음의 도식에 근거한다.

原始無明	→	分別智 (중생심)	→	無常智 (聲聞)	→	妙行智 (獨覺)	→	般若智 (부처)
				方便智				

이 도식은 그릇된 것이다.[32] '방편지'가 반야지의 기계적 인과로 파악되기 때문이다. 방편은 단순한 수단이 아니다. 방편 자체에 지혜가 숨어 있어서 '방편반야'라 한다. 이에 대한 해결 방법은 제III절에서 논의한 '禪圓'의 還相型 사고 구조에 있다. 실제로 앞의 왕상형 도식은 그대로 '선원'에 적용하여 환상형으로 바꾸어야 함을 알 수 있다. 그 결과 '선원'은 '원'을 형상화함으로써 중생이 곧 부처라는 식의 양극단이 화통함을 보여준다. 본서 제2장에 소개된 無明과 眞如의 두 가지 門이 둘이 아니라는 논의는 불교의 관점에서 이를 입증해 준다.

교육상황에서 방편을 도모한다는 것은 크게 두 가지를 생각해 볼 수 있다. 하나는 외적인 목적을 설정하는 경우이고, 다른 하나는 무명 상태에서 파악할 수 있는 분별지를 方便으로 내세우는 경우이다.

전자의 경우, 개인적 출세와 사회적 영예를 목적으로 제시하면 된다. 공부하는 데에는 수단-목적의 기계론적 관계만이 존재한다고 보는 중생심을 활용하는 것이다. 보다 구체적으로, 제도적 권위에 의존하는 방법이 있다. 교육학에서 익히 알려진 '上帝와 下帝 이야기'가 이에 해당한다(이홍우, 1998: 30-35). 『法華經』의 火宅喩, 化城喩 등에 나오는 비유도 종교적 권위와 세속적 가치를 활용한 대표적인 사례이다.

반면 무명 상태에서 파악할 수 있는 분별지를 方便으로 내세우는 경우, 방편 그 자체가 교육목적이 된다. 無明의 중생이 공부하기 위해 설정하는 교육목적은 오로지 공부 결과의 쓰임에만 집중된다. 그러나 방편을 교육목적으로 내세우는 경우는 전자처럼 기계론적인 인과 관계가 성립하는 것이 아니다. 교육목적을 '體'의 측면뿐만이 아니라

---

32) 앞서 강조한 바 있듯이, 교육학의 많은 이론체계가 이와 같은 왕상형 또는 목적론적 線型이라는 사실은 근본적으로 면밀하고 심각하게 검토해야 할 과제이다.

'相'이나 '用'의 측면에서 파악이 가능하므로 그 양태는 여러 가지로 드러난다.

그 방법 중 하나가 분별지를 인식 경계의 확장에 활용하는 것이다. 인간은 六塵境界에 따라 六塵境界의 틀 속에서 분별작용을 하면서 인식한다. 그러나 그 틀 속에서 분별작용이 일어나는 순간마다 對法을 설정해야 한다. 선악, 대소, 강약, 미추, …… 등의 상대적인 판단에 의하여 인식할 수밖에 없다. 대법 설정을 근거로 한 인식 판단을 통하여 진리를 파악하는 것은 결국 인식경계를 드러내는 일이다. 교육상황에서 원융무애한 경지를 직접 가르칠 수 없기 때문이다. 『金剛經』의 '一相無相分'에서 須陁洹, 斯陁含, 阿那含, 阿羅漢을 구분하여 小乘, 衆生, 俗諦의 입장에서 그 가능성을 논하고 있다. 즉 大乘實敎 차원에서 보면 그러한 구분이 없지만, 相을 내어서 중생을 교화하는 방편으로 삼는 것이다.

그러려면, 分別智가 성립하는 조건을 교육적으로 고려해야 한다. 앞서 제Ⅱ절에서 소개한 세 가지 경계는 이러한 조건을 말한다. 먼저 분별작용[能]이 있어야 한다. 구체적으로 六根(眼耳鼻舌身意)이 전제된 알음알이가 작용해야 한다. 그 다음으로 분별대상인 六境(色聲香味觸法)이 있어야 한다. 즉 파악해야 할 세상의 경계를 전제해야 한다. 그러면 분별하는 인식작용이 성립한다.

이럴 경우 가르치는 일을 전담하는 교사에게 다음과 같은 역량과 자세가 요구된다. 교육상황에서 분별하는 인식작용을 뜻하는 '세 가지 경계'를 출발점으로 하여 '攄得'의 경지인 '두 가지 경계'로 이끌고 가야 한다. 이 교육적 과제는 眞空妙有한 반야지를 증득하는 방편이며, 방편과 '두 가지 경계'가 별개의 일이 아님을 뜻한다. 물론 이러한 교육적 과제는 언어적으로 불가능하다. 하지만 교사는 반야지로 표현되는 불교의 지혜를 가르치기 위하여 스스로가 '한 가지 경계'를 증득해야 하며, 그 교육적 목적을 이루기 위하여 스스로가 세 가지 경계로 내려와서 교육에 필요한 모든 제반 조치를 방편으로 삼을 줄 알아야 한다. 가르치는 일에 몸담은 교사는 이처럼 분별지를 활용할 만큼 각 경계를 자유자재로 넘나들어야 한다.

3. 평상심의 지혜

이 글에서 살펴본 내용만 놓고 보아도, 이를테면 자아가 없다고 하면서 수행하는 자아를 강조하고 있으며, 因果의 굴레를 벗어난 해탈을 위한 수행의 인과를 강조하기도 하며, '般若智'를 더 이상 머물 곳 없는 '更無去處'의 경지라고 하면서 거기에 머물도록 정진해야 한다고 하는 등, 불교가 전하고자 하는 지혜는 범부의 시각으로 보면 아이러니와 패러독스로 가득 차 있다. 그러면 우리는 교육에서 무엇을 목표로 하여 어떻게 가르쳐야 하는가? 게다가 반야의 지혜가 言語道斷이고, 不可思議라고 하였으므로, 설사 무엇을 안다고 하여도 우리가 무엇을 알고자 하는 것조차도 우리의 언어와 사고로 이룰 수 있는 것이 아니다. 그래서『六祖壇經』에 이르길,

> 모든 것에 진실이 없다니 진실을 보려고 하지 말라.
> 만약 진실을 본다 해도 그 보는 것은 다 진실이 아니다.
> 만약 능히 자기에게 진실이 있다면 거짓을 떠나는 것이 곧 마음의 진실이다.
> 자기의 마음이 거짓을 여의지 않아 진실이 없거니, 어느 곳에 진실이 있겠는가?[33]

---

33) 一切無有眞 不以見於眞 若見於眞者 是見盡非眞 若能自有眞 離假卽心眞 自心不離假 無

　그렇다면, 아무것도 알 수도 없으며 아무것도 할 수 없고, 그래서 아무것도 하지 않아도 되는 것인가? 불교의 지혜는 無爲徒食을 뜻하는 것이 결코 아니므로, 적어도 교육에 몸담고 있는 사람들의 입장에서 해야 할 일은 무엇인가를 심각하게 고민해야 한다. 하지만 이 교육적 과제 역시 아이러니에 빠져 있다. 즉 교육을 담당하는 이들은 '중도'의 지혜라는 설명할 수 없는 것을 설명해야 한다.

　교육을 하는 입장에서 굳이 답을 구하고자 한다면, 그것은 무엇을 한다는 생각을 버리고 있는 그대로 생활하는 것이다. 이러한 평상심의 지혜를 가장 극명하게 드러낸 것이 『金剛經』의 '法會因由分'에 그려진 부처님의 행적이다. 부처님이 행하신 바는 '고요히 탁발하시고 다시금 본래 자리로 돌아와 청정하게 세족하시고 자리에 앉으신 일상의 행적' 그대로이다. 왜 평범한 일상이 참선수행의 宗旨를 담은 『金剛經』의 첫머리에 나왔는지를 새겨보아야 한다. 그래서 필자가 지금 이 순간 이를 언어와 사고로 새기는 것조차도 경전이 전하고자 하는 의도에 어긋난다. 그래도 이를 굳이 표현하자면, '평상심'이라고 이를 뿐이다.

　그러면 평상심이란 무엇을 뜻하는가. 숭산스님은 이를 '오직 모를 뿐'이라고 하면서 '있는 그 자리에서 행함'을 설파한 바 있다. 당초 영어법문으로 하면 'Just Do It. Here and Now'이다. 그리고 반야지의 세계는 '저 높은 곳'에 있는 것도 아니며, 그러한 곳에서 찾아질 수 있는 것도 아니다. 불교가 연기인연설을 핵심으로 한다고 해서 내세의 '좋은 세상'을 기대하고 그것을 준비하는 것은 결코 불교의 가르침에 부합하는 것이 아니다. 따로 준비하고 기다릴 문제가 아니며, '나'의

眞何處眞.『六祖壇經』28 眞假, 성철 역, 1988, 장경각, 256-260쪽.

밖에서 찾아질 문제도 아니다. 부처님의 오묘한 깨달음을 '저 높은 곳'으로 표현한다 해도 그것은 우리 일상을 떠난 '어떤 곳'이 아니며, '높고 낮음'의 분별이 있는 것도 아니다. 우리 일상에서 밝힐 일이다. 그리고 매 순간마다 주어져 있다.

> 죽어서 來世에 부처가 되려고 바랄 것이 아니라, 당장 이 자리에서 부처가 되려고 힘쓰지 않으면 안 된다. 마음을 맑히고, 그 마음으로 일에 당면하면, 이 때의 우리의 마음은 佛心이 된다. 반면에 망상에 사로잡히어 그것으로부터 벗어나지 못하면, 이때의 우리의 마음은 衆生心이 된다.
>
> 우리의 마음은 하루에도 몇 번씩, 불심이 되기도 하고, 또는 중생심이 되기도 한다. 그러나 되도록 자주, 그리고 되도록 오랫동안 불심으로 있어 주는 것이 바람직스럽다.
>
> 그런데 만일 동물의 탈을 쓰고 있다면, 그렇게 되는 것은 거의 불가능한 일이 된다. 그런 점에서 사람으로 태어난 것은 천만다행한 일이다. 수도 여하에 따라 사람의 마음은 자주 그리고 오랫동안 불심으로 있을 수 있기 때문이다.
>
> 그러므로 나는 來世에도 다시 사람으로 태어나서, 더 자주 그리고 더 오랫동안, 나의 마음이 불심으로 있게 되기를 바라고 있다. 이것이 나의 소원일 뿐이다. (황산덕, 1980: 213)

사족을 붙이자면, 교육에 종사하는 이들이 해야 할 일은 자신이 가르치는 일에 열심히 몰두하는 것이며, 분별을 떠나 그 일을 수행함이 자신과 자신이 가르치는 아이들이 본디 지니고 있는 불성을 깨닫도록 하는 일과 다르지 않음을 자각하는 것이다. 그것이 곧 반야지의 증득이다. 그리고 교육이론의 개발을 포함한 온갖 교육적 노력은 이를 위한 방편에 불과한 것임을 깨닫는 것이다. 이 책은 제2장에서 제8장에 소개된 내용에 비추어 보면 우리 한국불교의 大聖들은 이미 이를 실천하여 입증하고 있다.

'있는 그대로 세상'의 지금 그 자리에서 온전하게 보며[觀自在] 如如하게 살라는 가르침이 곧 반야의 지혜이다. 『般若心經』은 이와 같이 [如是] 일러주고 있다.

아제 아제 바라아제 바라승아제 모지사바하
揭諦 揭諦 波羅揭諦 波羅僧揭諦 菩提娑婆訶

참고문헌

『金剛經』
『老子道德經』
『般若心經』
『法性偈』
『法華經』
『信心銘』
『涅槃宗要』
『六祖壇經』
『雜阿含經』
『莊子』
『中論』

김성철(2004). 중론, 논리로부터의 해탈 논리에 의한 해탈. 서울: 불교시대사.

김성철(2006). 중관사상. 서울: 민족사.

김정래(2009a). 불교 '분별지'의 교육적 의의. 교육철학 제37집. 한국교육철학
　　　회. 25-53.

김정래(2009b). '중도(中道)'와 교육적 과제. 교육철학 제39집. 한국교육철학회.
　　　1-29.

김정래(2012). '마음의 분화'의 비언어적 측면. 교육철학 제48집. 한국교육철학
　　　회. 217-245.

김정래(2014). 교육목적으로서 '자기실현'의 재음미. **教育哲學硏究** 제36권 제2
　　　호. 한국교육철학학회. 49-70.

김정래(2015). 세 가지 측면에서 본 교육목적 논의 ― 수단-목적, 인과, 방편.
　　　教育哲學硏究 제37권 제2호. 47-72.

김정래(2016). 교육학 논의에서 '자연'의 위치. 한국교육사학 제38권 제3호. 한국
　　　교육사학회. 89-113.

남회근(2008). 금강경 강의. 서울: 부키.

박종홍(1999). 한국사상사. (초판 1972). 서울: 서문당.

성철(2006). 禪門正路(개정판). 합천: 장경각.

성철(2014). 백일법문 상·중·하(개정증보판). 합천: 장경각.

성철(역). (1986). 신심명·증도가 강설. 합천: 장경각.

성철(역). (1988). 六祖壇經. 합천: 장경각.

숭산(2001). 선의 나침반 1·2. 서울: 열림원.

이상우(1999). 동양미학론. 서울: 시공아트.

이상우(2014). 중국 미학의 근대. 경기 : 아카넷.

이상우(편역) (2000). 불가의 인생론. 서울 : 솔과학.

이홍우(1998). 교육의 목적과 난점 제6판. 서울: 교육과학사.

황산덕(1980). 如來藏. 서울: 동국대학교 출판부.

황산덕(역) (1982). 涅槃宗要. 서울: 동국대학교 출판부.

Aristotle. *Ethics*. Thompson, J. A. K. trans.(1955). Harmondsworth: Penguin.

Williams, B. A. O.(1976). Utilitarianism and Moral Self-Indulgence. Lewis, H. D.(ed.). *Contemporary British Philosophy*. London: George Allen & Unwin. 306-321.

제2장 원효 불교사상의 교육학적 함의

Ⅰ. 문제를 바라보는 시각

원효(元曉, 617~686)의 불교사상, 그리고 그로부터 유추되는 교육
관을 살펴보는 것이 이 글의 주요한 목적이 될 것이다. 하지만 원효의
사상 전체를 개괄하고 또 그것으로부터 그의 교육관을 유추해나간다
는 것은 쉽지 않다. 때문에 원효의 교육관을 논하기 위해서는 논의의
범위를 일정하게 제한할 필요성이 존재한다. 또 원효의 교육관을 말
함에 있어서 교육체계의 전반을 논한다는 것은 논자의 한계를 벗어나
는 작업일 뿐만 아니라, 원효가 추구한 방향을 적시하는데 있어서도
별로 적절한 작업은 아니라고 생각된다.

때문에 여기에서는 현대 한국의 교육현실에 비추어 볼 때, 그리고
원효의 불교사상을 그 교육현실에 대입한다고 할 때, 우리가 관심에
둘 수 있고 또 쉽게 대비시킬 수 있다고 생각되는 한두 가지의 문제를
중심으로 논의를 진행하는 것이 바람직하다고 생각한다. 그렇다고 교
육현실의 구체적인 개선방향 혹은 방법론을 여기에서 언급한다는 것
역시 초점을 벗어난다고 생각된다. 결국 교육학을 전공하지 않는 논
자가 논의의 대상으로 삼을 수 있는 것은 아마도 원효가 추구하는 인
간관과 우리의 현실 교육이 추구하는 인간관 간의 대비 정도가 될 것
이라고 생각된다.

그렇다면 우리 현대 교육에서 가장 강조되어 온 것은 어떤 정신일
까? 다양한 의견이 개진될 수 있겠지만, 현대 한국의 교육에서 최근
에 가장 화두가 되는 문제는 아마도 교육 기회에 있어서의 평등인 것
으로 생각된다. 그리고 그러한 생각은 아마도 '금수저, 흙수저'로 양
분되는 이른바 수저계급론에서 보듯이 빈부 혹은 계층적 격차에 의해

서 사회 진출의 기회가 균등하게 주어지지 않는 현실에 대한 박탈감을 그 뿌리 깊은 배경으로 삼고 있다고 생각된다. 더불어 교육에 있어서 제도적 현실인 평준화 정책이 실은 그 지향하는바 기회의 균등을 제공하지 못하고 있는 현실 역시 교육적 차원에서라도 평등한 기회를 제공해야 한다는 사회적 강박감을 반영하고 있는 것처럼도 생각된다.

김정래가 지적하듯이 "우리나라에서 선택권이 아예 말살된 평준화 정책을 전가의 보도처럼 여기는 '규범'으로 보고, 이 정책이 적용되지 않는 지역을 정상적인 규범이 아닌 듯한 표현인 '비평준화 지역'이라고 자연스럽게 칭하는 세태"[1]는, 우리 사회에서 교육의 초점이 평등에 두어지고 있다는 것을 단적으로 보여 준다고 생각된다. 그리고 "평등의 이상을 실현하기 위하여 모든 이들에게 단일한 것을 강요하는 것은 개인의 선택을 제한·박탈하고 인격형성을 왜곡하는 것"[2]이란 시각 역시 상존하는 것으로 보인다. 그런데 첫 번째의 시각이 평준화 곧 일정한 범주에 의한 제약을 통해서 개인의 창발성을 제약하는데 초점이 있다면, 두 번째의 시각은 '평등'을 단일한 것을 강요하는 어떤 가치로 제약하여 본다는 한계를 가지는 것 역시 현실일 것이다.

사실 평등 그리고 자유라는 가치는 중세사회로부터 근현대사회로의 이행과정에서 꾸준하게 추구되어 온 것이다. 양자가 함께 추구되어 왔다는 것은 양자의 가치가 대립적인 어떤 것은 아니라는 것을 단적으로 보여주는 것이기도 하다. 이 점에서 브렌다 코헨의『교육과 개인』을 언급하면서 "정치철학적 개념과 관련된 현안 문제를 다루면서 빠지기 쉬운 오류, 그래서 항상 경계해야 할 관점은 자유와 평등을 대

---

1) 김정래,『교육과 개인』번역판 해설(브렌다 코헨 지음·김정래 옮김,『교육과 개인』, 교육과학사), 2014, p. 4.
2) 같은 글, p. 12.

립된 가치관으로 보는 것이다. 만약 '자유'와 '평등'이 대립 개념이라면, 양자는 상반된 가치여야 한다. 그러나 '자유'의 반대개념은 '억압', '구속', '강압'이며, '평등'의 반대개념은 '불평등'이다. 이 두 개념은 대립개념이나 반대개념이 아니라 오히려 보완 개념"[3]이라고 하는 김정래의 지적은 타당해 보인다.

하지만 평등의 추구와 자유의 추구가 보완개념이라고 말하는 것만으로 교육현실에서의 자유의 가치와 평등의 가치가 서로 충돌하는 현실이 해결될 수 있는 것일까? 그리고 자유의 가치와 평등의 가치가 서로 충돌할 수밖에 없는 현실인식은 어디에서 발생하는 것일까? 그리고 실제 자유의 가치와 평등의 가치는 혹은 충돌하고 혹은 보완적인 어떤 것일까?

사실 여기에는 논의를 위해 전제되어야만 할 여러 가지 요소들이 있다고 생각된다. 예를 들어, 추구되는 평등 혹은 자유의 가치가 단순히 현실제도적인 측면에서인가 아니면 가치론적인 것인가의 문제가 우선 거론될 수 있을 것이다. 혹은 기회의 관점인가 아니면 결과의 관점인가 하는 문제 역시 논의의 기준점으로 작용할 수 있을 것이다. 이점에 있어서 "자유 대 평등의 대립구도를 가지고 이 문제를 다루는 것은 그릇된 가정을 가지고 접근하는 것이다. 기회의 균등인가 아니면 결과의 평등인가 하는 문제로 접근해야 한다. 전자는 '선택'을 존중하는 평등원리이고, 후자는 국가의 강압적 개입을 불러올 수밖에 없는 원리"[4]라고 하는 지적은 타당해 보인다. 적절하게 이해한 것인지 의문이지만, 전자 곧 '기회의 균등'은 교육에 있어서 '개인'의 선택권에 초점을 둔 사유라고 생각되고, 후자 곧 '결과의 평등'은 교육에 있어서

---

3) 같은 글, p. 6.
4) 같은 책, pp. 7-8.

전체주의의 확산 혹은 형식적 평등에 초점을 둔 사유라고 생각된다.

이와 같은 평등과 자유를 둘러싼 교육학적 논의를 고려하면서, 본 글에서는 원효사상이 추구하는 인간관이 평등과 자유의 이념적 가치를 어떻게 갈무리하고 있는지, 그리고 그것이 가지는 교육적 함의가 무엇인지를 살피는데 그 목적을 두고자 한다. 원효사상은 현대적 기준에서 본다면 '차이(개별성)'와 '평등(동일성)'의 두 가지 가치를 동시에 지향한다고 생각된다.[5] 그리고 사실은 이 두 가지의 가치가 동시에 지향되는 것은 대부분의 불교사상에서 공통적이라고 생각된다. 차이 혹은 개별성이 어떻게 평등 혹은 동일성과 동시에 추구될 수 있는가를 원효사상에서 살피는 것은 이 글의 목적이 아니다. 오히려 이 글은 어떻게 차이 혹은 개별성과 평등 혹은 동일성이 동시에 추구될 수밖에 없는 것인가의 문제를 원효사상을 통해서 살피는데 목적이 있음을 밝혀둔다.

다음에는 이 같은 점을 해명하기 위해서 원효의 삶에서 나타나는 교육 기회의 문제를 포함한 사회의 불평등에 대한 원효의 반응을 먼저 유추해보기로 한다. 그런 연후에 원효의 불교사상이 지향했던 지점은 어떤 것인가 하는 점에 대한 논자의 관점을 제시하고, 다시 원효의 불교사상을 교육이라는 관점에서 본다면 어떤 점을 주목할 수 있

---

5) 차이(개별성)라는 것은 한편으로는 자유를 의미하는 것으로도 이해할 수 있을 것 같다. 적어도 차이 혹은 개별성의 강조는 그 자체로서 전체를 강조하는 획일성을 반박하는 사유이기도 하기 때문이다. 한편 평등(동일성)이라는 것은 차이(개별성)를 부정하는 전체성으로 읽을 수도 있을 것 같다. 차이 혹은 개별성의 부정은 그 자체로서 전체 혹은 획일성을 옹호하는 사유로 연결되기 때문이다. 하지만 이때의 평등 혹은 동일성이 결과적 평등성을 의미하는 것이 아니라 기회의 균등 혹은 가치의 균등이라는 측면에서 읽혀지는 것이라면, 이때의 평등(동일성)은 차이(개별성)을 억제하는 기제로 작동하지 않는다고 생각할 수 있을 것이다. 사실 불교사상의 경우, 양자는 오히려 동일한 사태에 대한 다른 관점을 의미하는 경우가 더 많다고 생각되는데, 이 점에 대해서는 뒤에서 다시 설명한다.

을까 하는 점에 대한 논자의 입장을 정리하는 형태로 논지를 서술해 가기로 한다.

다만 지면상의 제약이 있다는 점을 고려하여, 본 논문에서는 그의 주저로 알려져 있는 『대승기신론소(大乘起信論疏)』를 중심으로 하고, 여타 저술의 관련부분을 활용하는 것으로 논의의 범주를 제약한다.

Ⅱ. 원효의 삶에서 유추되는 인간관

원효의 불교사상으로부터 그 교육학적 관점을 이끌어내기 전에, 여기에서는 원효의 생애를 전하는 그의 전기 관련 기록으로부터 자유 혹은 평등에 관한 원효의 관점은 어떤 것이었을까 하는 이야기를 먼저 언급하고자 한다. 원효의 삶에 대해 우리가 가지고 있는 이미지를 언급하자면 먼저 염두에 두어야 할 고민이 있다. 바로 한국의 정신사를 대표하는 인물 혹은 사상가로서의 원효의 이미지에 관한 것이다. 한국을 대표하는 사상가로서의 원효에 대한 이미지는, 적어도 원효가 살아가던 당대의 것은 아니라는 사실을 우리는 종종 잊어버리기고 간과하기 때문이다.

원효의 일생을 전하는 유명한 전기 중의 하나에 『송고승전(宋高僧傳)』「당신라국황룡사원효전(唐新羅國黃龍寺元曉傳)」이 있다. 이 전기에서 찬자인 찬녕(贊寧, 919-1002)은 황룡사에 모인 왕과 신하 그리고 승속 대중의 앞에서 『금강삼매경론(金剛三昧經論)』의 강설을 끝마친 원효가 "지난 날 백 개의 서까래가 고를 때는 비록 법회에 참여하지 못하였으나, 오늘 아침 하나의 들보를 놓는 곳에서는 오로지 나만이 가능하구나."⁶⁾라고 말했다고 전한다. 이 일화는 원효의 위대함을 보여주는 것처럼도 보인다. 혹은 당시 신라사회의 변두리에 머물던 원효가 마침내 그 자신의 존재가치를 신라 상층부 사회에 각인시킨 듯한 이야기로도 읽힌다.

하지만 정말 그랬을까 하는 점을 생각해보면, 아무래도 부정적이다. 국가불교를 주창했던 신라사회에서는 가장 중요한 국가불교의 행사 중의 하나가 백고좌도량이었을 것이다. 그런데 그러한 대표적인 국가불교의례에서 제외되었다는 것은, 원효가 끝끝내 신라의 국가불교체제에 편입하지 못했다는 것을 방증하는 것이 아닌가 생각된다. 혹은 원효의 입적 후 3백여 년이 지난 시기에 기록된 이 이야기는, 원효 스스로가 신라의 국가불교체제에 편입되기를 끝끝내 부정했던 사실을 방증하는 이야기로도 읽을 수 있다고도 생각된다.

또 이 전기에는『금강삼매경소(金剛三昧經疏)』의 약본(略本)이 중국에 유입된 후 번경삼장(飜經三藏)이 그것을 고쳐 '논(論)'이라고 하였다⁷⁾는 이야기도 함께 기록하고 있다. 하지만『금강삼매경론』은 애초부터 '논(論)'이라는 이름으로 지어진 것이고,⁸⁾ '소(疏)'라는 이름을 가진 적이 없었다. 이 역시 찬녕이 원효의 위대성을 부연하는 하나의 장치에 불과했던 셈이다.

찬녕이 전하는 또 다른 이야기 곧「의상전」⁹⁾에서는 원효가 오도(悟道)

---

6) 贊寧,『宋高僧傳』「唐新羅國黃龍寺元曉傳」, 大正新修大藏經(이하 'T'로 약칭함)50, p. 730b, "昔日採百椽時, 雖不預會, 今朝橫一棟處, 唯我獨能."

7) 같은 책, p. 730b, "略本流入中華, 後有翻經三藏, 改之爲論焉."

8) 김상현,「『金剛三昧經論』의 緣起說話攷」, 가산이지관스님화갑기념불교학논총 韓國佛教文化思想史, 가산불교문화진흥원, 1992, pp. 379-384.; 김상현,『元曉研究』, 민족사, 2000, pp. 145-152에 재수록.

9) 贊寧, 같은 책,「唐新羅國義湘傳」, T50, p. 729a, "年臨弱冠, 聞唐土教宗鼎盛, 與元曉法師, 同志西遊. 行至本國海門唐州界, 計求巨艦, 將越滄波. 倏於中塗, 遭其苦雨,

로 인하여 입당행로를 멈추었다고 기록하고 있다. 그런데 찬녕은 같은 대목에 대하여 「원효전」에서는 "일찍이 의상법사와 함께 당에 들어가고자 하였으니, 현장삼장의 자은(慈恩)의 문을 흠모하였음이다. 인연이 어그러지자 마음을 쉬고 노닐었다. 얼마 되지 않아서 말하는 것이 사납고 함부로 하였으며, 보인 행적이 어긋나고 거칠었다. … 〈중략〉… 그 뜻대로 형편에 따르니 도무지 일정한 법식이 없었다."[10]고 기록하고 있다. 유명한 원효의 오도(悟道)를 전하는 기록이지만, 한편으로는 원효의 행동으로부터 깊은 실망감을 엿볼 수 있는 기록이기도 하다. 만약 오도로 인한 입당유학의 자발적 포기였다면, 찬녕은 '인연이 어그러졌다[厥緣]'는 표현을 사용하지 않았을 것이다.[11]

이상의 언급은, 원효가 자신의 당대에 신라사회 상층부의 신망을 받았던 인물도 아니었으며, 또 당시 사회현실에서 제도권에 진입하여 제도권의 한 축을 움직이는데 영향력을 발휘했던 인물은 아니었지 않았을까 하는 논자의 생각을 드러내기 위한 것이다. 적어도 원효의 전기는 당시 사회의 제도권에 당당하게 진입한 인물로 묘사하고 있지만, 실은 원효라는 인물은 그 제도권과는 거리가 먼 주변부의 인물이

遂依道旁土龕間隱身, 所以避飄濕焉. 迨乎明旦相視, 乃古墳骸骨旁也. 天猶霡霖, 地且泥塗, 尺寸難前, 逗留不進, 又寄塚壟之中. 夜之未央, 俄有鬼物為怪. 曉公歎曰, '前之寓宿, 謂土龕而且安, 此夜留宵, 託鬼鄉而多祟. 則知心生故種種法生, 心滅故龕墳不二. 又三界唯心, 萬法唯識. 心外無法, 胡用別求. 我不入唐.' 却携囊返國."

10) 贊寧, 같은 책, 「唐新羅國黃龍寺元曉傳」, T50, p. 730a, "昔與湘法師入唐, 慕奘三藏慈恩之門. 厥緣既差, 息心遊往. 無何, 發言狂悖, 示跡乖疎. …〈中略〉… 任意隨機, 都無定檢."

11) 신라사회에서 중국유학은 모두에게 허용된 기회는 아니었다. 대체적으로 중국유학은 신라사회의 최상층부에 제한적으로 허용된 기회였다고 생각된다. 때문에 사실 여부를 확정할 수는 없지만 유학 포기가 자발적인 것인지 타의에 의한 것인지에 대해서는 생각해볼 필요가 있다. 동일한 사건에 대해서 더 후대의 기록인 『三國遺事』 「義相傳敎」에서는 의상의 입당만 기록하고 있을 뿐, 원효의 입당 포기에 대해서는 별도의 기록을 전하고 있지 않다.

라고 보는 것이 더 타당하다고 생각되는 것이다. 그리고 그러한 원효의 사회적 현실은 그의 삶은 물론 사상적 지향에 있어서도 뚜렷한 경향성으로 반영되었을 것이라고 생각된다.

한편으로는 이 같은 논자의 생각은 일연(一然, 1206~1289)이 『삼국유사(三國遺事)』 「원효불기(元曉不羈)」에서 원효가 무애가를 지어 세상에 퍼뜨리고 천촌만락을 춤추며 교화하니 "가난하고 어리석은 무리들도 다 부처님의 명호를 알게 하고, 모두 '나무(南無)'를 부르게 하였으니, 원효의 교화가 참으로 크다."[12]라고 지적한 것과 묘하게 대비된다. 하지만 이 일연의 기록은 원효 당대의 현실이 아니라, 일연이 살았던 고려시대 사람들이 가졌던 원효에 대한 이미지라는 것이 논자의 생각이다. 그리고 그것은 원효가 지향했던 불교사상 그리고 인간관이 고려시대의 사람들에게는 환영을 받았다는 의미일 것이다.

국가불교를 지향했던 신라에서 신라사회 상층부의 환영을 받지는 못했던 존재, 그러면서도 오히려 민중에게 '걸림 없는[無碍]' 삶을 강조했던 존재, 그것이 원효의 불교사상적 지향점을 보여 주는 한 측면일 것이다. 다시 말하면, 삶의 지향에 있어서 원효는 이른바 엘리트의 입장에 서있지 않았다는 것이고, 적어도 그의 당대에는 신라사회 그리고 신라불교의 국외자라는 입장에 서있었다고 보는 편이 훨씬 타당할 것이라고 생각된다. 그리고 그것이 원효의 불교사상이 지향하는 지점을 보여 주는 하나의 단서로 작용할 수 있을 것이라고 생각된다. 그리고 그와 같은 관점에서 원효를 본다면, 원효는 인간이 사회제도적인 제약에 의해서 균등한 삶의 기회를 갖지 못하는 현실에 대해서 긍정적이지는 않았을 것으로 생각된다. 또한 모두가 자신의 삶을 완

---

12) 一然, 『三國遺事』, T49, p. 1006b, "嘗持此, 千村萬落且歌且舞, 化詠而歸, 使桑樞瓮牖玃猴之輩, 皆識佛陀之號, 咸作南無之稱, 曉之化大矣哉."

성할 기회를 자유롭게 추구할 수 있는 현실을 강조했을 것으로 생각
된다. 다음 장에서 언급하겠지만, 원효의 저술에는 그러한 원효의 지
향점이 표현되고 있다.

Ⅲ. 원효의 불교관이 지향하는 인간

1. 『기신론소(起信論疏)』의 귀경게(歸敬偈) 해석으로부터

원효의 불교사상은 『기신론』에 대한 그의 해석에서 좀더 확연하게
드러난다. 잘 알려져 있는 것처럼, 『기신론』의 법장(法章)은 '일심법에
의하여 두 가지 문을 세운다'[13]는 것에 의해 구조를 세운다. 이 구조
에 대해 『기신론』 본문 첫머리의 귀경게의 마지막 '爲欲令衆生, 除疑
捨邪執, 起大乘正信, 佛種不斷故'[14]의 게송을 해석하면서 원효는 다음
과 같이 설명한다. 원효는 이 게송을 '술조론의(述造論義)' 곧 '기신론
을 지은 뜻을 서술한 부분'으로 해석한다. 원효는 네 게송 전체를 둘
로 나누어 앞부분은 하화중생(下化衆生)에, 그리고 뒷부분은 상홍불도
(上弘佛道)에 해당하는 것으로 간주한 후, 먼저 전반부인 하화중생의
게송을 다음과 같이 설명한다.

중생이 길이 생사의 고해에 빠져서 열반의 언덕에 나아가지 못하는 이유는 단
지 의혹과 삿된 집착 때문이다. 그러므로 여기에서 하화중생의 요체는 의혹을

---

13) 『大乘起信論』, T32, p. 576a. "依一心法, 有二種門. 云何為二? 一者, 心真如門, 二者, 心
    生滅門."
14) 같은 책, p. 575b.

제거하고 삿된 집착을 버리게 하는 것이다. 의혹을 널리 논하자면 많은 방법
이 있지만, 대승을 구하는 자의 의혹에는 두 가지가 있다. 첫째는 법(法)을 의
심하는 것이니, 발심(發心)을 장애한다. 둘째는 문(門)을 의심하는 것이니, 수
행(修行)을 장애한다.[15]

　원효는 이 하화중생의 게송에 대한 해석에서『기신론』의 찬자가 법
장(法章)의 일심법(一心法)과 이문(二門)을 세운 까닭을 추궁한다. 곧
일심법을 세운 이유는 발심에 대한 장애를 제거하기 위한 것이고, 이
문을 세운 이유는 수행하여 들어가는 문에 대한 의심을 제거하기 위
한 것이라고 주장한다. 이른바 일심이문(一心二門)으로 말해지는 법
장문의 구조를 '하화중생'하려는 의도에서 세운 것이라고 설명하는
것이다.

　'경'에 근거하여 '논'을 짓는 이유는 당연히 중생을 위해서이다. 이
점에 있어서는 정영사 혜원도 그리고 법장도 다를 바 없는 입장을 제
시한다. 그런데 정영사 혜원은 '의심을 제거한다'는 것에 대해 "망설여
행하지 않음을 '의심[疑]'이라고 하고, 바른 믿음으로 대치(對治)하는
것을 '없앤다[除]'고 한다. 어째서 '없앤다[除]'는 것인가? 모든 중생 등
이 성도(聖道)를 얻지 못하여 모든 의혹을 일으킨다는 것은, 모두가 의
심인 까닭이다. 때문에 반드시 없애야 한다. 없앤다[除]는 것은 버리
는 것이다."[16]라고 설명한다. 여기에서 혜원은 성도를 얻지 못하는 장
애로 작용하는 것이 의심이라고 말한다. 그리고 그 의심은 바른 믿음

---

15) 元曉,『起信論疏』, T44, p. 204b, "此下一頌, 述造論大意. 造論大意, 不出二種. 上半明為
　　下化眾生, 下半顯為上弘佛道. 所以眾生長沒生死之海不趣涅槃之岸者, 只由疑惑邪執故
　　也. 故今下化眾生之要, 令除疑惑而捨邪執. 汎論疑惑, 乃有多途, 求大乘者所疑有二. 一
　　者疑法, 障於發心. 二者疑門, 障於修行."
16) 慧遠,『大乘起信論義疏』, T44, p. 177a, "言'除疑'者, 猶豫名疑, 正信對治名為除也. 何故
　　除者? 諸眾生等, 不得聖道, 生諸惑者, 皆以疑故, 故須除也. 除者遣也."

에 의해 대치된다고 말한다.

법장은 이 부분에 대해 '除疑'와 '捨邪執'을 다음과 같이 함께 설명하고 있다.

> 첫째 가운데서는, 의심 때문에 진리에 미혹하였기 때문에 즐거움을 잃었고, 삿된 집착 때문에 망(妄)을 일으켰기 때문에 고통을 받게 되었다. 『십지론』가운데 "보살은 세 가지로써 중생을 관찰하여 대자비를 일으킨다. 첫째는 최상의 제1의의 즐거움을 멀리 여읜 것이고, 둘째는 온갖 괴로움을 가지고 있는 것이고, 셋째는 그 둘에 대하여 전도됨이다."라고 하였다. 해석하여 말하면, 참된 즐거움은 본래부터 있는 것이지만 잃어버려 알지 못하고, 망령된 괴로움은 본래 공한 것이지만 체득하여 깨닫지 못한다. 그 얻고 잃는 것에 대하여 도무지 깨닫거나 알지 못하기 때문이니, 보살에게 자비를 일으켜서 논을 짓게 하였다. 이 때문에 아래 논의 본문의 「입의분」과 「현시정의」에서 여래의 근본 뜻을 해석하여, 모든 중생들이 바로 이해하여 오류가 없게 하고, 의혹을 제거하여서 참된 즐거움을 깨닫게 하였으며, 「대치사집」으로써 그 두 가지 집착을 버려서 괴로움의 원인을 떠나게 하였다.[17]

법장의 해석은 「입의분」과 「해석분」의 「현시정의」에서 여래의 가르침을 바르게 해석해 보여서 오류가 없도록 하고 의혹을 제거함으로써 참된 즐거움을 깨닫는 것에 초점이 두어져 있다.

이 부분에 대한 원효의 해석은 혜원이나 법장과는 크게 차이가 있다, 좀 길지만 원효의 지향점을 확연히 드러내 주는 부분이므로 그대로 인용한다.

---

17) 法藏, 『大乘起信論義記』, T44, p. 248a, "初中, 由疑故迷真失於樂也, 由執故起妄種於苦也. 十地論中, 菩薩三種觀於眾生起大慈悲, 一遠離最上第一義樂, 二具足諸苦, 三於彼二顛倒. 解云, 真樂本有, 失而不知, 妄苦本空, 得而不覺. 於彼得失, 都無覺知故, 令菩薩生悲造論. 是故以下文立義分及顯示正義, 解釋如來根本之義, 令諸眾生正解不謬, 以除疑惑令悟真樂, 以對治邪執遣其二執, 令離苦因."

그러므로 여기에서는 이 두 가지 의심을 버리게 하려고 일심법을 세워서 두 가지 문을 열었다.

일심법을 세운다는 것은, 저 처음의 의심을 제거함이다. 대승법(大乘法)에는 오직 일심만이 있으니 일심 바깥에 다시 다른 법이 없지만, 다만 무명이 자기의 일심을 미혹하여 모든 물결을 일으켜서 육도(六道)에 유전함을 밝혔다. a) 비록 육도의 물결을 일으키지만 일심의 바다를 벗어나지 않으니, 진실로 일심이 움직여 육도를 일으키기 때문에 널리 구제하는 서원을 일으킬 수 있으며, 육도가 일심을 벗어나지 않기 때문에 동체대비를 일으킬 수 있다. 이와 같이 의심을 제거하면, 큰마음을 일으킬 수 있다.

두 가지 문(門)을 연다는 것은, 두 번째 의심을 제거함이다. 여러 교문(敎門)이 비록 많다고 하더라도 처음 들어가 수행함에는 두 문(門)을 벗어나지 않으니, b) 진여문에 의지하여 지행(止行)을 닦고 생멸문에 의지하여 관행(觀行)을 일으킴을 밝혔다. 지(止)와 관(觀)을 쌍으로 움직이니, 만 가지 행이 이에 갖추어지므로, 두 문에 들어가면 모든 문이 다 통한다. 이와 같이 의심을 제거하면, 수행을 잘 일으킬 수 있다.[18]

얼핏 보면 세 스님의 논지에 별 차이가 없는 것 같지만, 사실은 매우 큰 차이가 존재한다. 정영사 혜원과 법장의 '의심을 제거하는 것'에 대한 해석 역시 입의분과 해석분의 현시정 부분을 지칭한다는 점에서 원효와 다르지 않다. 다만 그것을 어떻게 바라보는가 하는 점에서는 두 스님과 원효는 전혀 다른 입장을 취한다. 두 스님의 해석은 의심을 제거함으로써 성도(聖道) 달리 말하면 참된 즐거움을 얻는 것에 초점이 있지만, 원효의 해석은 동체대비의 큰마음을 일으키는 것을 의심

---

18) 元曉, 앞의 책, p. 204b, "故今爲遣此二種疑, 立一心法, 開二種門. 立一心法者, 遣彼初疑. 明大乘法唯有一心, 一心之外更無別法, 但有無明迷自一心, 起諸波浪流轉六道. 雖起六道之浪, 不出一心之海, 良由一心動作六道, 故得發弘濟之願, 六道不出一心, 故能起同體大悲. 如是遣疑, 得發大心也. 開二種門者, 遣第二疑. 明諸敎門雖有衆多, 初入修行不出二門, 依眞如門修止行, 依生滅門而起觀行. 止觀雙運, 萬行斯備, 入此二門, 諸門皆達. 如是遣疑, 能起修行也."

을 제거하는 첫 번째의 목적으로 삼고, 진여와 생멸의 두 문에 의지하여 수행을 일으키는 것을 두 번째의 목적으로 삼고 있다.

이것은 『기신론』의 요체가 무엇인가에 대한 원효의 생각이기도 하지만, 동시에 불교의 진면목이 어디에 있는가에 대한 원효의 지향점을 드러내는 것이기도 하다. 원효는 일심법을 세운다는 것에 대해 a)와 같이 일심이 육도를 일으키기 때문에 널리 구제하는 서원[弘濟之願]을 일으키고, 육도가 일심을 벗어나지 않기 때문에 동체대비가 일어난다는 점을 강조한다. 일심은 청정심이다. 동시에 그러한 일심이 육도를 일으키고, 육도가 일심을 벗어나지 않기 때문에 '동체(同體)'라는 점이 강조된다. 이것은 부처의 관점에서 본 부처와 중생의 관계를 파악한 관점이라고 볼 수 있다.

b) 부분 역시 마찬가지이다. 『기신론』 법장(法章)의 구조에서 본다면, 생멸문에서 망념(妄念)을 여의는 것에 의해 진여문에 들어가게 되고, 진여문에 들어감에 의해 일심을 드러내게 된다고 보는 것이 수행자가 진여세계 곧 일심세계를 증득해가는 과정을 설명한다는 것이 일반적인 관점이다. 그러한 부분에 대해 원효는 진여문에 의해 지행(止行)을 닦고, 생멸문에 의해 관행(觀行)을 일으키고, 이 두 가지 행을 쌍으로 움직이는 것에 의해 만 가지 행을 구족한다고 말한다. 이것은 수행하여 일심을 증득해 들어가는 방향에서 지관의 두 가지 행을 설명한 것이 아니다. 이 점은 원효가 해당 부분을 설명하면서 "진여문에 의해 모든 경계(境界)의 상(相)을 그치는 것이니, 때문에 분별할 바가 없으면 곧 무분별지를 성취하며, 생멸문에 의해 모든 상(相)을 분별하여 모든 이취(理趣)를 관찰하면 곧 후득지를 성취함을 알 것이다."[19]

---

19) 元曉, 같은 책, p. 222a, "是知, 依真如門, 止諸境相, 故無所分別, 即成無分別智, 依生滅門, 分別諸相, 觀諸理趣, 即成後得智也."

고 한 것에서도 명료하게 드러난다. 곧 원효는 부처가 중생을 교화하는 방향의 관점을 취하여 지관문 나아가 육바라밀 전체를 설명한 것이다.

이상에서 원효는 혜원이나 법장과 달리, 의심을 없앤다는 것에 대하여 성도(聖道)를 성취한다는 관점이 아니라, 성도(聖道)를 행한다는 관점에서 설명한다. 곧 상구보리(上求菩提)가 아니라 하화중생(下化衆生)이『기신론』을 설명하는 원효의 근본적 관점이라고 할 수 있는 것이다. 이로부터 원효가 대승의 보살행을 어떠한 관점에서 해석하고 있는지도 역시 드러난다.

그리고 그 하화중생이라는 사유, 곧 부처가 중생을 바라볼 때 가장 강조되는 것은, 부처와 중생이 다르지 않다는 것이다. 곧 중생이 부처의 교화대상이지만, 부처에게는 그 중생이 부처 자신과 조금도 다르지 않은 존재로 받아들여진다는 점이, 원효의『기신론소』에서 우리가 교육과 관련하여 취할 수 있는 핵심 요소 중의 하나일 것이다. 또한 중생이 부처와 다르지 않은 존재로서 받아들여진다는 것은 그 중생 하나하나가 부처와 다름없는 존귀한 존재로서 각인된다는 의미이기도 하다.

2. 원효(元曉)의 '훈습의(熏習義)'- 성정본각(性淨本覺)의 해석으로부터

『기신론』의 본문에서는 훈습의를 다음과 같이 말한다.

> 세간의 의복이 실제로는 향기가 없으나, 만약 사람이 향으로 훈습하면 때문에 곧 향기가 있는 것과 같다. 이것 또한 이와 같아서 진여정법(眞如淨法)에는 실

제로는 염오됨[染]이 없지만 다만 무명(無明)으로써 훈습하기 때문에 곧 '염오된 상'[染相]이 있으며, 무명염법(無明染法)에는 실제로는 정업(淨業)이 없지만 다만 진여로써 훈습하기 때문에 곧 정용(淨用)이 있다.[20]

훈습은 중생이 바라보고 부닥치는 세계 곧 생멸문 안에서 이루어지는 유전(流轉)과 오입(悟入)의 양상에 대한 『기신론』의 설명이다. 곧 어떻게 해서 중생은 육도유전(六道流轉)을 거듭하는가, 그리고 중생은 어떻게 해서 진여세계로 깨달아 들어가는가에 대한 설명인데, 『기신론』은 무명에 의한 진여의 훈습과 진여에 의한 무명의 훈습을 설명하는 것이 특징이다. 이 특징을 원효는 부사의훈(不思議熏)이라고 설명한다. 원효의 설명을 살펴보자.

> 문. 『섭대승론』[21]에서는 네 가지 뜻을 갖추어야만 곧 훈습을 받을 수 있다고 말하고, 그러므로 상법(常法)은 훈습을 받을 수 없다고 설하였는데, 어째서 여기에서는 진여를 훈습한다고 말하는가?
> 해(解). 훈습의 뜻에 두 가지가 있다. 저『섭대승론』은 생각할 수 있는 훈습[可思議熏]에 의거하였으니, 때문에 상법(常法)은 훈습을 받을 수 없다고 말한다. 이『기신론』은 생각할 수 없는 훈습[不思議熏]을 밝혔으니, 때문에 무명이 진여를 훈습하고 진여가 무명을 훈습한다고 말한다. 나타낸 뜻이 같지 않으니,

---

20) 『大乘起信論』, T32, p. 578a, "熏習義者, 如世間衣服, 實無於香, 若人以香而熏習故, 則有香氣. 此亦如是, 真如淨法, 實無於染, 但以無明而熏習故, 則有染相, 無明染法, 實無淨業, 但以真如而熏習故, 則有淨用."

21) 『攝大乘論釋』「釋依止勝相品1」, T31, p. 166a, "堅無記可熏與能熏相應者, 熏義有四種. 一若相續堅住難壞, 則能受熏, 若踈動則不然, 譬如風不能受熏. 何以故? 此風若相續在一由旬內, 熏習亦不能隨逐, 以散動踈故. 若瞻波花所熏油, 百由旬內熏習則能隨逐, 以堅住故. 二若無記氣則能受熏, 是故蒜不受熏, 以其臭故. 沈麝等亦不受熏, 以其香故. 若物不為香臭所記則能受熏, 猶如衣等. 三可熏者, 則能受熏, 是故金銀石等皆不可熏, 以不能受熏故. 若物如衣油等, 以能受熏, 故名為可. 四若能所相應則能受熏. 若生無間, 是名相應故得受熏, 若不相應, 則不能受熏. 若異不可熏說是熏體相者, 若異此四義, 則不可熏. 是故離阿黎耶識餘法不能受熏."

때문에 서로 어긋나지 않는다. 그러나 이 글 중에서 생멸문 안의 성정본각(性淨本覺)을 진여라고 설하니, 때문에 훈습하는 뜻이 있다. 진여문 중의 진여를 말하는 것은 아니니, 진여문 안에서는 생의(生義)를 말하지 않기 때문이다.[22]

기본적으로『섭대승론』은 훈습대상이 되는 아리야식에 네 가지 성질을 갖추고 있어야만 훈습이 가능하다고 설명한다. 그런데 진여는 응연불변(凝然不變)을 특성으로 삼는 것이기 때문에 훈습을 받을 수 없다고 설한다. 그 점에 대해 원효는『기신론』의 훈습은 부사의훈이며, 또 여기에서 훈습대상이 되고 훈습의 주체가 되는 진여가 진여문의 진여가 아니라는 점을 지적하고 있는 것이다. 원효는 훈습의 대상이자 주체가 되는 생멸문 내의 진여는 성정본각(性淨本覺)을 가리킨다고 지적한다.

그렇다면 성정본각은 어떤 것이기에 생멸문 내에서 훈습의 대상이 되고 훈습의 주체가 될 수 있는가? 우선 성정본각은『기신론』자체의 용어는 아니다. 생멸문의 각의(覺義) 안에서 말하는 본각을 원효는 수염본각(隨染本覺)과 성정본각(性淨本覺)의 두 가지로 나누어서 정의한다.

그런데 왜 수염본각이 아니라 성정본각일까? 수염본각에 대해서 원효는 "지정상(智淨相)이라고 말한 것은 바로 수염본각의 상을 밝힌 것이다. 부사의업상(不思議業相)이란 것은 이 본각이 정(淨)에 돌아왔을 때의 업용(業用)을 밝힌 것"[23]이라고 설명한다.

---

22) 元曉, 같은 책, p. 217b, "問. 攝大乘說, 要具四義, 方得受熏, 故言常法不能受熏. 何故此中說熏真如? 解云. 熏習之義有其二種. 彼論且約可思議熏, 故說常法不受熏也. 此論明其不可思議熏, 故說無明熏真如・真如熏無明. 顯意不同, 故不相違. 然此文中, 生滅門內性淨本覺, 說名真如, 故有熏義. 非謂真如門中真如, 以其真如門中, 不說能生義."

23) 같은 책, p. 211a, "言智淨相者, 正明隨染本覺之相. 不思議業相者, 明此本覺還淨時業也." 이 같은 수염본각에 대한 설명은 시각(始覺)에 해당하는 설명으로도 이해할 수 있

이와 달리 원효가 말하는 성정본각이란 각체(覺體)의 상(相)을 가리키는 것이다. 『기신론』 본문에서는 각각 여실공경(如實空鏡), 인훈습경(因熏習鏡, 如實不空), 법출리경(法出離鏡), 연훈습경(緣熏習鏡)의 넷을 언급하고 있다. 원효는 "이 중의 앞의 두 가지는 인성(因性)에 있고, 뒤의 두 가지는 과지(果地)에 있다. 앞의 두 가지는 공(空)과 지(智)를 밝혔으니, 이것은 『열반경』에서 '불성은 제일의공(第一義空)이며, 제일의공(第一義空)을 지혜라고 말한다. 지혜란 공과 불공을 나타내고, 공이란 공과 불공을 나타내지 않는다.'고 한 것과 같다."[24]라고 말한다.

앞의 두 가지 곧 여실공경과 인훈습경(여실불공)이 인성(因性)에 있다는 것은 인지(因地, 衆生)에서도 여의지 않는다는 것을 의미한다. 뒤의 둘, 곧 법출리경과 연훈습경이 과지(果地)에 있다는 것은 시각(始覺)을 성취한 후에 드러난다는 의미이다. 이 점에 대해서는 뒤에서 다시 언급한다.

『기신론』 본문에서는 인훈습경을 "인훈습경은 여실불공(如實不空)을 말한다. 일체세간의 경계가 모두 안에서 나타나지만, 나오는 것도 아니고 들어가는 것도 아니며, 잃는 것도 아니고 파괴되는 것도 아니어서, 일심에 상주하는 것이니, 일체법이 바로 진실한 성품이기 때문이다. 또 일체염법이 염오시킬 수도 없으니, 지체(智體)는 부동이어서 무루(無漏)를 구족하여 중생을 훈습하기 때문이다."[25]라고 설명한다.

을 것 같다.

24) 같은 책, p. 211c, "此中前二在於因性, 其後二種在於果地. 前二種者, 明空與智, 如涅槃經言, '佛性者第一義空, 第一義空名為智慧. 智者見空及與不空, 空('愚'는 空의 오기임)者不見空與不空.'"

25) 『大乘起信論』, T32, p. 576c, "因熏習鏡, 謂如實不空. 一切世間境界, 悉於中現, 不出不入, 不失不壞, 常住一心, 以一切法即真實性故. 又一切染法, 所不能染, 智體不動. 具足無漏熏眾生故."

원효는 『기신론』의 논자가 인훈습경을 여실불공이라고 풀이한 것에 주목하였던 것으로 보인다. 『기신론소』의 주석이 이 인훈습경을 초점으로 이루어지고 있고,[26] 이것은 『별기』에서도 마찬가지이다. 그 주목의 이유를 설명하기 전에 먼저 『별기』의 설명을 살펴보자.

> 네 가지의 경(鏡) 가운데 두 번째 인훈습이라는 것은, 이 성공덕(性功德)이 정인(正因)을 지어서 중생심을 훈습하여 염락(厭樂)과 모든 가행(加行)을 일으켜서, 이에 불과(佛果)에 이르게 하기 때문에 '인훈습'이라고 말한 것이다. 일체의 모든 법이 그 가운데 나타나기 때문에 거울[鏡]이라고 이름하였다. 이것은 『화엄경』에서 "비유하면, 깊고 큰 바다에 보화가 다함이 없어서 그 가운데 중생의 형류상(形類相)을 모두 나타냄과 같이, 매우 깊은 인연의 바다에 공덕의 보배가 다함이 없어서 맑고 깨끗한 법신 가운데 어떠한 형상도 나타나지 않음이 없다."고 한 것과 같으니, 바로 이것을 말함이다.[27]

원효의 성정본각에 대한 설명은 『기신론소』에서도 『별기』에서도 모두 인훈습경의 설명에 초점이 두어지고 있다. 특히 『소』의 설명에서 초점이 되는 것은 인훈습경이 인성(因性) 곧 중생에게 내재하는 것으로, 또 『별기』의 설명에 의하면 인훈습경 곧 법신 위에 어떤 형상이든 다 나타내는 것과 같다고 설명하고 있다. 이것은 여래장을 예로 들어서 설명하면, 여래의 위에 중생에 비추어져 있다고 설명하는 것과 같

---

26) 예를 들어, 세 번째의 법출리경에 대한 주석에서 원효는 '앞에서 설한 인훈습경이 번뇌에서 벗어났을 때 법신이 됨을 밝힌 것이다.[是明, 前說因熏習鏡, 出纏之時, 爲法身也.]'(元曉, 『起信論疏』, T44, p. 211c)라고 하여, 인훈습경을 기준으로 법출리경을 설명한다.

27) 元曉, 『大乘起信論別記』, T44, p. 233b, "因熏習者, 此性功德, 能作正因, 熏衆生心, 能起厭樂及諸加行, 乃至佛果, 言因熏習. 一切諸法悉於中現, 故名爲鏡. 如花嚴云, '譬如深大海彌寶不可盡, 於中悉顯現, 衆生形類像, 甚深因緣海功德寶, 無盡淸淨法身中, 無像而不顯.' 正謂此也."

으며, 따라서 중생의 본질을 여래로 설명하는 것에 해당한다. 이것은 육도에 유전하는 중생의 본래성을 여래라고 간주하는 것이다. 곧 원효는 중생이 곧 부처라고 하는 무한한 긍정의 관점에서, 혹은 부처가 중생으로 하여금 부처를 성취하게 한다는 것이 아니라 중생이 부처를 성취한다고 하는 무한한 긍정의 관점에서 중생을 바라보고 있는 셈이 된다.

다만 성정본각의 인훈습경을 초점으로 할 때, 앞 절에서 말한 부처와 중생이 다르지 않다는 관점과는 조금 다른 점이 있다. 곧 앞 절에서는 부처의 관점에서라는 전제를 사용하지만, 여기에서는 그렇지 않다는 것이다. 여기에서 원효는 인훈습경을 통해서, 스스로 부처로 나아가는 정인(正因)이 중생에게 갖추어져 있다고 말하고 있는 것이기 때문에, 중생이 부처를 성취함에 있어서 중생 스스로가 갖추고 있는 정인(正因)에 의지해서 나아가는 것임을 강조하고 있기 때문이다.

이 해석은 법장의 입장과는 차이가 있다. 법장은 인훈습경을 주석하면서 "일체법은 아래 해석에서 같은 거울을 말미암아 이루어지는 것이고, 마음 가운데 드러나는 것은 출입 등이 없는 것이며, 때문에 곧 체성(體性)이 없는 것이고, 체성이 없기 때문에 본래 평등하여 진여와 다르지 않으며, 때문에 일심에 상주하는 것이고 내지는 진실한 성품이라고 말한다."[28]라고 설명한다. 또한 '지체가 부동하다[智體不動]'는 것에 대해서도 "마치 거울 속의 영상은 물건의 형체에 따라 바뀌고 변하는 것이지만, 그러나 거울의 체는 일찍이 움직이지 않은 것과 같다."[29]라고 설명하는 등 인훈습경이 리(理)와 다르지 않다는 측면에

---

28) 法藏, 『大乘起信論義記』, T44, p. 261b, "以一切法, 下釋成同鏡所由, 以於心中顯現無出入等, 故即無體性, 無體性故, 本來平等不異真如, 故云常住一心乃至真實性故."
29) 같은 책, p. 261c, "如鏡中像, 隨質轉變, 然其鏡體, 未曾動也."

초점을 둔 설명을 하고 있다. 물론 법장 역시 원효의 설명을 따라 인
훈습경이 중생과 더불어 내훈(內熏)의 인(因)을 만들어 생사를 싫어하
고 열반을 즐겨 구한다는 설명을 붙이고 있지만,[30] 그것이 인훈습경
에 대한 법장 주석의 초점이 아니라는 것은 분명하게 드러난다.

이 같은 설명 양상의 차이는, 원효가 성정본각 그 중에서도 인훈습
경의 해석을 통해서 부처를 성취하는 주체로서 중생이 갖추고 있는
정인(正因)을 강조하고 있는 것으로 볼 수 있는 부분이다. 법장과 비
교해 보면, 원효는 진리 그 자체의 드러남이 아니라 진리 그 자체를
드러내는 중생의 가능성에 초점을 둔 해석을 시도하고 있는 것으로도
이해할 수 있다.

3. 귀일심원(歸一心源)의 해석

원효의 불교관을 교육학적 측면에서 살피는데 있어서 가장 전제가
되는 것은 역시 원효가 인간을 파악했던 관점이라고 할 수 있다. 원효
의 관점은 다분히 부처와 동일한 존재로서의 중생(인간)이라는 것에
초점이 있다. 인간에 대한 무한한 긍정에 원효의 불교관에 그 기반으
로서 작동하고 있음을 알 수 있다. 그리고 이러한 관점을 기반삼아 추
구되는 것이 무쟁(無諍) 혹은 화쟁(和諍)의 세계상이다.

원효의 사상을 흔히 화쟁사상이라고 말하지만, 대부분의 경우 원
효가 화쟁을 통해서 추구하는 의미태는 동일성의 지향, 곧 차별의 축
소 혹은 배제를 지향하는 것으로 오해된다. 원효에게 있어서 화쟁은
차별 혹은 차이를 부정하고 배제하는, 그리고 그것으로부터 동일성

---

30) 같은 책, 같은 곳.

만 남기는 어떤 방법론적 과정을 의미하지 않는다. 그것은 오히려 차별성 혹은 차이(다름)를 긍정하는 데서 출발하는 사고방식이기 때문이다.

원효의 일심 해석 역시 그 연장선상에서 발견할 수 있다. 원효가 말하는 일심은 진리의 보편적 실재성으로 이해하는 관념론적 이해와는 접점을 가지고 있지 않다. 일심이 곧 중생심이라고 보는 원효의 이해와도 어긋난다. '일심이 곧 중생심'이라는 화쟁적인 그리고 화엄적인 이해는 일심과 중생심 상호간의 상즉과 상입을 전제로 성립한다. 일심을 단순히 진리적 보편성이라고 하는 형이상학적 개념으로 이해하는 것은 불교 본연의 혹은 원효의 이해와 일치하지 않는다. 일심의 초월적 측면 혹은 일심의 내재적 측면의 어느 것이나 궁극적인 것으로 간주된다면, 수행자가 성불할 수 있는 가능성은 배제되기 때문이다.[31] 따라서 원효는 일심이 초월적인 측면이든 내재적인 측면이든 궁극적인 것으로 오해되는 것을 피하기 위해서 다음과 같이 일심의 개념을 정의하고 있다.

> "두 가지 문[진여문과 생멸문]이 이와 같은데, 어떻게 一心이 되는가? 染淨의 모든 법은 그 본성이 둘이 아니고, 眞妄의 이문도 다를 수 없다. 그래서 '一'이라고 한다. 이 둘이 없는 곳에서 모든 법은 實하여 허공과 같지 않고, 그 성품은 스스로 신통한 이해력을 가지고 있기에 '心'이라고 하였다. 그러나 이미 둘이 없는데 어찌 하나가 있겠는가? 하나가 없는데 무엇을 가지고 마음이라 부르겠는가? 이러한 도리는 말을 떠나고 생각을 끊었기에 어떻게 규정할지 몰라서 억지로 '일심'이라 불렀다."[32]

---

31) 이 점에 대해서는 정영근, 「원효의 사상과 실천의 통일적 이해」(『한국의 사상가 10인, 원효』, 예문서원), pp. 482-488 및 졸고, 「원효의 보법화엄사상연구」(동국대학교 박사학위 논문, 2004), pp. 81-101을 참조할 것.

32) 원효, 『起信論疏』, T44, pp. 206c-207a, "二門如是, 何為一心? 染淨諸法其性無二 眞妄

수없이 인용되는 이 문장은, 원효의 일심 이해는 '통일'과 '종합'의 단선적인 이해와 맥락이 연결되지 않는 것임을 보여준다. 오히려 이 것은 불교전통의 '비유비무의 중도'를 구현하는 사유맥락에 부합하고 재해석이라고 보아야 할 것이다. 진여문은 깨달음의 측면에서 바라본 세계이고, 생멸문은 중생의 입장에서 바라본 세계이다. 일심은 그 것을 관통하는 키워드이자 동시에 중생심이 지향해야 하는 깨달음의 세계를 의미한다. 하지만 그렇게 중생심이 일심으로 수렴된다고 해서 중생심의 현실적 존재태가 부정되는 것은 아니다. 왜냐하면 일심의 다른 측면 곧 진여의 측면은 중생심의 현실적 존재태를 매개로 해서 포착되고 발현되는 것이기 때문이다. 흔히 상즉(相卽)이 단순한 동일 화로 해석되지 않는 것 또한 이러한 점에 기인한다. 다른 식으로 표현 하면 현실의 개별적 사태를 매개로 해서 포착되는 깨달음이며, 그 깨 달음은 보편적 실재성으로 간주되는 것이 아니기 때문이다.

이 같은 사유는 원효가 『기신론』 생멸문의 첫 번째 문장을 해석하는 과정에서 '같지도 않고 다르지도 않다[非一非異]'는 문장을 해석하는 방식에서도 명백하게 드러난다. 생멸문의 제1절은 "심생멸이라는 것 은, 여래장에 의지하여 생멸심이 있음이다. 이른바 불생불멸이 생멸 과 더불어 화합하여서 같지도 않고 다르지도 않으니, 이름하여 아리 야식이라고 한다. 이 식에 두 가지 뜻이 있어서 능히 일체법을 포섭하 고 일체법을 생한다."[33]라고 하는 부분이다. 원효는 이 부분에서 '같 지도 않고 다르지도 않다[非一非異]'는 문장을 다음과 같이 해석한다.

二門不得有異 故名爲一 此無二處 諸法中實 不同虛空 性自神解 故名爲心 然旣無有二 何 得有一 一無所有 就誰曰心 如是道理 離言絶慮 不知何以目之 强號爲一心也."

33) 『大乘起信論』, T32, p. 576b. "心生滅者, 依如來藏故有生滅心. 所謂不生不滅與生滅和合, 非一非異, 名爲阿梨耶識. 此識有二種義, 能攝一切法生一切法.

'같지도 않고 다르지도 않다[非一非異]'라고 한 것은, 생멸하지 않는 마음이 전체가 움직이니 때문에 심(心)과 생멸(生滅)이 다르지 않으며, 항상 생멸(生滅)하지 않는 성품을 잃지 않으니, 때문에 생멸(生滅)과 심(心)이 같지 않다. 또 만약 같다면 생멸식상(生滅識相)이 다 없어질 때 심신(心神)의 체(體)도 역시 따라서 멸(滅)할 것이니, 단변(斷邊)에 떨어진다. 만약 다르다면 무명의 바람에 의해서 훈습되어 움직일 때 정심(靜心)의 체(體)가 연(緣)을 따를 수 없으니 곧 상변(常邊)에 떨어진다. 이 두 변(邊)을 여읜 것이니, 때문에 같지도 않고 다르지도 않다.[34]

여기에서는 불생불멸(흔히 여래장이라고 불리는 것에 대한 개념태적 호칭이며, 진여의 측면을 의미한다)이 생멸(중생의 존재태에 대한 호칭이다)과 '화합(和合)'해서 '같지도 않고 다르지도 않은[非一非異]' 상태를 이룬 것에 대한 원효의 해석이다. 이것은 기본적으로는 동일성과 차별성의 동시적 성립의 상태를 의미하는 것이다. 그리고 이것은 부처가 바라본 부처와 중생의 동일성이라는 관점과 중생이 바라본 중생과 부처의 차별성이라는 측면을 동시에 포착하고 있는 통로를 의미하기도 한다.

IV. 원효의 불교관에서 유추되는 교육적 함의

1. 교육자와 피교육자 그리고 교육

앞 장에서 원효의 불교관을 부처와 중생, 그리고 교화의 주체와 객

---

34) 같은 책, p. 208b, "非一非異者, 不生滅心, 擧體而動, 故心與生滅非異, 而恒不失不生滅性, 故生滅與心非一. 又若是一者, 生滅識相, 滅盡之時, 心神之體, 亦應隨滅, 墮於斷邊. 若是異者, 依無明風, 熏動之時, 靜心之體, 不應隨緣, 即墮常邊. 離此二邊, 故非一非異."

체라는 관점에서 살펴보았다. 교육학적 견지에서 보았을 때 적절한지는 모르겠지만, 논자는 원효의 하화중생이라는 관점을 부처로부터 비롯되는 관점 혹은 교육자의 입장으로 치환할 수 있지 않을까 생각한다. 또한 원효가 중생을 바라보는 관점을 피교육자의 입장으로 치환하는 것이 가능하지 않을까 생각한다. 그러면 생멸문 안에서, 다시 말해서 중생심 안에서 이루어지는 진여[생멸문 안의 성정본각]와 무명 간의 염법훈습과 정법훈습 특히 정법훈습은 교육의 양상으로 치환하는 것이 가능하지 않을까 생각된다.

먼저 Ⅲ-1의 결론으로부터 부처가 중생을 바라보는 관점을 취해보기로 하자. 원효는 『대승기신론』 나아가 대승불교의 핵심을 상구보리가 아니라 하화중생에서 취한다고 생각된다. 하지만 그것은 흔히 하는 말처럼 부처가 중생을 이끌어가는 방식은 아니라고 생각된다. 원효가 생각하는 하화중생의 관점에서 가장 중요한 것은 하화중생의 주체인 부처와 하화중생의 객체인 중생이 사실은 조금도 다르지 않다는 입장에 근거해 있는 것이기 때문이다. 따라서 거기에서 궁극의 양상은 중생이 성취하도록 하는 것이 아니라, 부처와 중생이 함께 성취한다는 양상이 된다고 보는 것이 더 타당하지 않을까 생각된다. 부처의 진면목이 상구보리를 성취하는 데서 나타나는 것이 아니라 하화중생을 성취하는 데서 나타나기 때문이다.

이렇게 보면, 교육자의 완성은 교육을 한다는 것에 있는 것이 아니라, 교육이라는 교육자와 피교육자 간의 구분이 없는 상호간의 소통 과정을 통해서, 교육을 성취해가는 데 있는 것이라고 말할 수 있을 것이다. 이것은 부처와 중생이 다르지 않다는 곧 부처와 중생이 동체(同體)라는 관점에서 비롯되는 것이다. 부처는 중생을 위해서 동체대비를 일으킨다고 말해진다. 하지만 실제에 있어서는 부처는 동체를 체

득하는 것이고, 중생이 그 동체대비에 감응하는 것일 뿐이다. 하화중
생이라는 것은 달리 말한다면, 동체대비의 일으킴과 그에 대한 감응
이라는 형태로 나타나는 것이며, 그것은 교육을 설명하는 양상일 수
있을 것이다. 이때 가장 중요한 관점은 교육자[부처]가 피교육자[중생]
를 피교육자로 보지 않는다는 것이다. 곧 교육자와 피교육자가 서로
다르지 않다는 인간 존엄성의 기본적 토대 위에서, 교육이라는 과정
을 통해 교육자와 피교육자가 더불어 완성되어가는 과정이, 원효가
말하는 하화중생 혹은 동체대비의 다른 이름일 수 있을 것이다.

　다음으로 Ⅲ-2의 결론으로부터 중생 그 자체를 바라보는 관점을
취해보기로 하자. 원효에게 있어서 중생은 이미 중생이 아니다. 원효
가 생각하는 중생은, 중생이라고 가정할지라도 이미 성정본각을 구
족하고 있는 중생이다. 그 성정본각 특히 인훈습경은 부처를 성취하
는 정인(正因)에 해당한다. 정인(正因)은 '부처라는 결과'[佛果]를 성취
하는 직접적인 원인이며, 그 결과를 확정적으로 이끄는 힘을 갖춘 원
인이기도 하다. 반면 연인(緣因)은 그 직접적인 원인이 결과를 이끌어
와서 성취하도록 돕는 보조적인 원인에 해당한다. 달리 말하면, 원효
에게 있어서 중생은 부처를 성취할 수 있는 직접적인 원인과 힘을 갖
춘, 연인(緣因)만 만난다면 부처라는 과를 성취할 수 있는 준비되고 예
정된 존재로서 읽혀지는 것이다. 동시에 중생은 준비되고 예정된 존
재일 뿐만 아니라, 이미 부처로서 완성된 존재이기도 하다. 부처로서
의 각체상(覺體相)을 구족하고 있는 존재인데, 다만 그것이 아직 드러
나지 않았을 뿐이기 때문이다.

　이 점에 착안하여 교육자와 피교육자와의 관계를 설정한다면 어떤
추정이 가능할까? 중생을 피교육자라고 한다면, 피교육자는 이미 교
육을 통해 성취해야 할 어떤 것을 이미 갖추고 있는 존재이다. 다만

교육자와 교육이라고 하는 연인(緣因)을 만나서 닦지 못했기 때문에, 이미 갖추고 있는 것을 드러내지 못하고 있는 존재인 것이다. 드러냄의 문제이지, 갖춤의 문제는 아니라는 것이다. 여기에서 우리는 교육의 주체가 교육자가 아니라 피교육자임을 알 수 있다. 곧 교육에 있어서 주체[正因]로 피교육자를 상정할 수 있을 것이고, 교육자는 참여자[緣因]로 상정할 수 있을 것이다.

이렇게 보면, 원효에게 있어서 '교육'은 어떤 양상으로 이해할 수 있을까? 교육은 아마도 정인(正因)을 돕는 연인(緣因)으로 상정할 수 있을 것이고, 또한 주체가 각성할 수 있도록 주어지는 계기라고도 말할 수 있을 것이다.

여기에 한 가지가 더 추가될 수 있을 것이다. 불교가 지향하는 목표와 교육이 지향하는 목표가 그것이다. 그런데 궁극적인 측면에서 보자면, 이 두 가지가 서로 다르다고 말할 수는 없을 것이다. 불교적 입장에서 그것은 '열반' 혹은 '해탈'이라고 말해질 수 있을 것이다. 좀더 와 닿는 말로 바꾸자면, '고통을 여의고 즐거움을 얻는다[離苦得樂]'는 것이 된다. 좀더 일상적 표현으로 바꾸면, 정확하게 맞아떨어지는 것은 아니지만 '행복'이라는 말로 치환할 수 있을지도 모른다. 단 개인의 행복이 아니라 개인과 개인의 개개의 행복과 전체를 아우르는 공동체의 행복이 함께 성취되는 지점을 의미한다.

그리고 거기에 다시 상구보리가 아니라 하화중생에 불교관의 초점을 두는 원효의 관점이 존재한다. 중생은 부처를 성취함이 당위인 존재라는 사실이며, 그 당위의 까닭은 중생이 이미 부처인 존재이기 때문이라는 점이다.

2. 차별성과 동일성이 전제되는 교육

『금강삼매경론』에서 원효는 같고 다름에 대해 다음과 같은 해석을
제시하고 있다.

> '같을 수 없다'는 것은 같지만 다르다는 것이다. '다를 수 없다'는 것은 다르지
> 만 같다는 것이다. '같다'는 것은 다른 것에서 같은 것을 분별해내는 것이고,
> '다르다'는 것은 같은 것에서 다른 것을 밝힘이다. '같은 것에서 다른 것을 밝
> 힌다[明異於同]'는 것은 같은 것을 쪼개어서 다르게 함이 아니다. '다른 것에서
> 같은 것을 분별한다[辨同於異]'는 것은 다른 것을 녹여서 같게 만드는 것이 아
> 니다. 실로 '같음'이라는 것은 다른 것을 녹이는 것이 아니기 때문에 이것을 '같
> 음'이라고 말할 수 없는 것이고, '다름'이라는 것은 같은 것을 쪼개는 것이 아니
> 기 때문에 이것을 '다름'이라고 말할 수 없다.[35]

동일성과 차별성에 대한 원효의 확고한 입장이 드러나는 글이다.
간단하게 말하자면, 원효는 '같음'과 '다름', 차별성과 동일성이 상호의
존적으로 성립하는 것임을 지적하고 있는 것이다. 같음은 다름을 기
반으로 하는 것이고, 다름은 같음을 기반으로 하는 것이다. 같음과 다
름, 차별성과 동일성이 있는 그대로 인정될 때, 쟁론은 그칠 수밖에
없으며, 그 상태를 우리는 화쟁 혹은 일심의 근원이 드러난 자리라고
부를 수 있을 것이다. 동일성이 차별성을 배제하는 것이 아니고, 차별
성이 동일성을 배제하는 것이 아니라는 것을 알아차리는 지점, 거기
에서 인간 개개의 다양성 그리고 인간이 당위적으로 추궁해야 할 궁
극적 존귀성으로서의 동일성이 확보되는 것이기 때문이다.

---

35) 元曉,『金剛三昧經論』, T34, p. 974c-975a. "不能同者, 即同而異也. 不能異者, 即異而同
   也. 同者, 辨同於異, 異者, 明異於同. 明異於同者, 非分同為異也. 辨同於異者, 非銷異為
   同也. 良由同非銷異故, 不可說是同, 異非分同故, 不可說是異."

이것을 교육 현장에 있어서 구현되어야 할 가치관으로서 기회의 균등이라는 점을 강조한다면, '같음'에 대한 강조가 될 것이다. 물론 그 '같음'은 '다름'에서 비롯되는 같음이다. 근기와 추구 방식의 차이에도 불구하고 그 궁극적 지향점의 동일성, 인간에 대한 관점의 동일성은 긍정될 수밖에 없는 것이기 때문이다.

한편으로는 교육현장에서 교육자와 피교육자 사이에 일어나는 소통방식 그리고 성취해야 할 개인적 목적에 있어서의 '다름'을 고려한다면, '다름'은 '같음'을 전제로 하는 다름이 될 것이다. 곧 교육을 통해서 이루어야 하는 궁극의 목표는 자기 개발을 통한 행복의 성취라는 점에서 동일할 것이지만, 그것을 추구하는 교육방법론적 다양성은 충분히 긍정될 필요가 있는 것이다. 물론 개인이 자기개발과 행복을 성취하는 지점이 다르다는 것 역시 충분히 긍정되어야만 하는 지점일 것이다.

사실 원효의 관점에서 보자면, 차별성이 달성되는 궁극적 지점은 동일성이 달성되는 궁극적 지점과 다르지 않은 것으로 보인다. 동시에 원효가 추구하는 동일성과 차별성의 달성지점이 획일적 평등성을 의미하지 않는다는 점도 분명하다.

Ⅴ. 맺는말

다시 처음으로 돌아가자. 우리는 이 이야기를 국가불교를 지향했던, 신라사회의 중심부로 진입하지 못했던 원효라는 인물상에서부터 시작했다. 혹은 국가의 안위를 최우선으로 둠으로써 개인 개인의 삶의 가치가 존중하지 않았던 혹은 존중할 수 없었던 국가불교를 배제했던 원효라는 인물로부터 이야기를 시작했다.

하지만 그 신라불교의 국외자일 수밖에 없었던 원효는 신라불교를 대표하는 사상가로서 후대에 각인되었다. 왜? 그의 삶의 향방이 국가불교 체제에서 소외되었던 민중에게로 향했고, 그것이 그들 민중에게 흔쾌히 받아들여진 어떤 것이었기 때문이지 않았을까? 인훈습경에 대한 원효의 해석을 다시 상기해 보자.

> 네 가지의 경(鏡) 가운데 두 번째 인훈습이라는 것은, 이 성공덕(性功德)이 정인(正因)을 지어서 중생심을 훈습하여 염락(厭樂)과 모든 가행(加行)을 일으켜서, 이에 불과(佛果)에 이르게 하기 때문에 '인훈습'이라고 말한 것이다. 일체의 모든 법이 그 가운데 나타나기 때문에 거울[鏡]이라고 이름하였다.

성공덕(性功德)이라는 것은 일체에 두루하여 한 쪽에 치우치지 않는 것이다. 그 성공덕이 정인(正因)이 되어 부처라는 결과를 성취하는 근본 토대로 작동한다. 성공덕이 정인으로 작용함에 있어서 치우침 곧 차별은 존재하지 않는다. 균등한 기회가 주어진다는 이야기이다. 거울이 일체의 형상을 되비추는 것에 조금도 차별이 없는 것과 마찬가지로 말이다. 교육에 비유하자면, 교육에 대한 균등한 기회에 대한 제도적 장치라고도 말할 수 있을 것이다. 그리고 원효의 입장에서 말한다면, 신라라는 국가 혹은 신라불교라는 국가불교 체제의 소외된 삶들[중생]에 대한 관심의 증대라고도 말할 수 있을 것이다. 하지만 그것이 동시에 인간 삶의 획일성을 추구하는 사유가 아니라는 점 역시 잊지 말아야 하는 부분이다.

참고문헌

馬鳴 造, 眞諦 譯,『大乘起信論』, 大正新修大藏經(이하 'T'로 약칭함) 32.

世親 釋, 眞諦 譯,『攝大乘論釋』「釋依止勝相品1」, T31.

慧遠 撰,『大乘起信論義疏』, T44.

元曉 撰,『起信論疏』, T44.

元曉 撰,『大乘起信論別記』, T44.

元曉 撰,『金剛三昧經論』, T34.

法藏 撰,『大乘起信論義記』, T44.

贊寧,『宋高僧傳』「唐新羅國黃龍寺元曉傳」, T50

贊寧,『宋高僧傳』, 「唐新羅國義湘傳」, T50.

一然,『三國遺事』, 「元曉不羈」, T49.

김상현(2000).『金剛三昧經論』의 緣起說話故, 가산이지관스님화갑기념불교학논총
　　韓國佛敎文化思想史, 가산불교문화진흥원, 1992.; 김상현, 元曉研究, 민족
　　사(재수록).

김정래(2014).『교육과 개인』번역판 해설(브렌다 코헨 지음 · 김정래 옮김, 교육
　　과 개인), 교육과학사.

브렌다 코헨 지음. 김정래 옮김(2014). 교육과 개인. 교육과학사.

석길암(2004). 원효의 보법화엄사상연구, 동국대학교 박사학위 논문.

석길암(2015). 기신론과 기신론주석서의 아리야식관. 불교학연구, 불교학연
　　구회.

석길암(2013).『대승기신론(大乘起信論)』주석서에 나타나는 여래장(如來藏)
　　이해의 변화, 동아시아에 있어서 불성 여래장 사상의 수용과 변용, 씨아이알.

안경식(2015). 불교지성에 대한 성찰과 현대적 모색: 신라 고승들의 "세상과의
　　소통법". 동아시아불교문화 23, 동아시아불교문화학회.

안경식(2012). 신라 지성사의 구성과 그 특질 -한국 고대 교육사 연구 대상과
　　방법의 확장을 위한 시론-. 한국교육사학 34-3, 한국교육사학회.

안옥선(2008). 불교와 인권. 불교시대사.

정영근(2002). 원효의 사상과 실천의 통일적 이해. 고영섭 편. 한국의 사상가 10
　　　인, 원효, 예문서원.

제3장 의상계(義相系) 화엄을 통해 본 교육의 목적과 주체

박보람 (동국대학교)

Ⅰ. 교육, 불교, 의상

모든 연기법이 으레 그러하듯이 수많은 조건에 의해 발생하는 '교육'이라는 현상을 몇 가지 특성[=자성]으로 정의하는 것은 연기법에 반하는 허망분별일 것이다. 또한, 불교사상이 전공인 필자가 교육학/교육철학의 학문적 맥락에서 불교의 교육을 논하는 것은 필자의 역량을 벗어나는 일이다. 이러한 이유로 인해 이 글은 본격적인 학제간 연구를 추구하지 않는다. 그보다 먼저 가르침과 배움이라는 일반적인 의미에서 이와 관련된 불교의 태도를 살펴보고 이를 바탕으로 불교계에서 해동 화엄의 초조라고 불리는 의상(義相, 625~702)[1]과 그 제자들, 이른바 의상계 화엄[2] 사상에 담긴 교육관을 고찰할 것이다. 구체적으로는 교육의 정의를 교육학/교육철학적 맥락에서 다루기보다는 교육을 논할 때 주요하게 고려되는 여러 사항 가운데 목적과 주체만을 중심으로 이에 관하여 불교의 입장, 그중에서도 의상계 화엄의 관점을 파악할 것이다.[3]

본격적인 논의에 들어가기에 앞서 논의의 출발점으로서 왜 이러한

---

1) 의상의 기본적인 전기 사항에 대해서는 전해주(1993: 제3장) 참조.
2) 의상계 화엄이란 신라시대에 의상과 그의 십대 제자를 중심으로 시작되어 이후 그 법손들을 중심으로 한국화엄의 주류를 이루어간 전통과 그 사상을 일컫는다. 이 글에서는 의상계 화엄의 여러 문헌 가운데에서 특히 의상의 대표저술인 『일승법계도(一乘法界圖)』와 의상의 『화엄경』 강의를 그 제자 지통(智通)이 적은 『화엄경문답(華嚴經問答)』 그리고 『일승법계도』의 주석서들을 고려시대에 모아 놓은 『법계도기총수록(法界圖記叢髓錄)』을 중심으로 활용할 것이다.
3) 이 글에서 의상계 화엄의 교육관을 다룰 때에 교리적, 사상적인 측면에만 한정할 것이다. 의상계의 실제 제자교육 또는 사자상승(師資相承)에 관해서는 다음의 선행연구를 참조하기 바란다. 김상현(1984), 전해주(Ibid.: 제3장).

논의가 필요한지, 즉 불교의 교육관, 그 중에서도 특히 의상계 화엄의 교육관을 살펴보아야 하는 당위성 또는 그 이익이 무엇인지 생각해 보자.

왜 교육학이 불교의 교육을 살펴볼 필요가 있을까? 이는 교육학의 정의, 존재 이유 자체로부터 저절로 도출되는 필요에 의한다. 교육학이 인간사회에서 벌어지는 교육이라는 현상에 대한 탐구와 이를 바탕으로 더 나은 인간사회를 만드는데 기여함을 목적으로 한다면 교육학은 당연히 가능한 한 모든 분야의 교육을 탐구대상으로 삼아야 할 것이다. 불교는 출현 이후 광범위한 시공간에 걸쳐서 인간 사회에 많은 영향을 미쳐온 주요한 문화 현상이다. 본론에서 보다 자세히 다루겠지만 불교의 근본 목표는 교육을 통해서 불완전한 인간을 완전한 인간, 즉 부처가 되도록 이끄는 것이라고 할 수 있다. 따라서 불교에서는 깨닫지 못한 인간(범부) → 깨달은 인간(부처)으로의 과정, 즉 교육을 핵심 내용으로 한다. 그러므로 교육학이 인간과 그 사회에 대한 학문으로서 보편성을 확충하기 위해 불교의 교육을 살펴보는 것은 매우 중요한 과제라고 할 것이다. 이와 동시에 불교의 핵심 내용이 다름 아닌 교육이라면 불교 측에서도 불교의 교육만이 아닌 보다 보편적 입장의 교육관을 논의하는 것이 교육을 통한 불교의 근본 목표 달성에 큰 도움이 될 것이다.

이러한 의의를 가지는 불교의 교육관 논의의 범위와 관련하여 이 글은 앞서 언급한 바와 같이 불교 중에서도 화엄교학, 특히 의상계 화엄의 교육관을 살펴볼 것이다. 그 이유는 신라, 고려, 조선으로부터 현재에 이르기까지 한국불교 전통에서 매우 중시되어 왔으며 한국 불교의 핵심을 이룬다고도 얘기되는 화엄, 특히 한국 화엄 전통의 주류인 의상계 화엄의 교육관을 빼놓고서는 한국에서 불교의 교육관을 논할 수 없다고 생각되기 때문이다.

다음 절에서는 앞과 같은 필요성에 바탕하여 의상계 화엄이라는 범위 안에서 불교의 교육관을 논의해보고자 한다.

II. 목적: 내가 부처임을 깨달아 부처로 사는 것

교육의 목적은 무엇인가? 이에 대해서는 교육학/교육철학에서 여러가지 다양한 태도가 있는 것으로 안다.[4] 여기에서는 우리의 실생활에 가장 큰 영향을 미치는 교육기본법을 통해서 그 목적을 알아보자.[5]

제1장 총칙
제2조(교육이념) 교육은 홍익인간(弘益人間)의 이념 아래 모든 국민으로 하여금 인격을 도야(陶冶)하고 자주적 생활능력과 민주시민으로서 필요한 자질을 갖추게 함으로써 인간다운 삶을 영위하게 하고 민주국가의 발전과 인류공영(人類共榮)의 이상을 실현하는 데에 이바지하게 함을 목적으로 한다.[6]

즉, 대한민국의 교육은 인간을 인간답게 하기 위해서 첫째, 인격을 완성하고 둘째, 생활에 필요한 능력과 자질을 갖추게 하기 위한 활동이라고 정리할 수 있다. 다시 말해 첫째는 학습자 내부의 선천적 성품을 도출(導出)하는 것이라면 둘째는 사회 제도, 생활 기술 등 외부의 후천적 지식을 습득하게 하는 것이다. 이처럼 인간이란 자신의 본

---

4) 교육의 목적에 대한 교육철학적 논의는 김정래(2015) 참조.
5) 교육의 목적을 대한민국 교육기본법을 통해 살펴보는 것은 金煐泰(1977: 259)에서 아이디어를 얻었다.
6) https://ko.wikisource.org/wiki/교육기본법_(대한민국)에서 인용.

래 능력을 충분히 이끌어낸 바탕 위에 인류가 이제껏 이룩해 온 문명을 적절히 쌓아올려야만 인간으로서의 삶, 그리고 인류를 위한 삶을 영위해 나갈 수 있다. 이런 면에서 대한민국의 교육은 "인간은 교육을 통해서만 인간이 될 수 있다."[7]라는 칸트의 주장과 일맥상통하는 것처럼 보인다.

한편 불교의 근본 목표는 모든 고통으로부터 벗어나 가장 행복한, 인간다운 삶을 사는 것이다. 불교의 입장에서 이상적 인간인 부처란 이처럼 모든 고를 여읜, 번뇌의 불이 꺼진, 완전한 인간을 의미하며, 불교의 목표는 부처가 되어 고통으로부터 벗어나고자 하는 것이라고 말할 수 있다. 이를 개인적 측면에 적용한다면 자신의 고통 해결을 위한 구도의 삶이 될 것이며, 사회적 차원으로 넓힌다면 일체 중생의 성불(成佛)을 위한 교화의 삶이 될 것이다. 이 두 가지 목표를 불교에서는 흔히 '상구보리 하화중생(上求菩提下化衆生)'이라고도 표현한다.

나와 일체 중생이 부처가 되어 고통으로부터 벗어나 인간다운 삶을 살고자 하는 것이 불교의 목표라고 한다면 이는 앞서 살펴 본 교육의 목표와 많은 부분 일치하는 것으로 생각된다. 교육이 개인과 사회의 행복을 위해서 자기 자신을 변화시켜 나가는 것이라고 한다면 그 목표는 불교와 궤를 같이 한다고 할 수 있다.

그러나 불교의 경우 그 과정 또는 방법으로써, 교육의 용어를 빌리자면, 내부의 선천적 성품을 도출하는데 더욱 중점을 두고 사회 기술이나 제도, 지식 등을 습득시키는 데는 별다른 관심이 없다는 점에서 차이가 있다. 이는 불교가 인간이 겪고 있는 고통의 근본적인 원인을 굳이 구분하자면 사회에서 필요한 기술, 지식 등의 결핍보다는 개인

---

7) 오인탁(1990: 15)에서 재인용.

의 어리석음[無明]과 그로 인한 집착에서 찾기 때문인 것으로 보인다. 즉 고통이라는 문제는 사회의 제도, 기술, 지식 등이 부족해서 생기는 것이 아니라 '나' 자신을 올바르게 파악하지 못하는 어리석음 때문에 일어나므로 불교는 '나' 자신을 있는 그대로 보는데[如實知見], 다시 말해 내부의 선천적 성품을 도출하는데 주력하는 것이다. 물론 앞서 언급한 바와 같이 교육도 여러 가지 다양한 태도가 있으므로 교육을 일률적으로 재단해서 불교와의 차이를 밝히는 것은 일반화의 오류일 수 있지만 여기서는 우리의 현실에 많은 영향을 미치는 대한민국의 교육기본법에 기반을 두어 불교와의 같고 다름을 밝힌 것뿐이다.

이러한 교육과 불교의 관계를 그림으로 표현하면 다음과 같다.

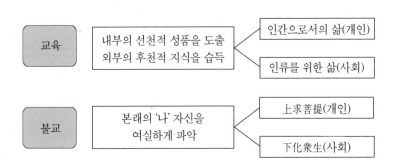

[그림 3-1] 교육과 불교의 목표 비교

앞서 언급한 불교의 목표와 그것에 이르는 방법, 과정은 다음과 같이 다시 3단계로 요약할 수 있다.

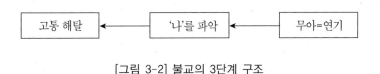

[그림 3-2] 불교의 3단계 구조

즉, 불교의 관점에서 볼 때 고통으로부터 벗어나기 위해서는 '나'를 여실히 파악해야 하고 '나'를 여실히 파악하는 것은 불교에 의하는 한 '나'를 무아(無我)인 연기(緣起)된 현상으로 보는 것이다. 이것은 불교를 창시한 석가모니부처님의 기본 교리이므로 불교라면 반드시 따라야 할 구조이다. 물론 '나'가 무아이고 연기라는 것을 어떻게 구체적으로 이해할 것인지에 따라서 다양한 태도가 생길 수 있고 또 실제로 불교사에 보이는 여러 부파/학파/종파는 모두 이에 대한 해석의 차이에서 생긴 것이라고 할 수 있다.

한편 불교 내 부파/학파/종파 가운데 대부분은 앞의 3단계 구조를 다음과 같이 이해한다.

〈표 3-1〉 불교 일반의 3단계 구조 해석

현실	수행(교육)	목표
부처 아닌, 번뇌와 집착에 뒤덮인 범부중생이	무아와 연기로 '나'를 파악하여	부처가 되어 고통을 여읜다.

즉 이러한 해석을 따르는 불교 내 관점들은 부처 아닌 자가 부처가 되는 것을 목표로 삼는다고도 할 수 있다. 불교의 3단계 구조([그림 3-2])와 그에 대한 불교 내 많은 부파/학파/종파의 해석(〈표 3-1〉)이 앞과 같다면 화엄사상에 기반을 둔 의상계의 입장은 무엇일까?

의상계 화엄사상도 불교이므로 앞의 세 단계([그림 3-2])를 충실히 따르지만 이를 이해하고 실행하는데 있어서는 불교 내 다른 많은 관점(〈표 3-1〉)과 상이한 해석 방식을 취한다. 즉 의상계 화엄사상에서 무아와 연기로 '나'를 파악하여 고통으로부터 해탈하는 것([그림 3-2])은 당연히 유효하지만 이 3단계를 부처 아닌 범부가 번뇌를 제거하여 부처가 되는 것으로 해석하는 방식(〈표 3-1〉)에는 동의하지 않는다. 이러한 차이는 현실의 범부중생, 지금 여기의 '나'를 파악하는 방식 때문에 생겨난다. 따라서 의상계 화엄교학의 목표를 알아보기 위해서는 먼저 의상계가 바라보는 '나'가 무엇인지를 살펴보아야만 한다.

1. '나': 시불(是佛) = 성불(成佛) = 행불(行佛)

교육이 인간으로서의 삶과 인류를 위한 삶을 살기 위한 것으로 이를 위해 내부의 선천적 성품을 도출하는 것이 중요한 과제 중 하나라면, 즉 참 '나'가 발현할 수 있도록 이끌어내고 계발하고자 하는 것이라면, 교육에서도 당연히 참 '나'가 무엇인지 파악하는 것이 매우 중요한 문제일 것이다. 불교 또한 앞서 언급한 바와 같이 고통의 해결은 오직 '나'를 올바로 봄으로써만, 즉 무아와 연기로 파악해야만 가능하다. 따라서 불교의 모든 논의는 무아인 연기의 '나'에 대한 것이라고 해도 과언이 아니다.

섣부른 일반론일 수 있지만 화엄과 선 등의 일부를 제외한 석가모니부처님 이후의 거의 모든 불교는 무아인 연기로 이루어진 현상으로서의 '나'를 번뇌와 집착에 얽매여 제대로 파악하지 못하는 범부중생으로서 인식한다. 따라서 이들에게 놓인 과제는 대승의 유식불교처럼 중생이 놓여 있는 무명의 상태를 질적으로 전환하거나, 또는 여래장사상과 같이 번뇌에 뒤덮인 범부의 청정한 본성을 드러내는 것이 된다.

의상계의 화엄사상은 '나'를 바라보는 태도가 이와는 조금 다르다. 이를 의상의 저술에서 확인해 보자.

"예로부터 움직이지 않는다(舊來不動)."란 예로부터 부처를 이루었다는 뜻이기 때문이다. 이른바 열 부처님이니 『화엄경』에서 설하는 것과 같다. … 〈중략〉…

[문] 얽매여 있는 중생이 아직 번뇌를 끊지 못했고 아직 복덕과 지혜를 이루지 못했는데 무슨 뜻으로 예로부터 부처를 이루었다고 하는가?

[답] 번뇌를 아직 끊지 못했으면 부처를 이루었다고 이름하지 않는다. 번뇌를 다 끊고 복덕과 지혜를 이루어 마쳐야, 이로부터 이후로 이름하여 '예로부터 부처를 이루었다'고 한다. [8]

앞 인용문은 의상의 대표 저술인 『일승법계도』의 한 구절이다. 의상의 「법성게[法性偈]」 30구 가운데 마지막 구인 "예로부터 움직이지 아니함을 부처라 이름한다."(舊來不動名爲佛)를 의상 자신이 주석하고 문답하는 부분이다. 이 내용을 보면 의상은 모든 중생이 예로부터 부처를 이루어 마쳤다고 주장한다. 즉 '나'로 대표되는 범부중생은 곧 예로부터 부처이자 『대방광불화엄경』의 주불(主佛)로 설해지는 열 부처님[十佛]이라는 것이다. 이어지는 문답에서는 현실의 미혹중생이 어떻게 예로부터 부처님일 수 있는가에 대해서 논의하고 있다. 여기에서는 의상 화엄 특유의 단혹론에 의거한 근거를 제시하여 '나'가 곧 부처라는 주장을 뒷받침하고 있다. [9]

이때, '나'가 곧 부처라는 의상의 주장은 어떻게 받아들여야 할까?

---

8) 저자 미상, 『法界圖記叢髓錄』(H6), p. 829b8-21, "舊來不動者, 舊來成佛義故, 所謂十佛, 如花嚴經說. …〈中略〉… 問. 具縛有情, 未斷煩惱, 未成福智, 以何義故, 舊來成佛? 答. 煩惱未斷, 不名成佛. 煩惱斷盡, 福智成竟, 自此已去, 名爲舊來成佛." 이 글에서 『法界圖記叢髓錄』(이하 『총수록』) 한글 번역은 (전)해주(2014)를 참조하였으며 경우에 따라 일부 수정하였다.

9) '나'가 곧 모자람 없는 부처라는 의상의 주장을 뒷받침하는 교리적 구조를 여기에서 다루는 것은 이 글의 범위를 벗어나므로 생략한다. 이에 대한 자세한 논의는 박보람(2015) 참조.

혹시 여래장사상에서 말하는 것처럼 번뇌에 뒤덮인 중생이 그 번뇌를
털어내고 본래의 여래장자성청정심(如來藏自性淸淨心)을 드러내는 것
일까? 이와 관련하여 『일승법계도』의 주석서인 『진수기』에서는 다음
과 같이 풀이한다.

> [문] 어째서 번뇌에 묶인 유정(有情)이 예로부터 성불하였는가?
> [답] 만약 그 아직 닦음의 연을 일으키지 않은 때라면 '예로부터 성불하였다'고
> 이름할 수 없다. 무슨 까닭인가? 오늘 발심하는 연(緣) 가운데 법계의 모든 법
> 이 비로소 단박에 일어나기 때문이다. … 〈중략〉 …
> 그러므로 요컨대 오늘 발심하는 연(緣)을 기다려서 곁이 없이 일어나는 때에
> 비로소 예로부터 이루어진 것일 뿐이다. 연(緣) 이전에는 한 법도 없기 때문에
> '예로부터'라고 말하지 않는다. 만약 삼승이라면 존중해야 할 정해진 근본이
> 있기 때문에 오직 시각(始覺)이 곧 본각(本覺)과 같은 뜻을 취하여 논한다. 일
> 승은 그렇지 아니하여 존중해야 할 정해진 근본이 없어서 근본과 지말이 정해
> 져 있지 않은 까닭에 필요로 함을 따라서 모두 하나를 얻는다.[10]

앞 인용문을 보면 의상계 화엄은 『대승기신론(大乘起信論)』으로 대
표되는 여래장사상에서 시각(始覺)과 본각(本覺)이 같은 뜻을 취하여
'나'가 곧 부처이고 번뇌가 곧 보리임을 이해하는 방식은 삼승설로서
비판하고 있다. 일승의 '나'와 부처는 근본과 지말, 리(理)와 사(事)로
분절된 존재가 아니라 발심의 연(緣)에 필요에 따라서 모두를 얻는 동
일한 현상일 뿐이다.

이와 관련하여 의상계 문헌으로 추정되는 『자체불관론(自體佛觀論)』

---

10) 『총수록』(H6), pp. 789c22-790a9, "問. 何故, 具縛有情, 舊來成佛耶? 答. 如其未起修緣
之時, 不得名爲舊來成佛. 何者? 今日發心緣中, 法界諸法, 方頓起故. …〈中略〉… 是故, 要
待今日發心之緣, 無側起時, 方舊來耳. 緣以前, 無一法故, 不云舊來也. 若三乘則有所
尊定本故, 唯取始覺卽同本覺之義論也. 一乘不爾, 無所尊定本, 本末不定故, 隨須皆得
一."

의 다음 구절을 살펴보자.

> [문] 이 자체불은 어떻게 관(觀)하는가?
> 게송으로 답하여 이른다.
>
> 모든 연(緣)의 근본은 나이고, 일체법의 근원은 마음이며,
> 말[語言]은 매우 중요한 근본이고, 진실이 선지식이다.
>
> [문] 이 뜻은 무엇인가?
> [답] '일체법의 근원은 마음이며'라는 것은 자체불이다. '매우 중요한 근본'은
> 자체의 원만한 원인이다. '진실이 선지식'은 자체의 원만한 결과이다. 세 뜻을
> 갖춘 까닭에 '나[我]'이다. 이것이 곧 자체불이다.[11]

이 인용문에서 게송은 의상의 제자인 표훈(表訓)과 진정(眞定) 등이 의상에게 움직이지 않는 내 몸이 법신 자체임을 어떻게 볼 수 있는가 묻자 이에 답한 사구게이다.[12] 즉 이 질문 자체로도 의상이 평소에 제자들에게 '나'가 곧 법신 자체, 즉 부처라고 가르쳐 왔음을 알 수 있다.[13]

그런데 『자체불관론』에서는 이 사구게에 대해서 주석을 하며 의상이 말하는 '나'가 곧 부처라는 것이 무슨 의미인지 한층 자세히 풀이한다. 이에 따르면 '일체법의 근원은 마음'이라는 것은 자체불 그 자체인 '是佛'을 가리키고, '말은 매우 중요한 근본'은 자체불의 원만한 인(因)인 '成佛'의 행을 나타내며, '진실이 선지식'은 자체불의 원만한 과(果)

---

11) 『총수록』(H6), p. 836c5-11, "問. 此自體佛, 何觀耶? 以偈答曰. 諸緣根本我, 一切法源心, 語言大要宗, 眞實善知識. 問. 此義云何? 答. 一切法源心, 是自體佛. 大要宗, 是自體圓因. 眞實善知識, 是自體滿果. 具三義故, '我'也. 此卽自體佛也."

12) 『총수록』(H6), p. 775b9-15. 각주 16)의 인용문 참조.

13) 내 몸이 법신 자체라는 의상의 사상에 대해 보다 자세한 연구는 김천학(2013) 참조.

로서 부처의 행인 '行佛'을 의미한다. 그리고 이 셋을 갖춘 것이 다름
아닌 모든 연의 근본인 '나'인 것이다.

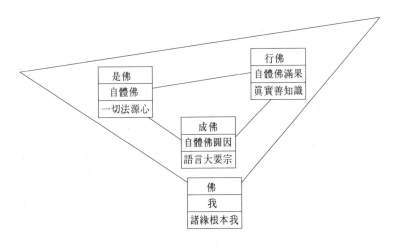

[그림 3-3] '나': **是佛 = 成佛 = 行佛**

의상계에게 '나'가 곧 부처라고 할 때 부처란 자체불 그 자체[是佛]
와 자체불을 이루는 원만한 원인[成佛]과 자체불로서 행하는 원만한
결과[行佛]를 두루 갖춘, 모든 연의 근본인 '나'이다. 따라서 지금 여기
의 내 몸이 때로는 부처의 자체상으로 나타나며 필요하면 삼아승지겁
의 수행의 모습을 보이고 연에 따라서는 일체 중생을 제도하는 이타
행을 펼친다. 그러면서 이 사이에 아무런 장애가 없다. 달리 말하면
부처의 자체상과 수행의 모습과 이타행의 원융무애함이 바로 부처의
출현인 '나'인 것이다.

이상과 같이 의상계 화엄에서 '나'를 곧 부처로서 파악한다면 의상
계 화엄의 가르침과 배움의 목표는 무엇인가? 예를 들어 유식학파나
여래장사상과 같이 부처 아닌 범부중생이 수행을 통해서 번뇌를 여읜
부처가 되어 고통으로부터 해탈하는 것인가? 이것은 불가능하다. 왜

냐하면 의상계 화엄에서 '나'는 이미 예로부터 부처이므로 예로부터 부처인 자가 다시 부처가 될 수는 없기 때문이다. 그렇다면 열 부처님은 무엇을 위해 가르침을 펼치고 중생은 왜 수행을 하는가?

> [문] 중생의 업과가 곧 부처님이라면 예로부터 곧 부처님인데 어째서 처음 발심할 때 비로소 부처님을 이룬다고 말하는가?
> [답] 예로부터 부처님이나 발심할 때에야 비로소 부처님임을 알기 때문이다. 꿈에서 달림에 자기의 꿈은 곧 적정하나 깨어난 아침이라야 비로소 달린 것이 곧 누워 있던 것뿐임을 아는 것과 같다.[14]

　앞 인용문은 의상의 『화엄경』 강의를 제자 도신(道身)이 기록한 『도신장(道身章)』[15]을 『총수록』에서 인용한 것이다. 따라서 의상의 직설에 가까운 것으로 평가된다. 이에 따르면 '나'는 예로부터 부처이지만 발심할 때에야 비로소 '나' 자신이 부처임을 안다고 한다. 그러므로 의상계 화엄에서 가르침과 배움이 목표로 하는 바는 부처가 되고자 하는 것이 아니라 '나' 자신이 이미 예로부터 부처임을 아는 것이다. 즉 의상계에게 불교의 목표인 성불(成佛)은 곧 '나' 자신이 시불(是佛)임을 아는 것이다. 이것이 바로 앞서 [그림 3-1]에서 보인 불교의 목표에서 본래의 '나'를 여실하게 파악하여 '상구보리'함에 해당된다.
　그렇다면 의상계에서 모든 가르침과 배움은 단지 '나' 자신이 부처임을 깨닫기 위한 것인가? '나' 자신이 부처임을 안다는 것은 무엇을 의미하는가?

---

14) 『총수록』(H6), p. 784a17-21, "問. 衆生業果卽是佛者, 從古卽佛, 何言初發心時方成佛耶? 答. 從古是佛而發心時, 方知是佛耳. 如夢走馳, 自夢卽寂而悟朝, 方知走卽臥耳."
15) 『도신장』에 대한 자세한 연구는 박서연(2003) 참조.

표훈(表訓)과 진정(眞定) 등 십여 대덕이 (의상)화상이 계신 곳에서 이 도인을 배울 때, "움직이지 아니한 나의 몸이 곧 법신 자체인 뜻을 어떻게 볼 수 있습니까?"라고 여쭈었다. 이에 화상이 곧 사구게로써 답하여 이르셨다. … 〈중략〉 …

이어 이르기를, "그대들은 마땅히 마음을 잘 써야 할 뿐이다."라고 하셨다.[16]

이 인용문에서 의상의 사구게는 앞서 소개한 인용문에 나오는 사구게이다. 의상의 제자들이 내 몸이 법신 자체, 부처인 것을 어떻게 볼 수 있는가에 대해서 의상은 앞의 사구게로써 답을 한다. 그리고 이어 말하기를 "마음을 잘 써야 할 뿐이다."라고 당부한다. 이는 무슨 의미인가? '나' 자신이 부처임을, 즉 성불이 시불인 것을 파악하기 위해서 어떻게 해야하냐는 제자들의 질문에 의상은 그들의 마음, 부처의 마음을 그대로 쓰기만 하면 된다고 역설한다. 이는 성불이 시불이면서 곧 부처의 마음을 그대로 쓰는 행불(行佛)임을 나타낸다. 바로 앞서 [그림 3-1] 가운데 '하화중생'의 측면에 해당된다.

그렇다면 의상계 화엄에서 상구보리와 하화중생은 서로 나누어진, '나' 자신이 부처임을 깨달아 상구보리를 마치고 부처의 마음을 잘 쓰는 하화중생에 나서는 것인가? 앞의 [그림 3-3]과 그 내용을 보면 의상계 화엄에서 원인인 상구보리와 결과인 하화중생의 둘은 서로 분리될 수 없다. 왜냐하면 자체불 그 자체임[是佛]과 상구보리이자 원만한 원인인 어언대요종[成佛]과 하화중생이자 원만한 결과인 진실선지식[行佛]을 원만하게 갖춘 것이 바로 모든 연의 근본이자 자체불인 '나'이기 때문에 이 둘을 따로 나누어 볼 수는 없다. 이상의 내용을 도표

---

16) 『총수록』(H6), p. 775b9-15, "表訓眞定等十餘德, 從和尚所, 學此印時, 問云, 不動吾身卽是法身自體之義, 云何得見? 於是和尚, 卽以四句偈子而答之云, …〈中略〉…仍云, 汝等當善用心耳."

로 정리하면 다음과 같다.

〈표 3-2〉 의상계 화엄의 3단계 구조 해석

현실	수행(교육)	목표
부처인 범부중생이	'나'를 부처로 파악하여 부처로 살아	고통 없이 산다.

   이와 같이 정리된 의상계 화엄의 가르침과 배움의 목표는 불교의 3단계에 위배되는가? 불교라면 당연히 불교의 3단계와 일치하여야 할 것이다. 의상계 화엄도 고통으로부터의 해탈을 목표로 한다. 그러나 유식학파나 여래장사상처럼 부처가 되어 번뇌를 여의어 고통으로부터 해탈하고자 하는 것은 아니다. 본래 부처임을 파악하여 그 부처의 마음을 잘 써서 부처로 살기만 하면 되는 것으로 본래 번뇌라든가 고통이라든가 하는 것이 없기 때문에 예로부터 고통을 여읜 것이다.

   의상계 화엄도 '나'를 무아와 연기로 파악하는가? 의상계 화엄도 '나'를 정확하게 연기된 현상으로 파악한다. 연기를 무자성·공의 입장에서 파악하여 '나' 자신을 바로 일체 모든 법이 상즉상입하는 중중무진(重重無盡)의 법계연기 그 자체로서 이해한다. 그러므로 의상계 화엄 또한 불교의 3단계와 정확하게 일치함을 알 수 있다. 나아가 상구보리와 하화중생을 서로 떨어진 별도의 항목으로 보지 않고 '나' 자신이 부처임을 아는 상구보리와 '나'의 마음을 잘 쓰는 하화중생이 모두 '나'의 여러 모습/현상 가운데 하나일 뿐이라고 주장한다.

Ⅲ. 주체: 부처는 나에게 배우는 내가 가르치는 나

교육을 얘기할 때 또 하나 중요한 항목으로서 교육의 주체가 있다. 이는 대한민국의 교육기본법이 제1장 총칙에 이어서 제2장에서 '교육 당사자' 즉 교육의 주체에 관하여 다루고 있는 것을 통해서도 알 수 있다. 제2장에서는 교육의 주체인 교수자와 학습자의 여러 자격 요건과 권리·의무 등에 대해서 규정하고 있다. 현행 공식 교육에서는 교수자에게 각 경우에 따라서 일정 수준의 자격 요건을 요구하며 학습자에게는 권리와 의무를 동시에 부여한다.

한편 불교의 경우는 어떠한가? 석가모니부처님의 전기에서도 알 수 있듯이 불교는 깨달음을 얻은 석가모니부처님이 미혹에 빠져 있는 중생을 구제하기 위하여 가르침을 펼치는 것으로부터 시작되었다. 즉 교수자는 부처, 혹은 중생 교화를 서원한 보살이며 학습자는 범부중생이다.

여기에는 앞서 살펴보았듯이 교수자인 부처와 학습자인 범부중생 간에 차이가 존재한다. 그것이 질적이든 현상적이든 교수자인 부처가 부처가 아닌 학습자인 중생을 열반의 세계로 이끌어서 교수자와 학습자 사이의 간극을 없애는 것이 바로 불교 교육의 기본 구조라고 일단 상정해 볼 수 있다. 이는 여러 경전들의 예를 통해서도 알 수 있다. 일례로 반야부 경전 중 대표적인 경전인 구마라집(鳩摩羅什) 역, 『금강반야바라밀경(金剛般若波羅蜜經)』을 살펴보자. 이 경은 『금강경』의 여러 이역본 중 하나로서 대략적인 내용은 부처님이 사위국의 기수급고독원에 머물 때, 수보리(須菩提)가 부처님에게 깨달음을 얻기 위해서는 어떻게 수행해야 하는가 묻자, 그에 대해서 부처님이 답변하는 경

전이다. 기본 구조는 깨달음을 얻은 석가모니부처님이 깨달음을 얻지
못한, 얻고자 하는 수보리에게 깨달음을 얻을 수 있는 방법을 가르치
는 것이다. 궁극적으로 수보리가 이 가르침을 잘 따라서 깨닫는다면
수보리는 교육의 과정을 성공적으로 완수한, 더는 학습자가 아닌 또
하나의 교수자가 될 것이다.

[그림 3-4] 불교 일반의 교육 주체

이와 같은 불교 일반의 교육 주체 사이의 관계가 화엄교학에서는
내용을 조금 달리 하게 된다. 이는 기본적으로 중생과 부처 사이의 관
계를 불교 일반과는 다른 관점에서 바라보기 때문이다. 즉 '나' 자신을
부처로 보는 상황에서 누가 가르치고 누가 배우게 되는가라는 문제에
봉착한다. 이와 관련하여 의상계 화엄은 아니지만 화엄 일반의 생각
을 접할 수 있는 다음의 인용문을 보자.

> 중생 마음속의 부처님이 부처님 마음속의 중생을 위하여 법을 설하시고, 부처
> 님 마음속의 중생이 중생 마음속의 부처님이 설법하시는 것을 듣는다. 이와 같
> 이 온전히 [부처님과 중생이 서로] 받아들여 설함과 들음이 장애가 없다.[17]

이 인용문은 의상의 사제이자 중국 화엄종을 크게 일으킨 법장(法

---

17) 法藏, 『華嚴經探玄記』(T35), p. 118c27-29, "衆生心內佛, 爲佛心中衆生說法, 佛心中衆
生, 聽衆生心佛說法. 如是全收, 說聽無礙."

藏, 643~712)의『화엄경탐현기(花嚴經探玄記)』중 한 구절이다.[18] 여기
에서는 불교 일반의 교육 주체 관계와는 다른 관계가 설해진다. 부처
가 중생에게 설법을 하고 중생이 부처의 설법을 듣기는 하지만 가르
치는 부처는 다름 아닌 중생 마음속의 부처이고 배우는 중생은 온전
히 부처 마음속의 중생이다. 이와 같은 태도라면 교수자인 부처와 학
습자인 중생을 명확하게 구분하고 교육을 통해 그 차이를 없앰으로써
학습자인 중생이 교수자인 부처가 되도록 하는 구도가 불가능하다.
이를 도표로 나타내면 다음과 같다.

[그림 3-5] 법장의 교육 주체

여기에서 중생 속 부처는 학습자인 교수자이고, 부처 속 중생은 교
수자인 학습자이다. 따라서 중생 속 부처가 부처 속 중생에게 설하고
부처 속 중생이 중생 속 부처를 듣는다는 것은 학습자인 교수자가 교
수자인 학습자를 가르치는 것이고 교수자인 학습자가 학습자인 교수
자에게 배우는 것이다. 이 구도에서는 가르침[설함]과 배움[들음]에 장
애가 없어서 가르침과 배움을 구분할 수 없으며 따라서 교수자와 학
습자의 역할을 나누는 것 자체가 불가능하다. 나아가 이러한 관계를
한 번 더 거듭하면 중생 속 부처 속 중생[학습자인 교수자인 학습자]과
부처 속 중생 속 부처[교수자인 학습자인 교수자] 간의 가르침과 배움도

18) 이 구절은『총수록』「대기」(p. 791a4-6)에도 인용되어 있다.

이루어지며, 이것을 계속하면 화엄의 중중무진의 상호관계가 교수자
와 학습자 사이에서 형성됨을 확인할 수 있다.

생각해 보자. 언제나 항상 온전히 배움인 배움, 100% 가르침인 가
르침이 있을 수 있는가? 만약에 있다고 주장한다면 불교에서 그것은
자성법으로서 연기법이 아니며 무아의 정신에 위배될 것이다. 법장
의 화엄사상에서 교수자는 '……학습자인 교수자인 학습자인 교수자
인……'이라는 무한연쇄의 연기법에서 그 당시의 인연에 맞추어 한
지점을 꼭 집어서 지칭한 것뿐으로 자성법으로서 교수자일 수 없다.
이는 학습자의 경우도 마찬가지이다.

교육 주체에 관해 의상계의 태도는 어떠한가? 법장과 같은 화엄사
상에 기반하고 있기 때문에 기본적으로 비슷하지만 의상계 화엄은 화
엄사상 중에서도 매우 독특한 주장을 펼친다. 이는 '나' 자신이 부처라
는 교리를 철저하게 적용하고 있기 때문인 것으로 생각된다. 이와 관
련하여 조금 길지만 관련 구절을 내용에 따라서 나누어 인용하면 아
래와 같다.[19)]

① [문] 현재의 내 몸이 미래의 부처를 이룬다는 것은 저 [미래에 내가 이루는]
　　부처가 지금의 내 몸을 교화하여 수행하게 하는 것입니까, 아닙니까?
　　[답] [저 미래에 내가 이루는 부처가] 교화하여 수행하게 하는 것이다.
② [문] 저 [미래에 내가 이루는] 부처는 오늘의 내가 수행하여 얻는 것인데 어
　　떻게 지금의 나를 수행하게 한다고 합니까?
　　[답] 저 [미래에 내가 이루는] 부처가 [오늘의 나를] 교화하지 않는다면 오늘
　　의 내 몸은 부처가 될 수 없기 때문이다. 저 [미래에 내가 이루는] 부처가 교

---

19) 이 인용문은 본래 법장의 『화엄경문답(華嚴經問答)』으로 전해져 왔지만 최근 연구는 의
　　상의 강의를 제자 지통이 기록한 『지통기(智通記)』의 이본으로 판단하고 있다. 이에 따
　　르면 『화엄경문답』은 의상의 직설에 가까울 것으로 추정된다. 이와 관련된 자세한 논의
　　는 금강대학교 불교문화연구소 편(2012) 참조.

화해야 비로소 내가 수행하여 저 [미래의] 부처를 이룰 수 있다.

③ [문] 이 뜻은 무엇입니까?

[답] 만약 연기도리를 기준으로 하면 저 [미래에 내가 이루는] 부처가 아니면 곧 오늘의 내가 없고 오늘의 내가 없으면 곧 저 [미래에 내가 이루는] 부처도 없다. 따라서 그런 줄 안다. 지금에 대한 것처럼 내지 모든 과거에도 또한 그러하다.

④ [문] 미래불이 곧 과거 등이라면 부처를 이루는 때가 곧 예로부터 이루었다는 뜻입니까, 아닙니까?

[답] 그렇다.[20]

①과 ② 문답은 지금의 나를 미래에 내가 이루는 부처[미래불]가 교화한다고 설하면서 지금의 나를 미래불이 교화하지 않으면 미래불도 있을 수 없다고 한다. 이는 앞서 법장의 교육 주체에 관한 주장과는 조금 다른 점이 있다. 법장은 중생 속의 부처와 부처 속의 중생을 논하여 중중무진의 형태로라도 중생과 부처와의 관계를 설정했다. 물론 중생과 부처와의 관계를 명확하게 구분하고 그 둘의 간극을 없애는 방식의 교육을 논하는 것은 아니지만 여하튼 중생이 배우고 부처가 가르치는 구조이다.

반면에 앞 인용문은 내가 곧 나를 교화하는 구조이다. 물론 미래에 내가 부처를 이루어 그 내가 현재의 나를 교화하는 것이므로 미래의 부처인 내가 현재의 중생인 나를 교화하는 것으로 이해할 수도 있다. 그러나 이어지는 ③과 ④ 문답에서 의상계 화엄의 시간관[21]을 바탕으

---

20) 法藏, 『華嚴經問答』(T45), p. 604b27-c7, "問. 現在吾身成未來世佛者. 彼佛化今吾身令修行耶不耶? 答. 化令修行也. 問. 彼佛今日吾以修行得, 云何能化今吾令修行乎? 答. 彼佛不化者, 今吾身不得作佛故. 彼佛化, 方吾能修行, 成彼佛. 問. 此義何爲也? 答. 若約緣起道理者, 非彼佛卽無今吾, 非今吾卽無彼佛. 故知爾也. 如對今乃至盡過去際亦爾. 問. 未來佛卽過去等者, 爲成佛時, 卽昔成之義耶不耶? 答. 是也."

21) 의상계 화엄의 시간관에 대해서는 박보람(2003) 참조.

로 미래에 내가 이루는 부처와 오늘의 나와 과거의 내가 모두 동일하다고 하며 이것이 바로 앞서 논의했던 예로부터 부처를 이루었다는 뜻이라고 풀이한다. 이에 따르면 미래의 부처인 내가 현재의 중생인 나를 교화하는 것이 아니다. 왜냐하면 현재의 나도, 과거의 나도 예로부터 부처를 이루었기 때문이다. 따라서 예로부터 부처인 미래의 내가 예로부터 부처인 현재의 나를 교화하는 것이다. 이런 의미에서라면 예로부터 부처인 과거의 내가 예로부터 부처인 미래와 현재의 나를 교화하는 것 등등도 가능하다. 즉 예로부터 부처로서 삼세에 평등한 내가 나를 가르치고 내가 나에게 배운다.

여기에서 교수자는 바로 학습자이고 학습자는 스스로 하나도 부족함이 없는 온전한 교수자이다. 이는 물론 시간에 근거하여 과거 학습자가 현재를 거쳐 미래에는 교수자가 되고 과거의 교수자가 경우에 따라서 미래에 다시 학습자가 된다는 것을 의미하지 않는다. 삼세가 동일한 경계에서 교수자가 바로 학습자임을 말한다.

⑤ [문] 만약 그렇다면 다만 스스로 그러한데 교화함이 무슨 소용입니까?
   [답] 남이 아니기 때문에 교화한다. 만약 남이라면 교화할 수 없다. 왜냐하면 [남은] 자신의 밖에 있기 때문에 자신의 교화대상이 아니다.…〈중략〉…
⑥ [문] 만약 그렇다면 다만 스스로 교화하니 남을 교화하는 뜻은 전혀 없습니까?
   [답] 남을 교화하는 것 또한 가능하다. 남이 아니면 자신이 없기 때문이다. 자신과 남은 연으로 이루어져 분별이 없기 때문이다. 이런 까닭에 부처님은 자신에게서 모든 남을 볼 수 있기 때문에 [자기와 다른] 중생을 섭수함이 없다.[22]

---

22) 法藏,『華嚴經問答』(T45), p. 604b27-c19, "問. 現在吾身成未來世佛者, 彼佛化今吾身, 令修行耶, 不耶? 答. 化令修行也. 問. 彼佛今日吾以修行得, 云何能化今吾, 令修行乎? 答. 彼佛不化者, 今吾身不得作佛故. 彼佛化, 方吾能修行成彼佛. 問. 此義何爲也? 答. 若

내가 나에게 가르치고 배운다고 한다면 남은 가르칠 수 없는가라
는 의문이 생긴다. 이에 대해서 다음의 문답은 남을 교화하는 것이 가
능은 하지만, 예로부터 부처인 나에게는 나와 남이라는 분별이 없기
때문에 굳이 '남'이라는 자기와 다른 중생을 상정하고 이를 섭수하여
교화할 필요가 없다. 그러므로 남을 교화함도 필요에 따라서는 얻을
수 있지만 예로부터 부처라는 근본 입장에서는 오로지 나만을 가르
치고 나에게서만 배우는 것이다. 그렇기 때문에『총수록』에서는 해인
삼매를 풀이하며 일승 중에는 이타가 없다고 한다. 왜냐하면 교화되
는 중생과 교화하는 가르침도 모두 예로부터 부처인 자신의 해인삼
매로부터 일어나기 때문이다.[23] 이상의 논의를 도표로 표시하면 다음
과 같다.

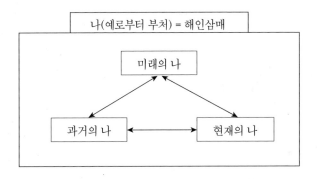

[그림 3-6] 의상계의 교육 주체

約緣起道理者, 非彼佛, 卽無今吾, 非今吾, 卽無彼佛. 故知爾也. 如對今乃至盡過去際亦爾.
問. 未來佛卽過去等者, 爲成佛時, 卽昔成之義耶, 不耶? 答. 是也. 問. 若爾, 但自是, 何用爲
化? 答. 非他故化. 若他者, 不得化. 所以者何? 自以外有故, 非自所化也.…〈中略〉…問. 若
爾, 但自以乃化, 都無化他之義耶? 答. 亦得化他. 非他無自故. 以自他緣成無分別故. 是故
佛能見自全他故, 無攝物也."

23)『총수록』(H6), p. 785c11-14.

Ⅳ. 맺는말

이 글은 교육과 불교, 그리고 의상계 화엄을 대상으로 목표와 주체를 비교하고 그 의미를 분석한 것이다. 다만 필자의 역량 부족으로 교육 분야에 대해서는 교육철학에 바탕한 전문적인 접근을 하지 못하고 현행 법규에 기반을 두어 지극히 상식적인 차원에서의 논의만을 다루었다.

목표만을 비교해 보아도 교육과 불교는 매우 유사하다는 것을 알수 있다. 교육의 경우 학습자가 인간다운 삶과 인류를 위한 삶을 가꿔나갈 수 있도록 학습자를 변화시키는 목표를 가지고 있다면, 불교 또한 학습자인 중생이 완전한 행복의 삶을 누릴 수 있도록 교수자인 불보살이 학습자인 중생을 깨달음의 길로 이끄는 것이 목표이다.

반면에 의상계 화엄은 학습자와 교수자 사이에 어떤 근본적인 차이를 두지 않는다. 따라서 교육을 통하여 학습자인 중생을 교수자인 부처로 만드는 것을 목표로 하지 않는다. 왜냐하면 의상계 화엄에서 학습자인 중생은 예로부터 교수자인 부처이기 때문이다. 의상계 화엄에서 가르침과 배움, 즉 교육의 목표는 부처가 되는 것이 아니라 '나' 자신이 부처임을 깨달아 부처로서 사는 것이다.

이러한 차이점은 주체에서도 마찬가지이다. 교육과 불교 일반이 학습자와 교수자의 역할을 구분하고 그 자격을 규정하는 것과는 달리 의상계 화엄에는 그 구분이 불가능하다. 대부분의 불교에서 중생은 학습자이고 불보살은 교수자이지만 중생이 예로부터 부처인 의상계 화엄에서는 이러한 구분이 무의미하다. 따라서 의상계 화엄은 예로부터 부처인 내가 나에게 배우고 내가 나를 가르친다. 해인삼매 중에 현

현한 일체 제법의 총상(總相)인 나는 필요에 따라서, 연에 응하여 교수
자가 되고 학습자가 되기도 하며 교수자인 학습자, 학습자인 교수자
이기도 하다.

* 약호

T 大正新脩大藏經, 東京: 大正一切経刊行会.

H 韓國佛敎全書, 서울: 동국대학교출판부.

法藏,『華嚴經探玄記』, T35.

法藏,『華嚴經問答』, T45.

編者 未詳,『法界圖記叢髓錄』, H6.

금강대학교 불교문화연구소 편(2012). 화엄경문답을 둘러싼 제문제. 금강학술총
　　　서9. 서울: 씨아이알.

金煐泰(1977). 佛敎의 敎育理想. 佛敎와 現代世界-開校70周年記念世界佛敎學術會
　　　議. 서울: 동국대학교.

김상현(1984). 新羅 華嚴學僧의 系譜와 그 活動. 신라문화 제1호, 동국대학교 신
　　　라문화연구소.

김정래(2015). 세 가지 측면에서 본 교육목적 논의 – 수단-목적, 인과, 방편 –.
　　　교육철학연구 제37권 2호, 한국교육철학회.

김천학(2013). 의상 후기사상의 실천론. 한국선학 제35호, 한국선학회.

박보람(2003). 의상 화엄교학의 시간관 연구. 동국대학교 석사학위논문.

박보람(2015). ……번뇌를 끊음이라는 번뇌를 끊음 없다……-의상화엄의 단
　　　혹설-. 한국불교학 제76호, 한국불교학회.

박서연(2003), 道身章의 華嚴思想 硏究. 동국대학교 박사학위논문.

오인탁(1990). 현대교육철학. 서울: 서광사.

전해주(1993). 義湘 華嚴思想史 硏究. 서울: 민족사.

해주 옮김(2014). 법계도기총수록. 서울: 동국대학교 출판부.

https://ko.wikisource.org/wiki/교육기본법_(대한민국)

* 불교의 화엄학에 대한 개론은 아래를 참조.

해주스님(1998). 화엄의 세계. 서울: 민족사.

기무라 키요타카 지음, 김천학, 김경남 옮김(2002). 화엄경을 읽는다. 서울: 불교
시대사.

제4장 원측의 인간론과 교육

이지중 (한국복지대학교)

Ⅰ. 원측의 생애와 논의의 초점

이 글은 신라의 승려 원측(613~696)의 인간론을 소개하고 그 교육적 의미를 탐색하기 위한 것이다. 이를 위해 우리는 당시 중국의 서울이었던 장안의 불교사상계에서 현장(602?~664)과 그의 제자들에 의해 대두되었던 '일천제 불성불설'에 대한 그의 해석에 주목하고자 한다. 이 '일천제 불성불설'은 우리에게 『서유기』에서 삼장법사로 알려진 현장이 645년 인도에서 유학을 마치고 중국으로 돌아와 주장함으로써 대두되기 시작한 것이다. 일천제란 '불성을 가지고 있지 않은 사람'이라는 뜻이다. 그리고 '일천제 불성불설'이란 우리들 중 누군가는 선천적으로 불성을 타고나지 못했기 때문에 영원히 깨달음에 이를 수 없다는 주장이다. 짐작할 수 있듯이 이 '일천제 불성불설'은 당시 중국 당나라 정부의 큰 후원을 입고 있던 현장과 그의 제자들에 의해 주장되었던 것이기 때문에 중국의 불교 사상계에 큰 영향력을 행사하게 되었다. 그런데 원측은 이 '일천제 불성불론'을 자신의 인간 이해에 입각하여 철저히 비판하며 성불할 수 없는 중생은 없다고 주장하였다.

원측은 신라 중기 진평왕 35년(613)에 왕손으로 태어나 3세의 이른 나이에 출가하였고, 15세(627)에는 중국의 당나라로 건너가 공부하였다. 그는 매우 총명하고 뛰어나 어떤 것이라도 한 번 들으면 마음속에 새겨 잊어버리지 않았고, 어학능력도 탁월하여 중국어는 물론 범어와 티벳어 등 6개 국어에 능통하였다고 한다. 그는 당시 인도에서 오랫동안 공부하고 돌아온 현장이 번역한 『반야심경』의 잘못된 부분을 지적할 정도였다.[1] 이것은 그가 범어에 능통하였기도 하였지만 사상적 깊이 또한 뛰어났다는 것으로 볼 수 있다. 당 태종은 그의 인품과 학식을 높이 사 친히 도첩을 내려 중국의 승려로 삼았고, 그 후 장안에 서명사가 완공되자 원측을 그곳의 큰스님으로 추대하였다. 원측은 서명사에서 많은 책을 저술하였다.[2] 그의 학문적 업적을 보면『성유식론소』10권을 비롯하여『해심밀경소』10권,『인왕경소』3권,『반야심경찬』1권 등이 있고, 유식학과 인명론에 관한 많은 저서도 저술하여 당시 불교철학계의 대표적인 학승으로 공인받았다(박종홍, 1998: 78).

이제 우리는 당시 중국의 불교사상계에서 대두되었던 '일천제는 성불할 수 없다'는 '일천제 불성불설'에 대해, 원측이 이를 어떻게 해석하였는지를 중심으로 그의 인간론을 살펴보고, 이것의 교육적 의미를 탐색해 보고자 한다.

II. 일천제 불성불론과 원측의 비판

1. 불성(佛性)의 뜻

불성이라는 것은 부처가 될 수 있는 가능성을 말하는 것이다. 이것의 산스크리트 원어는 Buddha-dhātu이다. dhātu는 계(界)의 뜻과 부처가 될 요소(element, ingredient)의 뜻도 함께 가지고 있다. 또한 계는 인(因)의 뜻을 가지고 있으니, Buddha-dhātu란 곧 단지 부처의 본성으로 한정해서 보기 보다는 '부처가 될 가능성'으로서 '부처를 얻기 위

1)『현장삼장사자전총서』권하, (『속장경』권150, pp.91-92).
2)『현장삼장사자전총서』권하, (『속장경』권150, pp.91-92).

한 원인'이라는 의미로 보아도 좋다. 불성이란 부처가 될 수 있는 '부처의 인' 또는 '부처의 본질'을 뜻한다고 볼 수 있다. 그런데 대승불교에서는 우리 모두의 내면에 이러한 불성을 이미 갖추고 있다고 본다. '일체중생이 성불할 수 있다'는 것은 대승불교의 일반적인 사상이다. 초기 대승불교의 논사인 세친[3]도 다음과 같이 모든 이가 성불할 수 있다는 주장을 한다.

> 일체중생은 모두 본래 청정한 불성을 갖추고 있다. 만약 (중생이) 영원히 깨달음을 얻지 못한다고 한다면, 이는 옳지 못하다. 불성은 본래 갖추어 있으며, 이것은 (불성이) 있다 없다는 논쟁을 벗어난 것이다.[4]

세친은 모든 중생은 불성을 갖추고 있고, 이것은 논쟁의 대상으로도 성립되지 않는다고 해석하고 있다. 우리 모두는 한 사람 예외 없이 부처를 이룰 수 있는 불성을 선험적으로 갖추고 있다는 것이다.

이를 조금 더 적극적으로 해석해 보자면, 이것은 부처와 평범한 범부들이 본래부터 차이가 없다는 뜻으로 볼 수 있다. 일체의 중생이 모두 이미 청정한 불성을 갖추고 있고, 그러므로 우리 모두는 다 깨달음을 얻어 부처가 될 수 있다는 것이다. 이를 일체중생실유불성(一切衆生悉有佛性), 즉 '일체의 중생은 모두 불성을 지니고 있다'라고 한다. 그렇지만 우리의 현실을 돌아보면 불성을 가지고 있다고 믿을 수 없는 사람들이 있다. 수행이 깊어 부처를 이루었다고 볼 수 있는 사람이 있는가 하면, 부처의 면모와 극단적으로 반대되는 사람도 많이 존

---

3) Vasubandu를 말한다. 4~5세기 인도의 불교철학자, 승려. 형 무착의 권유로 소승에서 대승으로 전향하였고 유식학에 정통한 논사이었다. 초기 유식학의 논서인 『섭대승론』에 주석을 붙여 『섭대승론석』을 저술하였다.

4) 세친, 『불성론』권1, 대정신수대정장(이하 '대정장'이라 함) 31권, 788 하.

재한다는 것이다. 예를 들어, 우리가 매스컴을 통해서 자주 접하는 끔찍한 사건을 저지르는 사람에 대해서는 불성을 과연 가지고 있을지에 대해 의심할 수 밖에 없는 것이다. 그러면 우리는 일체의 중생은 모두 불성을 갖추고 있다는 것을 어떻게 해석해야 하는 것일까.『보성론』에서는 불성의 뜻을 다음과 같이 구별하여 밝히고 있다.

> 불성에는 두 가지가 있다. 하나는 땅 속의 창고와 같고, 또 하나는 나무의 열매와 같다. 시작함이 없는 곳으로부터 이것은 자성청정한 마음과 수행으로 무상도를 이루는 것을 말한다.[5]

불성을 크게 두 가지로 나누어 보고 있다. 하나는 땅 속의 창고와 같고, 또 하나는 나무의 열매와 같다고 하여, 불성을 원인으로서의 불성과 결과로서의 불성으로 구분하고 있다. 불성이 땅속에 묻혀 있는 보물창고로 비유되는 것을 이해하기 위해 다음과 같이 가정해 보자. 만약 한 사람이 자신이 살고 있는 집의 앞마당에 큰 보물창고가 묻혀 있으나 이를 모르고 있다. 이 상자를 파내기만 하면 마치 잘 익은 맛있는 사과를 먹을 수 있는 것처럼 큰 보람과 부를 가질 수 있을 것이다. 이렇듯 일체중생이 모두 불성을 갖추고 있다는 것은, 우리 모두는 누구나 우리의 마음속에 이 보물창고를 간직하고 있고, 그리고 우리 모두는 누구나 수행으로 이를 밖으로 이끌어 낼 수만 있다면 부처를 이룰 수 있다고 보는 것이다. 근본적인 의미에서 보면 이것은 또한 모든 중생이 '부처가 될 수 있는 가능성' '부처의 인' '부처의 본질'을 갖추고 있으나, 이러한 자각을 바탕으로 수행을 통하여 열반에 이르는 것도 매우 중요하다는 뜻도 함께 내포하고 있는 것이라 하겠다. 그런데

---

5)『보성론』, 대정장 31권, 839 상.

'일천제 불성불론'이라는 것은, 이러한 사상을 부정하는 것이다. 우리 중 누군가는 이 보물창고를 아예 가지고 있지 않기 때문에 성불의 가능성은 아예 없다는 것이다.

그렇다면 '부처가 된다', '깨달음을 이룰 수 있다' 또는 '부처를 이룰 수 있다'란 어떤 상태를 말하는 것인가? 깨우침의 상태 또는 깨달음이라는 말은 여전히 어렵게 여겨지지만, 간략히 말하자면 이것은 세상에 존재하는 모든 것을 보는 관점을 나의 이익의 관점에서 벗어나 그것이 존재하는 그대로 지각하고 사유하는 것에서 시작되는 것이라 할 수 있다. 바꾸어 말하면, 이것은 내가 보고 있는 모든 관점이 한정적이고 제한적이며 상대적이라는 것, 정확한 관점이라 할 만한 것이란 존재하지 않는다는 것에 대한 깨우침이라 할 수 있다. 그것이 어떤 것이든 시공을 초월하여 절대적이고 보편적으로 존재하는 그런 것은 존재하지 않는다는 것에 대한 자각이라 할 수 있다. 배우자, 애인 혹은 친구와 말다툼을 할 때, 나의 관점을 버리고 그 상황에 대한 다른 관점―그 혹은 그녀의 관점―이 그렇게 존재할 수 있다는 가능성에 마음을 여는 것을, 그저 상상만 하였음에도 우리의 마음이 순간 해방되었던 체험을 한 적이 있는가(데니스 겐포 머젤, 2014: 60-61)? 보통 우리는 이원적으로 지각하거나 생각한다. '옳다 그르다', '좋다 싫다', '크다 작다' 등으로 세계를 해석한다. 깨달음이라는 것, 부처를 이룬다는 것은 이러한 이원적 시각이 상대적인 것에 지나지 않는다는 것을 알아차리는 것이라 할 수 있다. 그것이 어떤 것이든 그러한 관점은 상대적인 것이며, 따라서 그것은 시공을 초월하여 절대적이고 보편적으로 존재하는 그런 것일 수 없다는 깨달, 그리하여 나아가 이러한 이원론적 시각을 통합하고 뛰어넘어 자리이타(自利利他), 즉 남도 이롭게 하면서 나도 이롭게 하는 새로운 눈을 가지는 것이라 할 수 있다.[6]

이로써 존재하는 것이 존재하는 그대로 존재할 수 있게 할 수 있다면, 그리하여 우리가 존재사물이 존재하는 그대로 자신 스스로를 드러낼 수 있는 마음의 여백을 가진다면 이는 깨우침의 상태라 할 수 있다.

2. 일천제 불성불론(不成佛論)의 대두

이렇듯 우리 모두는 누구나 깨달음을 이루어 성불할 수 있다는 것은 대승불교의 일반적 사상이다. 그런데 원측이 활동하였던 7세기 당시 중국 장안의 불교계에서는 자은학파에 의해 '일천제는 성불할 수 없다'는 '일천제 불성불론'이 대두되었다. 자은학파는 현장의 신유식학[7]을 이어받은 규기(632~682)와 그의 제자들이 중심이 되었던 학파로서, 이 '일천제 불성불설'은 그들 특유의 학설이었다(정영근, 1994: 125). 일천제 불성불론은 성불의 가능성 정도를 중심으로 사람을 다섯 가지 종류로 나누어 각각 깨달음을 이룰 수 있는 본성에 차별이 있고, 그 가운데 일천제로 분류되는 사람은 반드시 성불하지 못한다는 주장이다(손기무, 2002: 15). 모든 중생이 성불할 수 있다는 대승불교의 '일체중생 실유불성론'을 부정하는 관점인 이러한 일천제 불성불론은, 차별적인 현상계의 분석에 치중하는 법상종 계통의 자은학파가 그 시선을 인간에게 돌림으로써 이루어진 것이라고 할 수 있다(손기

---

6) 원측의 논리적 바탕인 유식학에 따르면, 깨달음 또는 깨우침에는 다섯가지의 위계가 있다. 이것은 깨우침을 위한 수행의 단계를 말하는데, 자량위, 가행위, 통달위, 수습위 그리고 구경위가 있다.

7) 유식학은 현장이 유식학 논서를 번역하던 때를 기준으로 신·구 유식학으로 나뉜다. 현장이전에 성립된 유식학을 구유식학으로, 그리고 현장에 의해 번역된 유식학 논서를 중심으로 삼는 학문적 흐름을 신유식학이라 부른다. 법상종 계통의 자은학파는 신유식학 계통으로 분류된다.

무, 2002: 15; 정영근, 1994: 117).

일천제에 대한 개념 이해를 위해 다음의『대승입능가경』의 설명을 들어보자. 이 경은 성불의 가능성을 중심으로 인간을 다섯 가지로 나누어 다음과 같이 설명하고 있다.

> 대혜여, 다섯 가지 종성이 있다. 그 다섯 가지가 무엇인가. 이른바 성문승종성,
> 연각승종성, 여래승종성, 부정종성, 무종성이다.[8)]

일천제는 앞의 설명 중 무종성으로 분류된 사람들을 가리키는 것이다. 여기에서 성문승종성과 연각승종성은 아직 소승불교에 머물고 있는 사람들을 말한다. 그리고 여래승종성은 보살승종성이라고도 하는데 대승불교에 귀의한 사람들을, 부정종승은 그 신행 신념이 소승인지 대승인지 아직 불분명한 사람들을 말하는 것이다. 무종성은 무성유정이라고 하여 곧 일천제로 불리는 사람들을 일컫는 것인데, 자은 학파에 의하면 이 사람들은 성불의 가능성이 전혀 없는 사람들이다.

일천제로 번역되는 산스크리트 원어는 일반적으로 icchantika, 또는 ecchantika라고 되어 있다(조수동, 1987: 75). icchantika라는 말은 is(욕구하다: to desire)의 현재분사 icchant에 사람을 뜻하는 접미사 ka가 첨가된 것으로서, 그 의미는 '현세의 이익과 쾌락을 욕구하는 사람'이라는 뜻이다.『열반경』은 이 일천제의 성격에 관해 명쾌하게 설명하고 있다.

> 순타여, 비구나 비구니나 우바새나 우바이로서 추악한 말로 정법을 비방하거
> 나, 이런 죄업을 짓고도 참회하지 아니하며 부끄러운 생각이 없으면 이런 사

---

8)『대승입능가경』2권, 대정장 16권, 597 상.

람을 일천제로 나아간다고 한다. 사중금(승려가 지켜야 할 네 가지 중요한 계율)을 범하거나, 오역죄를 짓거나, 이러한 중대한 일을 저지른 줄 알면서도 애초부터 두렵거나 부끄러운 마음이 없어 털어놓고 참회하지 아니하며, 부처님의 법을 보호하고 건설할 마음이 조금도 없으며 훼방하고 천대하며 허물이 많으면 이런 사람도 일천제로 나아간다고 한다. 또 만일 불·법·승 삼보가 없다고 말하면 이런 사람도 일천제로 향한다 한다.[9]

우선 그들은 불교교단의 발전을 저해하는 무리들을 일컫는 것으로 해석해 볼 수 있다. 부처를 부정하거나 대승의 법을 따르지 않는 등 불교를 자신의 사리사욕을 위해 이용한다든지, 불·법·승 삼보가 없다고 말한다든지, 정법을 비방한다든지, 승려이면서도 승려가 지켜야 할 계율을 지키지 않는다든지 그리고 오역죄[10]를 짓는다든지 하는 사람들을 일천제로 분류하고 있는 것에서 이를 알 수 있다. 그런데 이 일천제 불성불론은 7세기 경 자은학파에 처음 제기된 것은 아니었다. 이 사상은 대략 3세기 후반 인도에서 성립된 것이라고 볼 수 있다. 일천제라는 용어는 원시경전에서는 거의 찾아볼 수 없고, 대승경전인 『부증불감경』을 제외하면 『열반경』에서 본격적으로 사용되고 있다는 점, 그리고 『열반경』의 성립시기가 대략 3세기 후반으로부터 4세기 초로 추정된다는 점(박경준, 1982: 7-11)에서 이것을 추측해 볼 수 있다.

조금 더 구체적으로 살펴보자면, 이 일천제 불성불론은 아비달마불교[11]의 설일체유부학파[12]가 수행의 관점에서 힌두사회에서의 종성

---

9) 『열반경』, 대정장 12권, 666 중·하.

10) 다섯 가지 지극히 무거운 죄. 다섯 가지의 내용에 대해서는 여러가지 설이 있으나 대표적인 것은 다음과 같다. ① 아버지를 죽임, ② 어머니를 죽임, ③ 아라한을 죽임, ④ 승가의 화합을 깨뜨림, ⑤ 부처의 몸에 피를 나게 함(시공불교사전, 2008: 510).

11) 부파불교라고도 한다. 석가 입멸 후 100년경에 원시불교가 분열을 거듭하여 20여 개의 교단으로 갈라진 시대의 불교를 총칭한다(시공불교사전, 2008: 255).

12) 부파불교의 한 가지로서 붓다 입멸한 후 300년 초에 상좌부에서 갈라져 나온 학파이다.

개념, 즉 카스트(caste)제라고 불리는 사성계급의 개념을 전용하여 제창하였던 것이다. 이것을 현상의 실재를 주장하는 법상종[13]의 자은학파가 계승하여 오성각별설로 확립하여 자신들 특유의 학설로 주장하게 된 것이다(정영근, 1994: 116-117) 설일체유부의 기본 논리를 살펴보면, 모든 현상의 본체는 과거·현재·미래에 걸쳐 변하지 않는 것이다. 모든 현상의 본체는 영원히 소멸하지 않고 존재한다는 것이다. 자은학파 역시 이러한 현상의 본체인 마음의 실재성을 주장하였다. 그리고 그 본체로서의 마음은 시공을 초월하여 변하지 않는 것으로 보았다. 즉 지금 나쁜 짓을 저지르고 있는 일천제의 생각이나 행위는 그 사람의 마음이 현상됨으로써 그렇게 이루어진 것인데, 그것은 그 현상의 배후인 일천제의 마음의 실체가 나쁘기 때문이다. 일천제의 악행이란 사중금을 범하거나, 오역죄를 짓거나, 이러한 중대한 일을 저지른 줄 알면서도 참회하지 않거나, 불·법·승 삼보를 비난하거나 하는 것 등을 말한다고 본다면, 그들이 그러한 짓을 조금도 부끄러움 없이 저지를 수 있는 까닭은, 자은학파에 의하면 그들에게는 불성이 없기 때문이다. 그들에겐 불성이 없으므로 옳은 생각이나 느낌이나 행위를 할 수 있는 마음이 존재하지 않는 것이고, 그렇기 때문에 그들은 악한 생각이나 행위를 하고도 그것이 악한 짓인 줄 모른다는 것이다. 그들이 온갖 악한 생각이나 행위를 하고도 뉘우칠 줄 모르는 것은 그들이 태어날 때부터 불성을 가지고 태어나지 않았기 때문인 것이다. 이러한 논리를 바탕으로 자은학파는 인간들 중에는 성불할 수 없

그들은 모든 현상의 본체는 과거·현재·미래에 걸쳐 변하지 않으므로 영원히 소멸하지 않고 존재한다고 주장한다. 그리고 모든 현상을 오위 칠십오법으로 나누어 자신들의 교리를 전개한다(시공불교사전, 2008: 373).

13) 유식에 대한 여러 경론을 기본으로 하면서 특히 현장이 번역한 해심밀경과 성유식론에 의거하여 호법(530~561) 계통의 유식학을 정립한 학파(시공불교사전, 2008: 223).

는 사람도 있다는 일분무성설을 표면화시켰고, 이것을 이론적으로 체계화시켰던 것이다(정영근, 1994: 120-123).

그런데 자은학파의 이러한 주장은 앞서 언급한 바와 같이 대승불교의 보편적 사상인 '모든 중생은 불성을 가지고 있다'라는 것과 배치된다. 자은학파의 중심인물인 규기는 이를 해소하기 위해 '일체중생실유불성'이라는 말과 관련된 개념을 쪼개어 각각 다른 경우에 적용하는 방법을 사용하였다. 규기는 첫째, 일천제를 다시 분류하여 언젠가는 성불할 수 있는 가능성이 있는 일천제와 결코 성불할 수 없는 일천제로 나눈다. 둘째, 규기는 '일체중생실유불성'이라고 할 때 '일체'의 의미를 모든 사람을 뜻하는 것으로 보지 않고, 중생들 가운데 불성을 지닌 사람만을 지칭하는 부분적 전체라고 달리 해석한다. 셋째, 규기는 불성을 성불할 수 있는 논리적인 가능성으로서의 이불성(理佛性)과 성불할 수 있는 현실적인 가능성으로서의 행불성(行佛性)으로 나눈다. 여기에서 이불성은 앞서 불성을 설명하기 위해 인용되었던 땅속의 보물창고를 뜻하는 것으로서 곧 성불의 논리적 가능성을 뜻하는 것이라면, 행불성은 수행을 통해 땅속의 보물을 잘 익은 사과와 같은 결실로 이끌어 낼 수 있는, 즉 성불의 현실적인 가능성을 뜻하는 것이라 할 수 있다. 그리하여 '일체중생실유불성'이라고 할 때의 불성은 이불성이기 때문에 모든 사람이 지니고 있다고 할 수 있고, 종성의 차별을 말할 때의 불성은 행불성이기 때문에 성불할 수 없는 사람도 있다는 것이다. 넷째, 규기는 시간을 잠시와 필경으로 나누어 잠시 깨달을 수 있는 경우와 결코 성불하지 못하는 경우의 둘로 나누었다. 그리고 무성종성은 잠시 깨달음을 이룰 수 있지만, 필경 성불하지는 못한다고 주장하였다(정영근, 1994: 124-125). 이처럼 자은학파는 일천제 불성불론을 철저히 신봉하고 주장하였다.

3. 일천제 불성불론에 대한 원측의 해석

원측은 같은 유식학자이면서도 이러한 자은학파의 주장을 일축하고, 비록 일천제라 하더라도 모두 성불할 수 있음을 주장하였다. 그는 우선 '나의 존재'가 곧 여래장이라는 말로 자신의 논지를 전개하였다.

> 선남자여, 나라는 것은 곧 여래장(불성)을 뜻하는 것이다. 일체의 중생이 모두 불성을 가지고 있다는 것이 곧 나라는 것의 뜻이다. … 〈중략〉… 중생과 불성은 같지도 않고 다르지도 않다. 모든 부처가 평등하기는 허공과 같다. 모든 중생이 이것을 같이 그리고 함께 가지고 있다. 이것은 이성(理性)을 말하는 것이다.[14]

나의 존재가 곧 여래장이라는 것이다. 이미 나는 실존으로서 존재하고 있고, 부처는 또한 허공과 같이 평등하게 보편적으로 실유하고 있으므로 일체중생은 불성을 가지고 있다는 것이다.[15] 여기에서 이성이라는 것은 앞서 비유하여 언급되었던 땅속의 보물창고를 말하는 것이다. '모든 중생이 이성을 같이 그리고 함께 가지고 있다'라는 것은, 모든 중생은 이 보물창고를 선천적으로 타고 태어난다는 것을 뜻하는 것으로서, 원측에게 이 여래장은 일천제에게도 예외일 수는 없는 것이었다. 우리 모두가 허공을 함께 공유하고 있는 것처럼 불성 또한 그런 것이기 때문에, 이성으로서의 불성이 아직 발현되지 못했다 하여 그것이 없다고 말할 수 없다는 것이다.

물론 중생이 곧 부처는 아니다. 우리의 현실을 보면 우리가 늘 상락아정의 상태[16]에 있는 것은 아니기 때문이다. 그래서 원측은 여기에

---

14) 『해심밀경소』, 한국불교전서 권1(이하 '한불전 권1'이라 함), 256.
15) 『해심밀경소』, 한불전 권1, 258-259.
16) 불교에서 깨달음의 상태를 일컫는 것이다.

서 말하는 불성을 이성이라 하여, 수행을 뜻하는 행성(行性)과 구분하
여 말하고 있다.

> 어떤 사람이 집에 우유를 가지고 있을 때, 그 사람에게 집에 요구르트가 있느
> 냐고 물으면 답하기를 나는 우유를 가지고 있지만, 요구르트는 적당한 방편을
> 쓰면 얻을 수 있는 까닭에 요구르트를 가지고 있다고 답할 수 있다. 중생 또한
> 이와 같아서 (중생) 모두는 마음을 가지고 있어서 적당한 방편으로 깨달음을
> 이룰 수 있다. 이런 뜻으로 나는 결정코 모든 중생은 불성을 가지고 있다고 말
> 하는 것이다. 이것은 행성(行性)을 말하는 것이다.[17]

원측은 중생의 마음을 우유와 요구르트에 비유해 모든 중생에게 적
당한 조건이 갖추어지면 감추어져 있던 불성이 드러날 수 있는 가능
성이 있다고 주장하였다. 비록 누군가가 지금은 자신이 우유를 가지
고 있는 것을 알고 있지 못한다 하더라도, 그리하여 그는 오히려 우유
를 요구르트로 만들고자 노력하는 이를 비방하고 욕되게 한다 하더라
도 그 우유는 없어지지 않는다고 보았던 것이다. 그리고 마치 우유가
적당한 조건이 주어지면 요구르트가 되듯이 그에게도 일정한 조건만
갖추어진다면, 마치 감추어져 있던 땅속의 보석이 드러나듯이 그의
불성은 발현될 수 있다고 주장한 것이다. 이처럼 원측은 모든 중생에
게는 여래가 될 가능성으로서의 여래장이 평등하게 갖추어져 있다고
보았다. 이러한 맥락에서 원측은 자은학파에서 주장하는 일천제 불성
불론도 부처를 이루기 위한 하나의 방편설로 보았다.

> 부처님 말씀하시길, 해탈을 이룸에는 차별이 없다. 도를 이룸에도 차별이 없
> 으나, 그것을 이루는 방편에는 차별이 있다. 비유컨대 깨달음을 이루는 길을

---

17) 『해심밀경소』, 한불전 권1, 126.

감에 어떤 이는 코끼리가 끄는 수레를 타고, 어떤 이는 말이 끄는 수레를 타고,
또 어떤 이는 나귀가 끄는 수레를 타고 가는 것과 같다. 이처럼 각자 자신의
(방법으로) 길을 가지만 하나의 성에 도착하는 것은 마찬가지다.[18]

앞의 비유에서 볼 수 있듯이 어떤 사람은 타고 날 때 그 총기가 매
우 뛰어나고 어떤 이는 매우 둔할 수 있다. 깨달음에 이를 수 있는 근
기가 뛰어난 사람은 마치 코끼리가 이끄는 수레를 타고 그 길을 가듯
이 걸림도 없고 거침도 없이 해탈을 이룰 수 있을 것이나, 근기가 둔
한 사람은 나귀가 이끄는 마차를 탄 듯이 매우 느리고 시끄러운 소리
를 내어가며 가끔씩은 의심으로 마차에서 내리기도 하면서 그 길을
갈 수도 있을 것이다. 이처럼 각자 자신의 길을 그렇게 가더라도 깨달
음에 이르는 것에는 차별이 있을 수 없다는 것이다. 어떤 사람이 비록
일천제로 분류되어 옳은 이치를 여러 번 듣고도 그 뜻을 헤아리지 못
한다 하더라도, 그것은 깨달음을 이룰 수 있는 근기가 미약할 뿐이지
성불의 가능성조차 부정되어야 할 것은 아니라는 것이 원측의 일천제
에 대한 인간이해라고 할 수 있다.

이것을 원측은 '모든 도는 오직 일승으로 통한다'라는 논리로 표현
하였다. 여기에서 일승이란 대승불교를 수행방법을 말하는 것인데,
이것은 대승불교 이전의 불교인 소승불교의 수행방법을 일컫는 삼승
과 대비되는 말이다. 앞의 예에서도 코끼리를 타고 가는 것은 일승의
도를 비유로 삼은 것이고, 말이나 나귀를 타고 가는 것은 삼승의 수행
방법을 비유하는 것으로 볼 수 있다. 이처럼 원측은 그 수행방법이 어
떤 것이든, 깨달음을 위한 경전의 교리가 어떤 것이든 그 모든 것의
종착점이 부처를 이루기 위한 것이라면, 그것은 대승을 위한 방편의

---

18)『해심밀경소』, 한불전 권1, 260.

한 가지라는 논리를 펼쳤던 것이다.

> 진리는 무별하기 때문에 일승이라 설하고, 일승은 곧 유일불승을 말한다. 승
> 만경에서는 성문과 연각도 다 대승에 증입할 수 있으며, 대승은 곧 불승이라
> 하였다. 또 법화경에는 시방의 불국토중에는 오직 일승만이 있고 그 밖에는
> 있을 수 없으며, 이는 가히 법신으로서 일승을 증명할 수 있기 때문이라고 하
> 였다. 여래법신은 성문의 법신과 다름이 없기 때문에 수기를 준다.[19]

이처럼 원측이 불교를 이해하는 일관된 방식은 불교의 모든 교설을
깨달음을 이루기 위한 방편으로 보는 것이다(정영근, 1999: 148).

뿐만 아니라 원측은 일천제 성불론을 주장하기 위해 보살일천제의
존재에도 주목하였다. 보살일천제란 보살로서의 일천제를 말하는 것
인데, 일천제와 같은 중생을 구제하기 위해 자신은 성불하지 않는 사
람을 말한다. 보살(Boddhissatva)이란 성불할 수 있으면서도 성불하지
않고 중생들을 구제하겠다고 목표를 세운 사람이다. 보살은 현실적
으로 부처를 이룰 수 있는 근기가 너무 약하거나, 아직 불교의 논리를
만나지 못한 중생들을 위해 자비를 베푸는 사람이다. 원측은 이 일천
제 보살의 서원에 근거하여 또한 일천제의 성불론을 주장한다. 『능가
경』에서는 일천제를 두 가지로 나누어 설명하였다.

> 대혜여, 일천제는 두 종류가 있으니 무엇이 둘이냐. 첫째는 선근을 불태워 없
> 앤 자이요, 둘째는 중생들을 불쌍히 여겨 중생계를 다 없앨 서원을 가진 자들
> 이다.[20]

---

19) 『해심밀경소』, 한불전 권1, 213.
20) 『입능가경』, 대정장 16권, 권2, 527.

원측은 보살 일천제의 서원을 근거로, 비록 어떤 사람이 일천제라 하더라도 '중생들을 불쌍히 여겨 중생계를 다 없앨 서원을 가진' 보살일천제의 구제력으로 성불할 수 있다고 주장하였다.[21] 즉 일천제는 깨달음을 이룰 수 있는 선근을 불태워 없앴지만 불보살의 힘을 빌어 자신의 선근을 생기게 할 때가 있고, 보살일천제는 중생들을 버리지 않는 서원을 세운 까닭에 열반에 들고 있지 않을 뿐이므로 깨달음에 이를 수 있는 불성이 없는 자가 아니라는 것이다. 원측이 이처럼 두 종류의 일천제 모두가 다 성불할 수 있다고 하는 것은 불보살일천제의 무량한 공덕이 일천제에게까지 미침을 말하는 것이라 할 수 있다. 만약 불보살의 구제력으로 구제할 수 없는 중생이 있다면, 그것은 불보살의 원력에 한계가 있는 것이며 이것은 또한 그들이 무량한 공덕을 갖춘 불보살이라는 개념과 어긋나는 것이다(정영근, 1999: 131-132). 그러므로 비록 선근을 불태워 없앤 일천제라하더라도 부처나 선지식을 만난다면 깨달음을 이룰 수 있고, 이것은 여러 부처가 일체 중생을 버리지 않기 때문이라는 것이다. 우리가 불보살의 존재를 인정하는 한 성불할 수 없는 중생은 있을 수 없다는 것이 원측의 일관된 인간이해의 논리이다. 이처럼 원측은 당시 큰 학문적 위세를 가지고 있던 자은학파에 맞서 불교의 보편적 진리인 '모든 중생은 성불할 수 있다'라는 관점에 입각하여 일체중생의 구원을 당당히 주장하였다.

---

21) 『해심밀경소』, 한불전 권1, 256.

Ⅲ. 원측의 인간이해에 대한 교육적 해석

원측이 이해한 인간은 이처럼 누구나 자신의 마음속에 불성을 지니고 있다. 우리들 중 누군가는 성불의 가능성이 없게 보이는 때가 있다 하더라도, 그것은 영원히 그러한 운명에서 벗어나지 못하게끔 결정되어 있기 때문이 아니라, 잠시 보살의 구제력을 만나지 못했거나 아직 깨우침을 닦을 눈이 성숙하지 못하였기 때문이다. 따라서 조건만 갖추어지면 일천제로 분류되는 사람들을 포함하여 우리 모두는 언제든 성불할 수 있다는 것이 원측의 일관된 인간이해이다.

그렇다면 우리는 원측의 이러한 인간이해를 교육적으로는 어떻게 해석해 볼 수 있을까. 앞서 언급하였던 것처럼, 자은학파의 '일천제 불성불론'은 단순한 방편설이 아니다. 그것은 현재 사중금을 범하거나, 오역죄를 짓거나, 이러한 중대한 일을 저지른 줄 알면서도 애초부터 두렵거나 부끄러운 마음이 없어 털어놓고 참회하지 아니하는 사람들을 깨달음으로 이끌기 위한 수단이 아니었다는 것이다. 7세기 당시 장안의 불교사상계에 큰 논란을 불러 일으켰던 이 주장의 주요 논점은, 일천제로 분류되는 일부의 사람들은 선천적으로 깨달음을 이룰 수 있는 불성을 가지고 태어나지 못했다라는 것이다. 이것은 그들의 잘못으로 인하여 비롯된 것이 아니라, 그들은 그러한 운명을 타고 태어났기 때문이라는 것이 자은학파의 관점이다. 따라서 일천제로 분류되는 사람들이 할 수 있는 최선의 선택은 현생에서 선업을 많이 쌓아 내생에는 불성을 가지고 태어나는 것이다(스탠리 바인스타인 저, 임대희 역, 1995: 226).

그런데 원측은 이러한 자은학파의 논지에 맞서 '일천제 성불론'을 주

장하였다. 원측의 이러한 인간이해론의 골자는 '일체의 중생은 언제
나 성불할 수 있다'는 것을 믿는 것이었다. 일체의 불교 교설은 중생들
을 깨달음으로 이끌기 위한 방편으로 보았던 원측은, 우리 모두는 한
사람 예외 없이 부처를 이룰 수 있는 불성을 타고 태어난다는 것을 믿
었고 또한 이를 경전의 논지들을 근거로 삼아 논리적으로 해명하였다.
그의 이러한 주장은『열반경』에서는 다음과 같이 뒷받침되어 있다.

> 선남자여 ···〈중략〉··· 모든 중생이 오는 세상에 아뇩보리를 얻을 것이니 이것
> 을 불성이라 하고, 모든 중생이 지금 번뇌의 결박에 있으므로 현재 32상 80종
> 호가 없으며 모든 중생이 지난 세상에 번뇌를 끊은 일이 있었으므로 현재의
> 불성을 보게 되는 것이다. 이런 뜻으로 내가 항상 말하기를 모든 중생에게 불
> 성이 있으며 내지는 일천제들도 불성이 있다고 하였다. 일천제들은 선법이 없
> 으나 불성이 선법이므로 오는 세상에 있을 것이니 일천제들에게도 불성이 있
> 다 할 것이다. 왜냐하면 일천제들도 결정코 아뇩다라삼먁삼보리를 이룰 수 있
> 기 때문이다.[22]

사실 '그들이 성불할 수 있음을 믿는 것'과 '우리 모두는 이미 불성
을 가지고 태어난 여래장이므로 언제나 성불할 수 있음을 믿는 것'은
다르다. 그들이 공부하여 부처를 이룰 수 있음을 믿는 것은 그것의 가
능성을 믿는 것이다. 그렇지만 이것의 이면에는 그들 중 누구는 성불
하지 못할 수도 있음을 전제하고 있다고 보아야 한다. 반면 우리 모두
가 여래장이라고 믿는 것은 우리는 한 사람 예외 없이 언제든 부처를
이룰 수 있다고 믿는 것이다. 논고한 것처럼 원측이 이해한 인간은 곧
여래장으로서의 인간이다. 마치 연꽃이 더러운 곳에서도 오염되지 않
듯이, 흙속에 묻힌 금괴가 성질을 변하지 않고 의연히 그 본성을 지니

---

22)『열반경』, 대정장 12권, 796 상.

고 있듯이, 일천제를 포함한 우리 모두는 비록 지금은 무지의 상태에
있어 나 자신이 여래장이라는 사실을 알고 있지 못한다 하더라도 지
혜를 이룰 수 있는 그 가능성은 잃지 않고 있는 존재이자 인연이 닿으
면 언제든 성불할 수 있는 있는 존재인 것이다. 이렇듯 원측은 모든
인간은 성불할 수 있음을 믿고 이를 논리적으로 해명하고 실천하고자
하였던 것이다.

　이것은 교육에서 교사와 학생의 관계를 상기시킨다. 이것은 학생들
의 공부에 대한 교사의 자세 내지는 거기에 관련된 방법과, 학생들에
게 있어서는 자신의 공부를 이루기 위한 발심수행의 실천자세의 문제
라 할 수 있다. 미국 하버드대학의 심리학자 로젠탈(Robert Rosenthal)
이 초등학교 교장이었던 제이콥슨(Lenore Jacobson)과 함께 로젠탈 효
과[23]가 실제 교육현장에서 어떻게 적용될 수 있는가를 연구한 것은,
교사의 학생에 대한 기대가 어떠한 교육적 효과를 낳는지를 잘 설명
해 준다.

> 연구자들은 학년 초 담임교사에게 학생들의 명단을 주면서 지능검사 결과 잠
> 재력이 뛰어난 아이들이라고 말했다. 그리고 이 사실을 학생들이나 학부모들
> 에겐 알리지 말고, 그냥 아이들을 지도할 때 참고만 하라고 했다. 명단은 사실
> 무작위로 뽑은 것이었지만, 교사들은 이 아이들이 지적 능력이나 학업에서 좋
> 은 성과를 보일 것이라고 믿게 되었다. 이러한 기대와 믿음의 효과가 정말 있
> 었을까? 결과는 놀라웠다. 8개월 후 이 아이들의 지능을 검사해보니 처음과

---

23) 자기충족적 예언을 말한다. 피그말리온 효과라고도 한다. 여기서 예언이란 타인의 기대
　와 예측을 말한다. 이 예언을 개념화한 사람은 미국의 사회학자인 머튼(Robert Merton)
　이다. 머튼은 토마스 정리에서 자기 충족적 예언의 개념을 착안했다. 토마스 정리란 '사
　람들이 주어진 상황을 객관적으로 파악하기 보다는 주관적으로 파악하고 있으며, 그
　들의 행동 역시 주관적 이해의 영향 아래 놓이게 된다'는 미국의 사회학자인 토마스
　(William Thomas)의 주장이다(강현식, 2014: 388-389).

비교해 무려 24점이나 올랐으며, 대인관계도 다른 아이들에 비해 뚜렷한 향상을 보였다(강현식, 2014: 389-390).

무작위로 뽑은 아이들임에도 불구하고 그 학생들의 잠재력에 대한 교사들의 믿음에 따라 교육의 효과가 달라질 수 있다는 사실이 흥미롭다. 이처럼 교사가 학생들의 교과공부에 대한 성공 가능성을 믿어 준다는 것의 중요성은 교육에서 간과할 수 없는 중요한 사실이다. 교사가 학생들의 성공 가능성을 예외 없이 믿어 준다는 것은 학생들의 공부에 대한 교사의 태도나 방법, 그리고 학생들의 공부에 대한 자세 등에 분명 긍정적인 영향을 미칠 수 있는 것이다. 이렇듯 교육이란 학생들의 자기교육과 이를 믿어주고 도와주는 어른들의 상호작용으로 승화되는 것이다. 그렇다면, 교육자는 단순히 학생들의 성공가능성을 믿어 주는 것으로부터 한 걸음 더 나아갈 필요가 있다.

다음은 선가의 스승과 학승의 공부에 관한 한 가지 예화이다.

대주혜해가 처음 마조선사를 방문하였다.
마조: 너는 어디에서 왔느냐?
대주: 월주의 대운사에서 왔습니다.
마조: 그대는 여기까지 무엇하려고 왔느냐?
대주: 저는 '깨친 자의 법[佛法]'을 구하러 왔습니다.
마조: 난 너에게 아무 것도 줄 것이 없다. 나에게서 무슨 '깨친 자의 법'을 배울 수 있으리라 생각하는가? 왜 너는 네 집의 보배를 돌보지 않고 이리도 멀리 떠돌아 다니며 방황하느냐?
대주: 제 마음에 보배가 있다니 그게 왠 말씀입니까?
마조: 타자가 아니라 바로 지금 나에게 질문을 던지는 그 놈이 보배지. 그것 안에 일체가 모자람 없이 다 갖추어져 있다. 너는 그것을 자유롭게 사용할 수 있으며, 그 원천은 고갈되지도 않는다. 너는 어째서 이것을 마음 밖에서 구하려고 하느냐(서명석, 2012: 217-218)?

짐작할 수 있듯이 여기에서 '마음의 보배'는 원측이 설명하였던 '나로서 여래장'이다. 나의 존재가 곧 여래장이라는 것이다. 그것을 믿어 의심치 않던 마조는 '바로 지금 나에게 질문을 던지는 그 놈이 보배지'라는 대답으로 대주에게 '너 자신이 여래장으로서 곧 불법이다'라는 확신을 불러일으키고자 하였다. 불법이란 달리 있는 것이 아니라, 너의 마음속의 여래장이 곧 불법이라고 말하고 있는 것이다. 그리고 그는 '너는 어디에서 왔느냐'라는 질문으로 대주로 하여금 자신의 삶과 죽음을 숙고해 보게 함으로써 자신의 여래장을 깨달을 수 있도록 이끌고 있다. 그러나 여전히 대주는 마조의 말귀를 알아듣지 못하고 '대원사에서 왔습니다'라는 엉뚱한 답을 하고 있다. 이에 마조는 친절하게도 다시 '너의 마음속의 보배를 돌보는 것이 곧 불법을 이루는 것이다'라고 해명해 준다.

여기에서도 알 수 있듯이 교사로서의 마조는 대주의 여래장을 한 치의 의심 없이 믿고 있음을 알 수 있다. 그리고 대주가 자신에게 그 여래장의 있음을 깨닫게 하기 위한 공부를 배려하고 있다. 대주 스스로 성불이란 자신의 여래장을 이끌어 드러내는 것에 지나지 않는 것임을 확신시켜 주고 있는 것이다. 그런 까닭에 마조는 대주에게 '불법이란 내가 너에게 줄 수 있는 것이 아니고 바깥에 있는 어떤 진리도 아니며, 너 자신이 곧 여래장으로서 곧 불법이니 너의 마음을 돌보는 것이 곧 깨우침을 위한 길이다'라고 말하고 있는 것이다.

교육으로서 어린사람들의 성장에는 교사의 교육적 행위와 어린사람 자신의 주도적 창조성의 화합이 결정적인 역할을 하는 것이라면, 교육자는 단순히 학생들의 자기 창조성을 믿어주는 것만으로는 그 의무를 다한다고 할 수 없다. 교사는 학생 스스로가 자신의 삶의 자유와 평등은 본인의 주체적 창조성으로 가능하다는 믿음을 갖게 하여야 한다(이지중, 2001: 255). 마조가 대조에게 '지금 나에게 질문하고 있는 너 자신이 곧 여래장으로서 보배임을 알아야 한다'라고 일깨워 준 것처럼, 교육에서 교사가 학생 스스로 본인의 주체적 창조성에 대한 믿음을 갖게 하는 것은 매우 중요하다. 대주는 이런 마조의 가르침에 깨우침을 얻어 나중에『돈오입도요문론』이라는 훌륭한 선수행 지침서를 써서 정말로 선가의 '큰 구슬(大珠) 같은 존재가 되었다(혜개, 오현 역, 2007: 205)고 하니, 대주는 마조라는 스승을 통해 큰 공부를 하였음을 알 수 있다.

그런데 여기서 우리는 이러한 질문을 할 수 있다. '너는 이미 불성을 갖추고 태어났다. 그러므로 너는 언제든 성불할 수 있다'라는 말이 중생들로 하여금 오히려 마음공부를 등한시 한다든지 아예 마음공부를 하지 않아도 된다라는 착각을 불러일으킬 수도 있지 않느냐 하는 것이다. 그럼으로써 오히려 '일체중생실유불성론'은 우리들의 수행실천의 계기를 빼앗을 수도 있지 않느냐 하는 것이다. 이런 관점에서 보면 '일천제 불성불론'은 훌륭한 방편이 된다. '너가 지금처럼 악행을 저지르고도 뉘우치지 않는다면, 혹은 너가 지금처럼 불법을 비난하고도 이것의 잘못을 알지 못한다면 너는 일천제가 될 수 있고, 그렇다면 너는 결코 성불할 수 없을 것이다'라는 경고는 올바른 인격적 수행을 위한 훌륭한 방편이 될 수 있다. 이것은 '너는 이미 불성을 타고 났으니 언제든 성불할 수 있다'는 선언만큼이나 우리에게 큰 울림으로 작용할 수 있기 때문이다. 그러나 교육적 방편은 바람직한 교육을 위한 일종의 수단으로써 그쳐져야 한다. '일천제 불성불론'을 자은학파처럼 실제라고 보고, 일부의 사람들을 일천제로 분류하여 성불의 가능성을 부정하는 것은 교육적 방편이 아니라 단지 교육적 차별행위에 지나지 않는다. 과거 역사적으로 볼 때 우리는 수많은 여성과 하층계급이 그렇게 차별을 받아왔음을 익히 알고 있다. 교육적 방편은 방편으로 그칠 때 교육적 효과가 있는 것임은 두말 할 필요가 없다. 이렇게 보면 원측이 당시 중국 불교사상계에 큰 영향력을 행사하였던 자은학파에 맞서서, 우리 모두는 한 사람 예외 없이 부처를 이룰 수 있는 불성을 타고 태어난다는 것을 일관적으로 주장하고 또한 이를 경전의 논지들을 근거로 삼아 논리적으로 해명하였다는 것은 교육적으로 큰 의미를 지니는 행위라고 할 수 있다.

IV. 맺는말

지금까지 우리는 원측의 '일천제 성불론'을 중심으로 그의 인간이해론를 고찰하고 이것의 교육적 의미를 해석해 보았다. 논고한 것처럼 원측은 당시 큰 학문적 영향력을 행사하고 있던 자은학파의 '일천제 불성불론'에 맞서 '일천제 성불론'을 주장하였다. 원측이 해석한 일천제들은 결코 성불할 수 없는 사람들이 아니었다. 그들은 단지 자신이 여래장인줄 모르고 있거나, 아직 성불할 수 있는 인연이 성숙치 못하여 지혜로운 삶을 살고 있지 못하는 사람들일 뿐이었다. 그리고 그가 볼 때는 여러 경전이나 논서에서 말하는 '일천제 불성불론'의 논지도 일천제들을 성불로 이끌기 위한 한 가지 방편일 뿐이었다. 원측이 자은학파의 일천제 불성불론 까지도 하나의 방편설로 귀결시켰던 것은 이러한 그의 인간이해에서 그 근거를 찾아볼 수 있다.

교육의 개념은 다양하게 정의될 수 있다. 일반적으로 교육은 인간이 지닌 내적인 가능성을 바람직하게 구체화하고 현실화하는 일이라 할 수 있다. 그런데 그 일은 암묵적으로 '인간 스스로의 자기 창조성에 대한 믿음'과 인간에 의해 그 창조성은 발현될 수 있다는 인간이해를 전제로 하는 것이라 할 수 있다. 교육으로서 어린사람들의 성장에는 교사의 교육적 행위와 어린사람 자신의 주도적 창조성의 화합이 결정적인 역할을 하기 때문이다. 그런 까닭에 교육자는 단순히 학생들의 자기 창조성을 믿어주는 것만으로는 그 의무를 다한다고 할 수 없다. 마조가 대조에게 '지금 나에게 질문하고 있는 너 자신이 곧 여래장으로서 보배임을 알아야 한다'라고 일깨워 준 것처럼, 교사는 학생 스스로가 자신의 삶의 자유와 평등은 본인의 주체적 창조성으로 가능하다는 믿음을 갖게 하여야 한다. 자신 스스로 성불을 이룰 수 있다는 확신을 심어 주어야 한다는 것이다. 스승이 일천제를 포함한 일체의 중생은 모두 불성을 가지고 태어난다는 것을 믿고, 또한 학승들에게 '너 자신이 여래장이다'라는 것을 확신하게끔 이끄는 것은 그것으로 이미 큰 의미를 지니는 것이다. 원측이 우리 모두는 부처를 이룰 수 있는 불성을 타고 태어난다는 것을 일관적으로 주장하고, 이를 논리적으로 해명함으로써 우리 스스로 우리 모두는 언제든 성불할 수 있다는 믿음을 가지게 하였다는 것은 훌륭한 교육적 행위라 할 수 있다.

참고문헌

『대반열반경』. 대정신수대장경 제12권.
『대승입능가경』. 대정신수대장경 제16권.
『보성론』. 대정신수대장경 제31권.
『불성론』. 대정신수대정장 제 31권.
『입능가경』. 대정장 제16권.
『현장삼장사자전총서』. 속장경 권150.
『해심밀경』. 대정신수대장경 제16권.
『해심밀경소』. 한국불교전서 제1권.

鎌田茂雄(1979). 中國佛敎史. 岩波書店.
강현식(2014). 꼭 알고 싶은 심리학의 모든 것. 소울메이트.
고대만(1998). 일천제성불가능론의 도덕교육적 의의. 제주교육대 논문집 제27집.
　　139-154.
곽철환 편저(2008). 시공불교사전. 시공사.
박경준(1982). 일천제의 성불에 관한 연구. 동국대학교 대학원 불교학과 석사
　　학위논문.
박종홍(1998). 원측의 유식철학. 박종홍 전집 IV. 민음사.
데니스 겐포 머젤 저, 추미란 역(2014). 빅마인드. 정신세계사.
손기무(2002). 원측의 『일천제 성불론』 성립에 관한 연구. 위덕대학교 대학원
　　불교학과 석사학위 논문.
서명석(2012). 가르침과 배움 사이로. 책인숲.
스탠리 바인스타인 저, 임대희 역(1995). 당대 불교 종파 형성에 있어서 황실의
　　후원. 서울대학교 종교문제 연구소. 종교와 문화 창간호. 197-239.
이지중(2001). 수기작불의 교육적 이해. 한국종교교육학회. 종교교육학 제13권.
　　249-262.
조수동(1987). 여래장과 일천제에 관한 연구. 새한철학회. 철학논총 제3집. 59-
　　88.
정영근(1994). 원측의 유식철학. 서울대학교 대학원 철학과 박사학위논문.
혜개, 오현 역(2007). 무문관. 불교시대사.

제5장 신라 하대 불교지성, 진감선사의 삶의 교육학적 의미*

안경식 (부산대학교)

---

* 이 글은 『종교교육학연구』 제54권에 게재되었던 것을 일부 수정한 것임.

Ⅰ. 들어가는 말

한국 고대 불교를 큰 변화를 중심으로 몇 시기로 구분한다면 대략 세 시기 정도로 나눌 수 있을 것 같다. 첫째 시기는 중앙집권체제가 강화되던 4세기 후반부터의 전래기다. 둘째 시기는 통일기였던 7세기 전후의 융성기다. 셋째 시기는 신라 말기인 9세기 선종 도입기다. 첫째 시기에 활약했던 불교인에 대해서는 상세한 기록이 남아 있지 않아 논하기 어렵다. 둘째 시기에는 원광을 비롯하여 자장과 원효, 의상, 진표 등 실로 다양한 인물들이 등장하여 고대 불교사를 풍성하게 하였다. 셋째 시기는 도의, 홍척, 진감, 무염, 범일, 적조 등 선사(禪師)들이 등장하여 불교의 분위기를 크게 바꾸었다. 주지하듯이 우리 학계, 특히 교육학계의 연구가 대부분 둘째 시기에 집중되어 있는 상황이며, 이 장에서는 앞으로 우리가 좀 더 주목해야 할 시기인 셋째 시기의 대표적 고승 가운데 한 사람인 진감(眞鑑, 774~850)선사를 연구 대상으로 삼고자 한다.

그런데 우리의 고대사는, 결코 제외할 수도 없고 제외해서도 안 되지만 현 단계에서는 자료의 한계상 교육사 혹은 교육사상적 의의까지는 논의하기 어려운 고조선을 제외하더라도 천 년의 역사를 자랑한다. 그럼에도 불구하고 실로 고대 교육사 연구는 빈약하기 짝이 없다. 이는 지금까지 고대사 연구에서 '국가'가 키워드가 되다보니 교육사 연구 역시 국가 차원의 인재 양성 제도 연구에 초점이 맞추어 온 것과 관계가 깊다. 실제 고대 교육사, 특히 신라교육사 연구의 2대 테마가 국학과 화랑도였음은 이를 말해 준다. 그런데 정말 천 년의 고대 교육사에서 다룰 내용이 그렇게 빈약한가 할 때, 전혀 그렇지 않다. 국가의 통치 이데올로기였던 유교의 관점에서 '교육'을 보았기 때문에 그러한 것이다. 김부식의 『삼국사기』에 유학자로서 열전(列傳)에 들어간 인물은 겨우 6명이었는데, 강수, 최치원, 설총, 최승우, 최언위, 김대문이 그들이다. 이 가운데 앞의 세 명은 '전(傳)'이라고 할 만한 기록이 남아 있고, 뒤의 세 명은 설총 전에 부가하여 간략히 기술된 정도에 그친다. 이들만으로는 제대로 된 교육사가 도출되기 어려운 것이다. 이제 연구의 초점을 '국가'나 '제도'에서 '인물'로 옮겨야 한다. 초점을 인물로 옮긴다면 지금보다 훨씬 풍부한 연구의 '자원'을 만날 수 있다. 과거 어느 논문에서 필자는 "교육은 '지성'과 관련된 일이다."라

[그림 5-1] 진감국사 혜소 진영

는 명제 아래, '지성'을 인물 연구의 교육학적 기준으로 제시한 바가 있다. 예나 지금이나 교육에서 '지(知)'는 핵심적인 개념이며, '지성'은 그 '지'와 관련한 능력을 말한다. 따라서 '지성' 혹은 '지성인'은 교육이라는 활동을 통하여 길러야 하는 역량 혹은 교육적 인간상이라 할 수 있다.[1] 이렇게 관점을 제도가 아닌 인물로 바꾸어 놓으면, 김부식이 주목하지 않았던 수많은 고대의 지성들을 만날 수 있다.

---

1) 이러한 주장은 필자가 한국 고대교육사 연구와 불교지성으로서 고승(한국종교교육학회, 『종교교육학연구』33권, 2010년 6월)과 신라 지성사의 구성과 그 특질-한국 고대 교육사 연구 대상과 방법의 확장을 위한 시론-(한국교육사학회, 『한국교육사학』제34권 제3호, 2012년 9월)에서 제기한 바 있다.

『삼국사기』의 「열전」에 해당하는 『삼국유사』 「의해」편에는 삼국시대의 수많은 불교지성에 대한 기록이 남아 있고, 그 가운데는 학덕이 높은 고승(高僧)들의 전기가 남아 있다. 이 장에서 다룰 진감선사는 비록 『삼국유사』에는 기록이 남아 있지 않지만 그 역시 당시의 고승으로 명성을 날렸던 사람이다.

이 장에서는 진감선사를 신라 하대의 대표적 불교지성 가운데 한 사람으로 보고, 그의 삶을 교육학적 탐구 대상으로 주목하고자 한다. 우리가 고승의 삶에 주목해야 하는 이유는 고승은 초능력을 지닌 신적인 존재가 아니라 수행을 통해서 학덕을 연마하고, 연마한 학덕을 바탕으로 교화력을 발휘하는 인간이기 때문이다. 교육의 관점에서 말하자면, 고승은 처음부터 고승으로 '태어나는' 것이 아니라 '교육'을 통하여 고승이 되며('형성되며'), 고승으로서 '교육자'의 역할을 하기 때문이다. 고승은 인간이지만 보통의 인간이 아닌 지성인이며, 그런 의미에서 고승은 그 시대의 교육적 인간상이다. 그렇기 때문에 불교지성으로서 고승을 교육학적 탐구 대상으로 설정하는 것은 불교교육사 연구에서 매우 의미 있는 일이다. 그런데 지금까지 교육학 연구에서는 사상가를 연구할 때, 주로 사상가의 사상에 주목했지 사상가의 삶은 부수적인 것으로 취급해 왔다. 어떻게 보면, 사상가 연구에서 사상이 중심이 되는 것은 당연하다. 고승 연구 역시 마찬가지다. 그러나 고승의 사상이 중요하기는 하지만, 연구의 범위를 단지 사상에 한정한다는 것은 스스로 범위를 좁히는 것이 된다. 교육사의 관점에서 본다면, 그들 고승의 삶, 일생 자체가 교육학적 연구 대상이 된다.[2] 앞에서 말

---

2) 진감선사를 교육학 연구의 대상으로 삼은 선행 연구는 진창영, 진감선사의 선불교 교화 실천과 교학사상의 교육적 의의(한국교육사상연구회, 『教育思想硏究』, 24권 3호, 2010)가 유일하다. 선행 연구에서는 진감선사의 교화실천, 교육사상 탐구에 연구의 초점을 둔

한 바와 같이 고승은 처음부터 고승으로 '태어난' 사람이 아니라 삶의
과정 속에서 '형성된' 사람이라면, 고승이 된 이후의 사상이나 교화 실
천만 중요한 것이 아니라 고승이 되기까지의 학습과 수행의 과정 역
시 교육학적 탐구의 대상이 되기 때문이다. 실제 역대 『고승전』에서는
고승의 일생을 출가, 득도 이후만 기록한 것이 아니라 출신 행적, 성
장 과정과 수행의 행적, 그리고 교화의 행적까지 모두 기록하고 있다.
이러한 전통에 따라 여기서도 진감선사의 삶 전체를 연구 대상으로
보고, 삶의 과정에서 드러나는 교육학적 의의를 찾아보고자 한다.

그런데 아쉽게도 진감선사에 관한 직접적 자료로는 최치원이 지은
비문 하나(비문의 정식 명칭은 "有唐新羅國故智異山雙谿寺敎諡眞鑒禪師碑

[그림 5-2] 쌍계사진감선사대공탑비

銘幷序"이고, 비의 명칭은 雙谿寺眞鑑
禪師大空塔碑임)가 전부이다. 이 자
료만으로 당시의 상황을 모두 파악
하기란 불가능하다. 이 점이 진감
선사에 대한 교육학적 연구를 막
는 요인이 되고 있음은 말할 것도
없다. 그러나 진감선사가 신라불
교사에서 지니는 의의는 적지 않으
며, 한국 고대교육사의 관점에서도
중요한 위상을 지니고 있다. 자료
의 한계에도 불구하고 당시의 시대

것이라면, 이 글에서는 선사의 삶의 전 과정을 고찰하는데 초점을 맞추었다. 즉 교육을
지성의 형성과 발현이라고 보는 교육지성사의 관점에서, 고승의 지성 형성과 발현의 과
정이 어떠하였으며, 그것이 지니는 교육학적 의미를 고찰하는 것을 연구의 목적으로 삼
았다.

상황과 비슷한 인생행로를 택했던 선사(禪師)들의 삶을 참조해서 그의
삶을 재구성해 보고, 교육학적 의미를 찾아보려고 한다.

II. 출생 및 성장기의 삶

진감선사 혜소는 늦은 나이인 서른한 살에 중국에서 출가하였다.[3]
여기서는 출가 전의 삶에 대해 살펴보고자 한다. 먼저 선사의 조상과
출생에 대한 내용부터 살펴볼 필요가 있다. 선사의 속가의 성은 최씨
이며, 그의 선조는 신라 사람이 아니었던 것으로 알려져 있다. 비문에
서는 "그 선대는 한족(漢族)으로 산동의 고관이었다. 수나라가 군사를
일으켜 요동 지방을 정벌하다가 고구려에서 많이 죽자, 뜻을 굽히고
귀화한 자가 있었는데, 당나라가 옛 한사군 지역을 차지함에 이르러,
바로 전주의 금마 사람이 되었다."고 기록하고 있다.[4] 쉽게 말하면,
그의 먼 선조는 산동 지역의 한족이었는데 수나라가 요동을 정벌할
때 귀화하여 고구려 사람이 되어 그곳에 살았다. 그런데 당나라가 다
시 그 지역을 차지하니 이번에는 옛 백제 땅인 금마에 와서 신라인으
로 살았다는 것이다. 그의 선조가 금마에 정착하게 된 것은 고구려 보
장왕의 서자(庶子)인 안승(安勝)이 고구려 유민 4천호를 거느리고 투

---

3) 고승들의 출가 시기나 장소는 일정 하지 않다. 진감선사의 경우, 출가 시기가 이례적으로
늦은 편이며, 중국에서 출가한 경우는 원광이 있다.

4) 이 글에서 인용한 진감선사의 碑銘은 최영성 역주, 『譯註 崔致遠全集 1-四山碑銘-』(서
울: 아세아문화사, 2004)의 원문과 번역을 참조하였으며 번역은 부분적으로 필자가 고쳐
적었다. 원문을 인용한 곳에는 최영성의 책의 쪽수를 적어 놓았으며, 원고의 분량을 고
려하여 여기서는 원문의 부기를 생략하였다.

항하여 금마저(金馬渚, 익산)에 정착했을 때이며[5], 당시 최씨 성을 하사받았고, 품계는 6두품이었을 것으로 추정하고 있다.[6] 그런데 당시 선종의 승려들은 대개 6두품이었으며, 도당유학승들 역시 6두품이었다는 점을 감안하면 진감선사의 도당유학은 '필연적'이었다는 생각이 든다. 먼 선조가 중국의 한족 출신이었으며, 도당유학에 적극적인 선종의 승려였으며, 여기다 현실적으로 지방 6두품으로 출세의 길이 제한되어 있었다면 그가 택할 길은 정해져 있었던 것이다.

선사의 불교와의 인연은 아버지 창원(昌元)에서부터 찾아야 할 것이다. 창원은 재가인이었지만 출가인의 행동을 한 사람으로 비문에 묘사되어 있다. 독실한 재가 불자, 즉 우바새였던 것으로 보인다. 그의 아버지가 왜 불교에 심취했는지는 알 수 없으나 아버지의 불교적 삶은 그의 출생 및 성장기의 삶에 적지 않은 영향을 주었을 것이다. 그 영향은 먼저 태몽에서부터 찾아볼 수 있다. 비문에서는 어머니 고씨(顧氏)가 일찍이 낮에 잠깐 잠이 들었는데 꿈에 범승(梵僧)이 나타나 "나는 아미(阿孁, 신라말로 어머니)의 아들이 되기를 원합니다."라고 이르며, 유리 항아리를 징표로 주더니 얼마 지나지 않아 선사를 임신하게 되었다고 하였다.[7] 이를 보아, 그는 이미 전생에 인도의 승려였으며, 그의 아버지의 수행 공덕으로 환생한 것이다. 그리고 징표로 준 유리 항아리는 뒷날 그가 숭산 소림사에 갔을 때 유리단에서 구족계를 받음으로써 태몽이 실현되었다고 말하고 있다.[8] 아버지의 영향은 태몽과 함께 어릴 때 모습에서도 찾아볼 수 있다. 비문에서는 "태어

---

5) 『삼국사기』 신문왕 3년 10월조.

6) 이기백, 『신라정치사회사연구』(서울: 일조각, 1974), 47쪽 및 김정권, 진감선사 혜소의 남종선 수용과 쌍계사 창건, 『역사와 담론』 27호(호서사학회, 1999), 4쪽.

7) 최영성 역주, 앞의 책, 174쪽.

8) 위의 책, 177쪽.

나면서 울지 않았으니, 곧 일찍부터 소리가 작고 말이 없는 거룩한 싹을 타고 났던 것이다. 이[齒]를 갈 무렵이 되자, 아이들과 놀 때에는 반드시 나뭇잎을 태워 향이라 하고, 꽃을 따서 공양으로 삼았으며, 간혹 서쪽을 향해 바르게 앉아 해가 기울도록 움직이지 않았다."라고 하였다.[9] 태어나면서 울지 않았다는 것은 그의 품성을 설명하기 위한 말이겠지만 그가 놀 때 나뭇잎을 태워 향이라 하고, 꽃을 공양했다는 것은 불교 의례를 일상생활 속에서 접했다는 것이 된다. 아마 아버지가 절에 갈 때 데리고 갔거나 아니면 집에서 그러한 불교 의례를 행하는 것을 보고 배운 것이라 할 수 있겠다. 또 서쪽을 향해 바르게 앉아 해가 질 때까지 움직이지 않았다는 것은 그의 아버지가 미타 수행을 하는 것을 보고 따라 행한 것으로 여겨진다. 비문을 지은 최치원은 진감선사의 이와 같은 아동기의 행동을 보고 "이로써 선본(善本)이 진실로 백천 겁 전에 심어진 바임을 알지니, 발돋움하여 따라갈 일은 아닌 것 같다."라고 서술하고 있다.[10] 불교적으로 보면, 그럴 수 있다. 환경적으로 보면 아버지와 같은 주위의 환경의 영향으로 보이지만 좀 더 깊이 보면, 단지 눈에 보이는 환경적 영향으로만 설명할 수 없고, 백천 겁 동안 심은 선근이 싹이 튼 것이라 할 수 있는 것이다.

진감선사의 출가 전 행적에 대해 또 하나 주목할 것은 생활고와 관련한 것이다. 집에 한 말의 여유 곡식도 없었고, 한 자의 땅뙈기도 없었기에 소규모 생선 장사를 벌여 부모를 극진히 봉양했다는 사실이 비문에 기록되어 있다.[11] 표면적으로 보면 6두품이었을 그의 집안이 이렇게 가난했다는 것은 이해하기 어렵다. 그러나 백제 유민이 살던

---

9) 위의 책, 174-175쪽.
10) 위의 책, 175쪽.
11) 위의 책, 175쪽.

지역에서 고구려 유민이 받았을 차별은 컸을 것이고, 더구나 신라 하대의 혼란상황에서 6두품이라 하더라도 몇 대에 걸쳐 일정한 관직이 없는 집안이었다면 경제적 어려움을 겪는 것은 당연하다고 여겨진다. 실제 왕족 안승의 족자(族子) 대문(大文)이 금마에서 모반을 꾀하다 발각되어 복주(伏誅)된 사실이 있고, 그에 따라 유민들이 받은 고통은 매우 컸을 것으로 추정된다.[12] 이러한 현실적 난관을 종교로 극복하고자 그의 아버지 창원이 불교에 귀의하게 된 것은 아닐까 하는 추론도 해 볼 수 있다.[13] 그럼에도 불구하고 뒷날 불교의 대선사가 된 사람이 젊어서 생선 장사를 했다는 것은, 불교적으로 해석한다면 걸림이 없는 대 자유인의 싹이 있었다는 것을 말해 주는 것은 아닐까. 어떻게 보면 불살생계를 무엇보다 소중히 여기는 불제자가 생선 장사를 했다는 것은 감추고 싶은 이력이 될 수 있음에도 불구하고 뒷날까지 이 이야기가 전해졌던 것은, 또 선사 자신이 뒷날 국사(國師)의 자리에 올랐음에도 불구하고 거리낌 없이 제자들에게 들려줄 수 있었던 것은 그만큼 걸림이 없는 자유인이 아니었을까 하는 것을 짐작케 한다. 부모 사후 장례를 치르자마자 말하기를 "길러주신 은혜는 애오라지 힘써 보답하였으나, 심오한 진리를 어찌 마음으로써 구하지 않으랴. 내 어찌 덩굴에 매달린 조롱박처럼 한창 나이에 걸어온 자취에만 머무를 것인가."라고 하며,[14] 주저 없이 도당유학의 길을 선택했다. 이를 보면, 그가 비록 생선 장사를 하면서까지 부모를 봉양해야 하는 어려운 환경에 처해 있었어도 평소 불법을 구하고자 하는 마음이 매우 간

---

12) 이홍직, 고구려유민에 관한 1, 2의 사료, 『사총』10호(고려대학교 역사연구소, 1965), 157쪽.
13) 김정권, 앞의 논문, 5-6쪽.
14) 최영성 역주, 앞의 책, 175-176쪽.

절했음을 알 수 있다. 그렇기 때문에 서른 한 살의 나이에도 불구하고 경제적 여유가 없었던 그는 뱃사공을 자원했고, 그렇게 해서라도 스승을 만나 불법을 구하고자 했던 것이다.

여기서 한 가지 생각해 보아야 할 것은 향 공양, 꽃 공양 놀이를 하던 것은 아동기였고, 부모를 모셨을 때는 이미 청년기 혹은 그 이상이라 할 수 있다. 그 사이 그의 삶은 다만 생선 장사로만 살았던 것일까. 부모가 별세하자마자 바로 도당유학을 결심한 것은 이미 그 전에 결심이 서 있었다는 말이고, 나아가 그 사이 불교 공부를 하지 않았을 리가 없다. 그가 그 늦은 나이에 도당유학을 한 것은 부모 봉양 때문이었다. 부모 봉양이 출가의 한 장애 요소가 된 사례는 의상대사의 제자였던 진정법사에서도 볼 수 있듯이 신라의 일반적인 상황이었다. 그렇다면 진감선사 역시 출가가 늦게 이루어졌지만 그 전에도 불교에 대한 공부가 없지는 않았을 것이다. 그는 그 사이 어디서 어떤 공부를 했을까. 그가 살던 금마 지역의 불교 상황을 살펴보지 않을 수 없다.

앞서도 말하였지만 이 금마 지역은 통일 당시 고구려의 유민들이 집단적으로 이주해 살던 곳이다. 고구려 유민 가운데는 승려 계층도 있었을 것이다. 국사학계에서는 그 가운데 한 사람으로 고구려 멸망 직전에 완산주로 옮겨온 보덕화상에 주목하고 있다.[15] 보덕화상은 고구려 말기에 보장왕이 재상 연개소문의 건의를 받아들여 도교를 융성시키려 할 때 반룡사에 주석하고 있었다. 그때 도교가 불교에 필적하면 나라가 위태로워진다며 여러 차례 불가함을 간하였다. 그러나 이런 의견이 받아들여지지 않자 신통력으로 자신이 거주하던 방장을 날려 남쪽 완산주의 고대산으로 거처를 옮겼다. 그리고 완산주에서 절

---

15) 이홍직, 앞의 논문, 153-154쪽 및 김정권, 앞의 논문, 8-9쪽.

(경복사)을 짓고 많은 제자를 양성하였다. 그 가운데 제자 수정(水淨)
은 유마사(維摩寺)를 창건하였다.[16] 이 유마사의 위치는 지금의 정읍
지역인데 진감선사의 아버지이자 재가 거사였던 최창원과 유마 거사
의 뜻을 받들어 세운 유마사는 일정한 관계가 있지 않나 추정하고 있
다.[17] 만일 그렇다면 진감선사 역시 이 절에서 공부하였을 것이고, 그
공부의 내용은 보덕화상이 평소 강경한 『열반경』, 『방등경』, 『유마경』
등이었을 것으로 추정할 수 있다.

요컨대, 진감선사의 삶 자체가 불교를 빼고 설명할 수 없는 삶이지
만, 출생과 성장기의 삶에도 불교의 흔적이 곳곳에 남아 있고, 여기에
는 그의 아버지 창원의 삶이 모델 역할을 했을 것이다. 어릴 때, 나뭇
잎을 태워 향이라 여긴 행동이라든지, 꽃을 따서 꽃 공양을 올린 행동
그리고 아미타불이 계신 서쪽을 향해 장시간 정좌하는 행동은 주위에
그런 모델이 없으면 할 수 없는 행동이기 때문이다. 나아가 꽃 공양이
나 향 공양은 놀이로도 볼 수 있는 행동이지만 서쪽을 향해 장시간 정
좌하는 것은 사실상 수행이다. 선사는 비록 출가는 하지 않았지만 수
행자로서 삶을 산 아버지의 본을 보며 어릴 때부터 수행을 생활 속에
서 실천한 것으로 볼 수 있고, 고구려에서 온 고승 보덕의 제자들이
세운 절에 다니며 경전을 공부했을 가능성도 무시할 수 없다.

III. 수행 및 수학기의 삶

선사는 서른 한 살의 늦은 나이에 세공사(歲貢使)의 뱃사공이 되어

---

16) 『삼국유사』 「흥법」, 보장봉로 보덕이암.
17) 김정권, 앞의 논문, 8-9쪽.

"자비의 배에 노를 저어서 고난의 바다를 건넜고, 중국에 도착하자 국사(國使)에게 사람마다 각기 뜻하는 바가 있는 것이니 여기서 작별을 고할까 합니다."라고 하며 헤어졌다고 했다.[18] 이때까지는 아직 출가전이었다. 일행과 헤어진 그는 창주(滄州)로 가서 신감(神鑑)대사를 만나 머리를 깎게 되었다. 그 문하에서의 수학과 수행에 대한 상세한 기록은 없다. 다만 스승을 처음 만났을 때, "슬프게 이별한 지가 오래지 않았는데, 기쁘게 다시 만나는구려!"라고 하며 신감선사가 전생의 인연을 이야기하며 반갑게 맞아주었다는 내용, 같이 수행하던 스님들이 "동방의 성인을 여기서 다시 뵙는구나!"라며 존중한 내용, 그리고 선사의 얼굴이 검어 사람들이 이름을 부르지 않고 '흑두타(黑頭陀)'라고 하였다는 내용이 기록으로 남아 있다.[19] 이것은 그가 신감의 문하에서 상당한 대우와 인정을 받았다는 것, 고행 수행을 하는 두타 행자로 생활하였다는 것을 말해 준다. 그렇다면 그의 중국에서의 첫 스승인 신감선사는 어떤 사람이었을까. 『송고승전』에는 이렇게 기록하고 있다.[20]

신감의 성은 한(韓)씨고, 심양(灊陽) 사람이다. 어릴 때부터 조용한 성품으로 여러 아이들과 어울리지 않았다. 아버지는 제안(齊安) 지방의 하급 관리였으나 불가에 귀의하여 일찍이 관청 앞에 불상을 설치하여 스님들에게 범패 소리로 부처님을 찬양하게 하였고, 불교 음악을 함께 짓기도 하였다. 신감은 이에 희색이 만면하였고, 스님을 따라가 떨어지지 않았고, 출가하기를 원했다. 부모는 저지할 방책이 없었다. 잠시 동림사 정소(貞素) 율사 아래서 수학을 했다. 뒤에 『대열반경』의 뜻을 강의하는 데 능통했고, 이에 남극의 예장에서 대적(大

18) 최영성 역주, 앞의 책, 176쪽.
19) 위의 책, 176-177쪽.
20) 『宋高僧傳』卷20, 「感通」, 唐唐州雲秀山 釋神鑒.

寂)선사를 참예하였다. 그리고 이어 회안의 서북산에서 머물렀다. 이산에는 일찍이 소(牛) 주위에 맹수들이 많아 해를 입히곤 했으나 신감이 이 산에 머문 뒤로는 호환이 그쳤다고 원근의 사람들이 칭찬했다. 홀연히 두건을 쓴 남자가 법좌를 바라보며 정중히 예를 올리고 재빨리 종적을 감추었다. 7일 후, 특이한 의관을 착용한 사람이 방장 앞에서 공중을 올라가며 이르기를 "이 대사님은 참으로 법보다. 인천(人天)의 안목을 열어 주기 위해 오셨다."라고 하였다. 그 승도들이 이를 듣고 신감의 도가 높음을 알았다. 회창 4년에 입멸했다. 8월 15일 탑에 유골을 모셨다.

이 기록에는 신감의 어릴 때 모습과 도인으로서의 모습이 서술되어 있다. 당시는 아직 중국에서도 선종이 독립된 사원을 가지지 못한 채 율종에 부속되어 있었던 시절인데 그 역시 율사에게서 수학하는 모습도 보인다. 선사로서의 모습은 기록되어 있지 않다. 그러나 신감 대사는 선종의 고승 마조(馬祖, 709~788)의 제자로 알려져 있다. 마조는 중국 선종사에서 유명한 선사로서 6조 혜능(慧能, 638~713)의 제자인 남악 회양(懷讓, 677~744)의 제자이다. 마조의 문하에는 남전 보원(普願, 748~834), 백장 회해(懷海, 749~814) 등 수많은 선사가 있었는데 세상에 나와 교화를 편 이는 88인이고, 숨어서 지낸 이는 그 수효를 알 수 없다고 할 정도였다.[21] 그 가운데 한 사람이 바로 신감선사다. 진감이 신감선사를 바로 찾아간 것은 우연한 것이 아니었을 것이다. 유학을 떠나기 전에 이미 신감선사에 대한 정보를 가지고 있었다고 보아야 하지 않을까. 그리고 그 정보란 다름 아닌 신감선사가 선종, 특히 남종선의 법맥을 잇고 있는 중요한 사람이라는 것이 아닐까. 그런데 당시 신라 사회에서는 아직 남종선이 본격적으로 도입된 시점은 아니었다. 그래서 그가 남종선의 실체나 신감선사의 존재에 대해

---

21) 김월운 옮김, 『조당집 2』(서울: 동국역경원, 2008), 196쪽.

잘 몰랐을 것이라는 추정도 있다.[22] 그러나 남종선이 신라 사회에 유행하지 않았다 하더라도, 또 아직 신라에서 선종이 독자적 종파로서 성립되지 않았다 하더라도 선종에 대한 정보가 신라에 없지는 않았을 것이다. 그가 세공사 사절단과 헤어져 망설임 없이 바로 신감선사를 찾았다는 것은 남종선 혹은 신감선사에 대한 사전 정보를 전제로 하지 않고서는 불가능한 일이다. 혹자는 신감선사를 찾은 이유에 대해 앞서 말한 고구려에서 온 고승 보덕이 『열반경』에 능했는데, 진감선사 역시 출가 전에 그 영향을 받았을 것이고, 신감선사 역시 『열반경』에 능했으므로 그 양자 사이에 상관관계가 있지 않나 여기기도 한다.[23]

그렇다면 신감선사의 문하에 들어온 이후의 수행이나 수학은 어떠하였을까. 그의 비문에는 이를 알 수 있는 내용이 언급되어 있지 않다. 그렇지만 우리는 그의 별명이 흑두타였다는 점에 주목할 필요가 있다. 두타는 원래 소욕과 지족을 이념으로 하는 불교 수행법으로 석가모니 당시부터 시행되어 왔다. 석가모니 10대 제자 가운데 마하가섭은 분소의를 입고, 차제걸식하며 아란야에 머무는 두타행을 실천함으로써 '두타제일'로 인정받았다. 사실 어떤 면에서 두타행은 계·정·혜 삼학의 근간이 된다 할 수 있다. 두타를 바탕으로 계율을 청정하게 수지하게 되며, 계율을 바탕으로 선정(禪定)이 이루어지고, 선정을 통하여 지혜를 증득하기 때문이다. 지혜란 무생법인을 뜻하므로, 무생법인을 증득하기 위한 첫 번째 단계가 두타 수행이 되는 것이다. 이러한 두타행의 구체적인 내용에 대해 경전에서는 12두타, 13두타, 16두타 등 다양하게 설명하고 있는데, 대표적인 것이 12두타다. 『십주비바사론(十住毘婆沙論)』에서는 12두타를 아란야주(阿蘭若住), 걸

---

22) 김정권, 앞의 논문, 8쪽.
23) 위의 논문, 8-9쪽.

식(乞食), 분소의(糞掃衣), 일좌식(一坐食), 상좌(常坐), 식후불식(食後不食), 삼의(三衣), 취의(毳衣), 수부좌(隨敷坐), 수하주(樹下住), 공지주(空地住), 사인간주(死人間住) 등으로 제시하고 있다.[24] 한마디로 의, 식, 주 전반에 걸친 생활 계율과도 같은 것이다. 수행기의 진감선사의 두타행을 짐작할 수 있는 구체적인 내용은 비문에 이렇게 기록되어 있다.[25]

> 비록 마음은 고요한 물처럼 맑았지만, 자취는 조각 구름같이 떠돌아다니는 신세였다. 그 언제인가. 고국의 중 도의(道義)가 먼저 중국에 도를 물으러 왔는데 우연히 서로 만나 바라는 바가 일치하였으니, 서남쪽에서 벗을 얻은 것이다. 사방의 먼 곳을 두루 찾아보고 불지견(佛知見)을 증득하였다. 도의가 먼저 고국으로 돌아가자, 선사는 곧 바로 종남산에 들어갔는데, 한없이 높은 봉우리에 올라 소나무 열매를 따먹으며 외롭고 쓸쓸하게 지관(止觀)하던 것이 3년이요, 뒤에 자각(紫閣)으로 나와 네거리에 지켜 앉아 짚신을 삼아 가며 혜시(惠施)를 넓혀, 바쁘게 왕래하였던 것이 또 3년이었다. 이에 고행은 이미 닦기를 끝마쳤고, 다른 지방 역시 유력(遊歷)하기를 마친 터였다.

이를 보면, 그는 한 곳에 편안히 머물며 수행하기보다는 스승과 불적(佛跡)을 찾아다니며 유행(遊行)하는 수행자였다. 이국만리에서 신라의 도의선사를 우연히 만나 추구하는 바가 같음을 알았음에도 헤어져 홀로 두타 수행을 거듭하였다. 도의선사와 헤어져 들어간 종남산은 중국 불교의 성지다. 일찍이 도선(道宣, 596~667) 율사가 이곳에서 율종을 확립하였고, 두타행에 대해 강조한 적이 있고,[26] 신라의 자장, 의상, 낭혜 화상 등도 빠짐없이 찾아 수행하던 곳이다. 여기서 진감선

---

24) 김정천, 불교수행의 두타행 연구, 동국대학교 대학원 박사학위논문, 2004, 10-15쪽.
25) 최영성 역주, 앞의 책, 178쪽.
26) 김정권, 앞의 논문, 242쪽.

사 역시 높은 봉우리에 올라가 소나무 열매를 따먹으며 외롭고 쓸쓸하게 수행을 하였던 것이다. 이후에는 수도인 장안에 들어가 짚신을 삼아 오고 가는 사람들에게 보시를 하는 것을 수행으로 삼았으며, 그 이후에도 곳곳을 유력하였다. 사실, 이러한 두타행은 비단 진감선사뿐 아니라 당시의 도당유학승들의 공통된 행적이기도 했다.[27]

다음으로 선종과 관련한 행적에 대해 알아보자. 그의 비문에는 원화(元和) 5년(810)에 숭산 소림사의 유리단(瑠璃壇)에서 구족계를 받았다는 기록이 있다. 소림사는 주지하듯이 선종의 초조인 달마대사의 수행처로 선종의 성지다. 선사가 여기서 계를 받은 것은 앞서도 언급하였듯이 어머니의 태몽과 부합되는 큰 인연으로 생각했다. 그가 이곳에서 계를 받은 것은 그가 선종의 문하에 들어 간 것과 관련이 깊다. 스승 신감이 마조선사의 직제자였기에 남종선의 성지인 이곳에서 계를 받는다는 것은 본격적으로 선종에 입문하였다는 특별한 의미가 부여된다. 진감의 선종 수행은 스승 신감선사의 문하에서도 이루어졌겠지만 소림사에서도 이루어졌을 것이다. 이후 스승 신감선사의 학사(學舍)로 돌아와 지내다 또 곳곳을 유력하였다. 이때 뜻밖에 신라의 도의선사를 만났던 것은 앞서 말한 바와 같다. 당시의 상황에 대한 이해를 돕기 위해 이를 좀 더 부연 설명하면 이러하다. 도의는 선덕왕 1년(780)에 입당하여 오대산을 거쳐 서당(西堂) 지장(智藏, 735~814)을 스승으로 모셨다. 이후 그 역시 두타의 길을 떠나 백장산 회해(懷海)화상을 만나 "강서의 선맥이 몽땅 동국으로 돌아가는구나."라는 칭찬을 받기도 하였다.[28] 도의와 진감이 정확히 언제 만났는지는 알 수 없으나 서당 지장화상 역시 마조선사의 제자였기에 따지고 보면 두 사람

---

27) 안경식, 앞의 논문(2010), 203-204쪽.
28) 김월운 옮김, 앞의 책, 364-365쪽.

은 마조선사의 손제자인 셈이었다. 사실 지장화상의 문하에는 도의 이외에도 이후 본여(本如), 홍섭(洪涉), 혜철(慧徹), 실상(實相) 등 신라 출신의 제자들이 많았다. 특히 도의는 진감보다 몇 년 앞서 귀국하여 신라 남종선의 개조로 여겨지고 있다. 도의와 진감은 같은 신라 출신임은 말할 것도 없고, 중국에 와서도 같이 마조의 문하(손제자)였기 때문에 "바라는 바가 서로 같았다."라고 할 정도였다.[29]

선종은 원래 교외별전(教外別傳), 직지인심(直指人心)이라 하여 교학을 중시하지 않는다고 알려져 있지만 반드시 그런 것은 아니다. 문자로 만들어진 생각에 얽매이지 말라는 이야기지 문자의 효용성마저 부정한 것은 아니다. 특히 그의 스승 신감은 앞서도 말하였지만 『대열반경』의 강의에 능통한 사람이었고, 진감이 신감을 찾은 것도 그와 관련이 있을 것이란 추정도 한 바 있다. 또 신감의 스승이었던 마조선사 역시 당대의 강서(江西) 지역의 대선승이었음에도 『능가경』을 비롯한 각종 경론에 매우 밝았던 사람이다. 그러나 경전 자체의 자구에 매이지 아니하고 달마의 일심법을 증명하는 도구로 활용하였다. 진감 역시 선종에 입문하여 일심법을 닦고, 선종의 고향인 소림사 유리단에서 구족계를 받았다. 그리고 일정 기간 계율 공부를 하여 계율에 밝게된 후에는 다시 스승 신감의 학사(學舍)로 돌아 왔다고 했는데 여기서 교학을 연찬했을 것이다. 일심법을 깨치고 경전을 보면, 경전을 보는 눈이 열리기에 이때 "하나를 들으면 열을 아니, 강색(絳色)이 꼭두서니 풀(茜草)에서 나와 그보다 더 붉고 청색이 쪽 풀에서 나와 그보다 더 푸른 것 같았다."라는 평가를 받았다.[30]

이를 보면, 진감은 27년간의 긴 세월을 당나라에 머물면서 선사로

---

29) 최영성 역주, 앞의 책, 178쪽.
30) 위의 책, 178쪽.

서 지관(止觀) 수행은 말할 것도 없고, 두타행을 기본으로 한 계율 공부와 당시 중국에서 번역되는 각종 경전을 중심으로 한 교학 공부에도 결코 소홀히 하지 않았음을 알 수 있다. 특히 스승으로부터 크게 인정받았음에도 불구하고 그 상태에 안주하지 않고 곳곳을 유력하면서 수행을 계속했다는 것은 그의 구도 과정이 선재동자의 그것과 닮아 있음을 볼 수 있다.

IV. 교화 실천기의 삶

불교의 교화는 석가모니가 깨달음을 얻은 뒤 바라나시의 녹야원에서 다섯 비구에게 설법한 것이 역사적 출발점이다. 교화의 역사는 그 자체로 불교의 역사가 되기에, 역으로 불교사는 교화사라고 해도 이상할 것이 없다. 그래서 깨달음을 목표로 하는 불교의 역사는 한편으로는 상구보리를 기둥으로 삼고, 다른 한편으로는 하화중생을 또 하나의 기둥으로 삼게 되는 것이다. 상구보리의 수행이 무르익으면 자연히 자비의 열매를 중생들에게 나누게 되는 것이니 교육학의 입장에서 보면, 여기에는 배움의 역사와 가르침의 역사가 다 들어 있는 것이다.

진감의 교화 실천은 흥덕왕 5년(830), 귀국 후부터 시작된 것으로 생각할 수 있으나 실은 그렇지 않다. 앞서 언급하였지만, 그는 종남산에서 3년간 지관 수행을 하고 나서 장안으로 들어가 네 거리에 지켜 앉아 짚신을 삼아 가며 혜시(惠施)를 넓혔다고 했다. 그 혜시가 어떤 내용이었는지는 자세히 알 수는 없다. 그러나 이 단계는 이미 상구보리를 이룬 뒤, 하화중생을 시작한 단계로 보인다. 심우도의 마지막 단계는 입전수수(入廛垂手)다. 저자에 나아가 중생에게 손을 내미는 단

[그림 5-3] 심우도 제10도 입전수수도

계인 것이다.

그가 신라에 귀국했을 때는 이미 나이 57세의 노년이었다. 신라에서 그는 세 곳에 자리를 옮겨 교화를 펼쳤다. 첫 번째 교화지는 상주 장백사였다. 당시 왕(흥덕왕)은 "도의선사가 지난번에 돌아오더니 상인(上人)께서 뒤이어 이르러 두 보살이 되셨도다. 옛날에 흑의를 입은 호걸이 있었다고 들었는데, 오늘에는 누더기를 걸친 영웅을 보겠노라."라고 진감선사의 귀국을 환영했다. 그는 돌아올 때도 두타행을 하던 평소의 차림대로 누더기를 걸친 상태였던 것 같다. 그는 왕의 환대에도 불구하고 왕경에 머물지 않고 상주 노악산(露岳山, 현재의 노음산)에 장백사(長栢寺)라는 절을 짓고 머물렀다. 자연, 많은 사람이 찾아왔고, 이를 두고 최치원은 "명의의 문전에 병자가 많은 것 같다."라고 하였다.[31]

두 번째 교화지는 지리산 화개 부근에 터를 잡았다. 선사와 제자들이 직접 머물 곳을 찾았는데 6조 대사를 흠모하여 당나라에 유학을 다녀온 삼법(三法)화상이 세운 절의 남은 터전 위에 새롭게 절을 지었다. 당시 선사가 지리산에 올 때 호랑이 몇 마리가 으르렁거리며 앞에서 인도하였는데, 위험한 곳을 가지 않도록 호랑이가 호위하기 위해서였다고 한다.[32] 이때의 교화 활동은 잘 알려져 있지 않다. 그 사이 희강왕이 즉위(836)하였고, 얼마 되지 않아 다시 민애왕이 왕위에 올

31) 위의 책, 179쪽.
32) 위의 책, 180쪽.

랐다(838). 왕은 진감선사에게 특별히 국서(國書)를 내리고, 재를 올릴 비용을 보내서 왕실의 안녕을 발원해 줄 것을 청했다. 그런데 선사는 열심히 선정(善政)을 펼치는 것이 중요하지 발원이 무슨 소용이 있느냐 하여 사자(使者)를 돌려보냈다. 임금은 선사의 말을 듣고 부끄러워하면서도 깨달은 바가 있다 하였다. 그리고 선사가 색(色)과 공(空)을 모두 초월하고, 선정(禪定)과 지혜(智慧)가 원융하였다 하여 혜소(慧昭)라는 호를 내렸다. 또 선사의 적을 황룡사에 편입시키고, 서울로 오도록 청하였다. 그러나 태산처럼 굳건히 고매한 뜻을 지켜 결코 나아가지 않았다. 이곳에서는 몇 년을 머물렀는데 이때도 법익(法益)을 청하는 사람들이 벼나 삼대처럼 들어서 열(列)을 이루었고, 거의 송곳꽂을 만한 땅도 없을 정도였다고 한다.[33]

세 번째 교화지는 지리산 옥천사(쌍계사)다. 이곳의 정경에 대해서 비문에서는 이렇게 적고 있다.[34]

드디어 기묘한 절경을 두루 가리어 남령(南嶺)의 한 기슭을 얻으니, 앞이 확트여 시원스럽기가 으뜸이었다. 선사(禪寺)를 지음에 있어, 뒤로는 저녁 노을이 끼는 봉우리에 의지하고, 앞으로는 구름이 비치는 간수(澗水)를 내려 보았다. 시야를 맑게 하는 것은 강 건너 먼 산이요, 귓부리를 시원하게 하는 것은 돌에서 솟구쳐 흐르는 여울물 소리였다. 더욱이 봄이 되면 시냇가에 온갖 꽃들이 피고, 여름이 오면 길가에 소나무가 그늘을 드리우고, 가을이 되면 두 산 사이의 오목한 구렁에 밝은 달이 떠오르고, 겨울이 되면 산마루에 흰 눈이 뒤덮여, 철마다 모습을 달리하고, 온갖 물상(物像)이 빛을 나누며, 여러 울림소리가 어울려 읊조리고, 수많은 바위가 다투어 빼어났다. 일찍이 중국에 유학했던 사람으로서 찾아와 머물게 되면, 모두 깜짝 놀라 살펴보며 이르기를, "혜원(慧遠) 선사의 동림사를 바다 건너로 옮겨 왔도다! 연화장 세계야 비범한 곳이니 비

---

33) 위의 책, 181-183쪽.
34) 위의 책, 183-185쪽.

길 바 아니로되, 항아리 속에 별천지가 있다는 말인즉 믿을 만하다고 했다. 홈을 판 대나무를 가로질러 시냇물을 끌어다가 축대를 돌아가며 사방으로 물을 대고는, 비로소 '옥천(玉泉)'이라는 이름으로 사방(寺牓)을 삼았다. 손꼽아 헤아려보니, 선사는 곧 혜능의 현손제자인지라, 이에 육조의 영당(影堂)을 세우고 흰 담을 채색으로 장식하여 중생을 인도하는 데 널리 이바지하였으니, 경(經)에 이른바 '중생을 기쁘게 하기 위한 까닭에' 화려하게 여러 빛깔을 섞어 많은 상(像)을 그린 것이다.

선사가 두 번째 거처에서 세 번째 거처로 옮긴 이유는 알려져 있지 않다. 정치적 측면에서 보자면, 민애왕이 즉위하면서 선사를 왕실 쪽으로 끌어들이려는 여러 가지 노력을 한 바 있다. 그런데 선사는 이를 굳게 거절하였다. 자연히 미묘한 관계가 되었을 수 있고, 이가 거처를 옮기게 된 원인이 되었을 수 있다. 그러나 필자는 이보다 불교 내적인 이유, 즉 수행 환경상의 이유에 주목하고 싶다. 옥천사는 경치가 빼어나 중국의 동림사(東林寺)에 비견할 정도였다고 했다. 주지하듯이, 동림사는 중국 정토불교의 초조(初祖)라고 할 수 있는 혜원(慧遠, 334~416)이 머물던 곳으로 호계삼소(虎溪三笑)의 고사로 널리 알려져 있다. 동진(東晉)시대의 고승, 혜원은 여산(廬山)의 동림사에서 결사체를 만들어 수행하면서, '그림자는 산문을 벗어나지 않고, 발자취는 속세에 들이지 않는다(影不出山, 跡不入俗)'는 원칙을 고수하고 있었다. 그런데 유가의 도연명(陶淵明)과 도가의 육수정(陸修靜)이 방문하여 같이 즐거이 담소하다 헤어질 때 자신도 모르고 호계를 넘어버렸다는 데서 고사가 생긴 것이다. 이렇게 환경이 수승한 곳에 선사(禪寺)를 지었다는 것은 수행과 교화에 이점이 있다는 것이다. 사실 교육학의 관점에서 본다면, 사원은 학교와 같다. 사원을 짓는 것은 학교를 세우는 일과 다르지 않다. 그런데 학교가 단지 학생을 가르치는 건물로서만 의미를 지니는 것이 아니듯이 사원도 단지 수행자가 수행하는 공간적 건물로서만 의미를 지니는 것은 아니다. 무슨 말인가 하면, 맥루한(M. McLuhan, 1911~1980)이 이야기하였듯이 미디어 자체가 이미 메시지를 발하고 있다. 학교'에서' 교육을 하는 것이 아니라(물론 학교에서 교육을 하기도 하지만), 학교'가'(학교라는 건물, 공간 자체가) 교육을 하는 것이다. 사원도 마찬가지다. 사원 자체가 하나의 교육미디어가 되는 것이다.[35] 원래 사원의 설계와 조영은 일차적으로 불교사상에 의거하여 이루어진다. 신라시대의 사원들은 아미타신앙, 미륵신앙, 관음신앙을 비롯한 화엄사상과 선사상 등 신라에 들어온 종교 사상을 공간적, 건축적, 예술적으로 구현한 것이고, 신라인은 그러한 공간적 매체를 통해 자연스럽게 사상을 체득하게 되는 것이다. 불교사상은 경전이라는 '문자적 도구'에 의존하여 학습되기도 하지만 그것과는 다른 방식인 '비문자적 도구'인 사원 공간 자체에 의해 부지불식간 학습되기도 하는 것이다. 이런 점에서 진감선사는 탁월한 교화미디어의 설계자라 할 것이다. 비문에 있듯이 뒤로는 저녁노을이 끼는 봉우리에 의지하고, 앞으로는 구름이 비치는 간수(澗水)를 내려다 볼 수 있는 곳에 자리를 잡았고, 강 너머 먼 산이 시야를 맑게 하는 곳, 돌에서 솟구쳐 흐르는 여울물 소리가 귓부리를 시원하게 하는 곳에 자리를 잡았으며, 봄이 되면 시냇가에 온갖 꽃들이 피고, 여름이 되면 길가에 소나무가 그늘을 드리우고, 가을이 되면 두 산 사이의 오목한 구렁에 밝은 달이 떠오르고, 겨울이 되면 산마루에 흰 눈이 뒤덮여, 철마다 모습을 달리하고, 온갖 물상(物像)이 빛을 나누며, 여러 울림소리가 어울려 읊조리고, 수많은 바위가 빼어난 곳에 자리를 잡는 것은 신

---

35) 맥루한의 견해와 교육 미디어의 문제는 필자의 논문, 전통사회의 교육공간으로서 불교의 사원(한국종교교육학회,『종교교육학연구』29권, 2009)에서 상세히 논하고 있다.

감선사가 불교 공부, 특히 선 수행의 특성을 누구보다 잘 이해했기 때문이다.

이곳 옥천사의 교화 사적에서 또 하나의 주목할 점은 6조의 영당을 세웠다는 것이다. 앞서 언급하였듯이 선사의 스승인 마조스님이 6조 혜능의 법맥을 이은 분이며, 선사 자신도 구족계를 소림사에서 받은 인연 등을 생각할 때, 신라에 돌아와서 선종 수행과 사상을 이후의 교화에 일정 부분 반영했을 것이라 짐작할 수 있다. 그러나 옥천사 이전의 행적에서는 전혀 그러한 단서를 찾을 수 없다. 당시의 신라의 불교 풍토에서 선종은 낯선 것이고, 그래서 선종의 말을 '마귀의 말'이라고 할 정도의 상황이었다. 물론 중앙에는 여전히 교종의 대표적 세력인 화엄종의 위세가 있었던 시절이었다. 이 점을 생각할 때, 귀국 후, 곧장 신라 사회에서 선종을 전파하기는 힘들었을 것이다. 그러나 귀국 후, 국내 상황도 파악이 되었고, 제자나 단월 조직도 어느 정도 갖추어지게 되자 드디어 6조의 영당을 짓고, 6조상(六祖像)을 화려하게 장식까지 했던 것으로 보인다. 이렇게 6조의 영당을 지었다는 것은 당연히 6조를 예배의 대상으로 추모했다는 것이고, 나아가 관련 불교의식이나 강경(講經) 법회까지 이루어졌다는 것을 의미한다. 그러나 관련 자료가 없기에 더 이상의 추정은 무리다.

진감선사의 교화 방법 가운데 특이한 것은 범패를 활용했다는 것이다. 문자가 없던 선사(先史)시대의 교육에서 음악이 활용된 것은 잘 알려진 일이지만, 불교와 음악의 관계 역시 역사가 깊다. 불전(佛典)에는 게(偈, gāthā)라는 것이 있어 시적(詩的), 음악적 형식으로 불전의 내용을 기술하고 있다. 『법화경』을 비롯한 많은 경전에도 여러 형식의 게(게송, 게찬, 게언)가 있다. 그 가운데는 대화 형식의 게도 있지만 대부분 음악적 형식의 게다.[36] 범패 역시 찬불 음악의 하나로서 곡조를 넣어 부처님의 덕을 찬양하거나 경전의 내용을 읊는 것을 말한다. 부처님 입멸 후에 널리 유행했으며, 중국에서는 조위(曹魏)시대(220~265)부터 유행했다고 알려져 있다.[37] 신라에서도 경덕왕 19년(760)에 해가 둘이 되어 해결할 방도를 찾다 범패사(梵唄師)를 불러야 된다는 일관의 말이 기록되어 있는 것으로 보아 그 전부터 범패가 들어와 있었던 것으로 여겨진다. 또 신라 밖이지만 산동 반도의 신라촌에 있었던 신라 사찰 적산 법화원(赤山法華院)에서도 범패가 있었던 것으로 기록되어 있다.[38] 이 기록은 839년의 기록인데, 진감선사의 범패 교화도 비슷한 시기이며, 국내에서의 사례에 해당한다. 비문에는 이렇게 기록되어 있다.[39]

> 평소 범패를 잘하였는데, 그 목소리가 금옥 같았다. 구슬픈 듯한 곡조에 나를 것 같은 소리는 상쾌하면서도 곡진하여, 능히 천상계의 곡조에 모든 신불(神佛)로 하여금 크게 환희케 하였다. 길이 먼 곳까지 흘러 전함에, 배우려는 사람이 승당을 가득 메웠는데, 가르치기를 게을리 하지 않았다. 오늘에 이르러, 우리나라에 어산(魚山)의 묘한 곡조를 익히는 자가 코를 막고 가곡을 배우듯, 다투어 옥천의 여향(餘響)을 본받으려 하니, 어찌 성문(聲聞)으로써 중생을 제도하는 교화가 아니겠는가.

선사의 범패는 아마 그의 스승 신감으로부터 배운 것으로 추측

---

36) 安京植, 聖の教化活動とその教育史的意味, 『学習開発学研究』第9号(広島: 広島大学 大学院 教育学研究科 学習開発学講座, 2016), p.75.

37) 『佛光大辭典 5』(臺北: 佛光出版社, 1988), 梵唄條.

38) 안경식, 신라시대 강경(講經)의 교육적 의의, 『종교교육학연구』 52권(한국종교교육학회, 2016. 12), 89-94쪽.

39) 최영성 역주, 앞의 책, 187-188쪽.

된다. 그의 스승 역시 범패에 능한 사람이었다는 기록이 있다. 적산 법화원의 경우, 강경 의식에서 범패를 행했고, 당시 범패를 전문으로 하는 범패사가 따로 있었다. 당시에 강경 법회가 시작되기 전에 참석 자 모두가 정좌한 뒤, 범패사가 법회가 원만하게 이루어지기를 바라 는 마음을 게송에 담아 범패를 했다. 당시 이 절은 천태 법화의 절이 었고, 천태 법화의 범패는 "운하어차경(云何於此經), 구경도피안(究竟 到彼岸), 원불개미밀(願佛開微蜜), 광위중생설(廣爲衆生說)"을 길게 읊 게 되는 일종의 청법가에 해당한다.[40] 즉 범패는 본 의식인 강경의 전 단계, 전(前) 의식에 사용되는 중생 교화용 음악의 성격을 지녔다. 일 본의 승려 코칸 시렌(虎關 師錬, 1278~1346)이 지은『원형석서(元亨釋 書)』의 '지(志)'에는 '음악예술[音藝]'에 대해 경사(經師), 성명(聲明), 창 도(唱導), 염불(念佛)의 네 가지가 기록되어 있는데, 성명이 바로 범패 의 다른 말이다. 이 책에서는 "참된 가르침의 본체, 그 청정함은 소리 를 들음에 있다"는『능엄경(楞嚴經)』의 이야기를 인용하면서 범패가 중생 교화의 중요한 미디어라는 것을 말하고 있다.[41] 그런데 범패가 중생 교화적 기능이 있다는 것을 인식한 것은 상당히 오래되었다. 이 미 양(梁)나라의 혜교(慧皎, 497~554) 의『고승전(高僧傳)』에서는 범패 의 다섯 가지 이익을 말하고 있는데, 그 가운데 하나로서 "기억한 것 을 잊지 않는 것이다[不忘所憶]." 라고 하였다.[42] 운율이 있기 때문에 기억에 도움이 되는 교육적인 면을 이야기한 것이다. 하여튼 진감선 사의 경우는 이 범패를 사용하여 신도들의 종교심을 불러 일으켰고, 이로 인하여 많은 사람들이 이를 배우려고 하였다는 것이 기록에 남

---

40) 안경식, 앞의 논문(2016), 92쪽.

41) 虎關 師錬,『元亨釋書』丁天求 譯註,『원형석서(하)』(서울: 씨·아이·알, 2010), 548쪽.

42) 慧皎,『梁高僧傳』,「經師」.

아 있다.

비문에는 선사의 인품에 대해서도 기록하고 있는데, 이 역시 그의 교화와 밀접한 관련성이 있다고 보인다.[43]

> 선사의 성품은 질박함을 흩트리지 않았고, 말은 기교를 부리지 않았다. 입는 것은 헌 솜이나 삼베도 따뜻하게 여겼고, 먹는 것은 겨나 보리 싸라기도 달게 여겼다. 상수리와 콩을 섞은 범벅에 나물자반도 둘이 아니었는데, 존귀한 사람이 가끔 왔지만, 일찍이 다른 반찬이 없었다. 문인(門人)이 뱃속을 더럽게 하는 것이라 하여 올리기를 어려워하면 말하기를, "마음이 있어 여기에 왔을 것이니, 비록 거친 현미인들 무엇이 해로우랴"라고 하였으며, 지위가 높은 사람이나 낮은 사람, 그리고 늙은이와 젊은이를 가릴 것 없이 대접함이 한결 같았다. …〈중략〉… 어쩌다 호향(胡香)을 선물하는 이가 있으면, 질그릇에 잿불을 담아 환(丸)을 짓지 않은 채로 사르면서 말하기를, "나는 냄새가 어떠한지 분별하지 못한다. 마음만 경건히 할 따름이다."라고 하였으며, 다시 한차(漢茶)를 진공(進供)하는 자가 있으면, 땔나무로 돌 가마솥에 불을 지피고 가루로 만들지 않고 끓이면서 말하기를, "나는 맛이 어떤지 분별하지 못한다. 뱃속을 적실 뿐이다."라고 하였다. 참된 것을 지키고 속된 것을 싫어함이 모두 이러한 것들이었다.

의, 식, 주에 있어서 좋고 싫음을 가리는 분별심이 없었다는 말이다. 선사는 문성왕 12년(850)에 열반에 들었는데, 이때 문인들에게 "모든 법이 다 공(空)하니 나도 장차 가게 될 것이다. 일심(一心)이 근본이니 너희들은 힘쓸지어다."라는 말을 남겼다.[44] 일심은 그가 제자들에게 남긴 유언이자 그의 삶을 지배한 사상이었던 것이다.

---

43) 최영성 역주, 앞의 책, 186쪽.
44) 위의 책, 185쪽.

V. 맺는말

지금까지 학계에서는 한국 고대의 교육, 특히 신라시대 교육사와 관련하여서 불교적 전통에 대해 크게 다루지도 않았지만 그 가운데 신라 하대의 교육에 대해서는 거의 주목하지 않았다. 실제 우리가 주지하듯이 신라 하대에는 선종이 들어와 자리 잡았고, 많은 불교지성들이 배출되었다. 이른바 9산 선문 관련 인물만 하더라도 가지산문의 도의국사를 비롯하여 실상산문의 홍척, 동리산문의 혜철, 사자산문의 도윤, 성주산문의 무염, 사굴산문의 범일, 희양산문의 도헌, 봉림산문의 현욱, 수미산문의 이엄 등의 개창자와 수많은 제자들이 9세기초엽부터 10세기에 이르는 시기에 전국적으로 활약한 바 있다. 진감선사는 바로 이때, 신라 하대 불교지성의 한 전형이었다. 우리는 진감선사를 통하여 신라 하대의 불교지성들의 삶과 그 삶이 지니는 교육학적 의미를 추정할 수 있다. 이제 교육사의 관점, 크게 보아 교육학적 관점에서 볼 때, 진감선사의 삶이 우리에게 알려주는 점이 무엇인지를 몇 가지로 정리해보기로 한다.

첫째, 신라시대의 불교인의 가정교육의 한 모습을 보여 주고 있다. 진감선사의 경우, 이미 어머니가 불교 관련 태몽을 꾸고 아버지가 우바이일 정도로 불교적인 환경에서 자라났다. 지금은 태몽에 대해 별 의미를 부여하지 않고 있지만, 고대사회에서는 태어날 아이의 삶과 관련성을 인정하여 매우 중시했다. 태몽은 앞으로 태어날 아이의 삶에 대한 기대를 반영하는 것이기도 하지만, 현실이 반영된 꿈의 모습이기도 하다. 진감선사의 경우, 아버지가 재가 불교 수행자였으며 그러한 것이 선사의 태몽과 이후의 삶에 충분히 반영되었다고 볼 수 있다. 태몽은 자연스레 태교와 관련이 된다. 동시대의 무염국사(801-888)의 경우, 천인(天人)이 연꽃을 내려주는 것을 보고 임신을 하였고, 그뒤 다시 꿈에 외국의 수행승이 나타나 십계(十戒)를 주어 그것을 태교로 행하였다는 기록이 있다.[45] 이와 같이 고승들의 경우, 대부분 태몽이나 태교가 있었는데, 이 역시 가정교육의 연장선상에서 이해할 수 있다. 또 진감선사의 아동기의 행동, 즉 나뭇잎을 태워 향 공양을 하고, 꽃을 따다 꽃 공양을 하는 등의 행동 역시 불교적 가정환경을 반영하는 것이다. 가정교육과 관련하여 또 하나 지적할 것은 유교의 입장에서 간혹 출가를 불효로 보는 견해가 있는데, 진감선사의 경우, 매우 가난한 집안이었음에도 불구하고 효자였다는 기록이 있다. 이는 진감선사에 한정되는 것이 아니라 신라시대의 불교사 전체를 볼 때도 부모의 의사를 거스르며 출가하는 경우는 거의 없었다. 오히려 부모가 출가를 권장하는 경우가 적지 않은 것으로 보아, 이 시대는 출가에 대하여 가정적인 지원 환경이 조성되어 있던 시대였다고 할 수 있다.

둘째, 신라 하대 고승의 수행 과정과 학습의 전형적 모습을 보여 주고 있다. 신라 시대 고승들의 수행과정은 다양하나 신라 하대의 고승의 경우는 대개 도당(渡唐) 유학을 택했다는 공통점이 있다. 선문 9산의 개창자의 경우, 희양산문을 개창한 도헌을 제외하고 모두 유학을 선택했다. 진감선사의 경우, 신라 하대에서도 비교적 이른 시기에 유학의 길을 선택하였으며, 27년이라는 긴 시간을 중국에서 머물며 수행, 수학을 하였다. 이들이 이렇게 험난한 해외 유학의 길을 선택한 것은 모두 도를 구하려는 개인적인 결단이었지만 국가적으로 보면 그

---

45) 위의 책, 109-110쪽.

결과 문화적 역량이 크게 향상되었다. 신라 하대 여러 고승의 유학 덕분에 지증대사(824-882)의 시대가 되면 신라에도 어느 정도 자체적 역량이 축적되었고, 이를 최치원은 "다북쑥이 삼대[麻]에 의지하여 스스로 곧을 수 있었고, 구슬은 내 몸에서 찾으매 이웃에게 빌리는 것을 그만 두었네."라고 표현하기도 했다.[46] 그리고 수학의 과정에서 신라 하대의 고승들은 대개 마조선사의 문하, 서당 지장의 문하에 입문하였으며, 그리하여 남종선의 영향을 크게 받았다. 진감선사 역시 마조의 제자 신감의 문하에 입문하여 교학에 관한 문자 공부와 지관 수행을 함께 닦은 것으로 되어 있다. 그렇다고 해서 신감의 문하에만 머물며 공부한 것은 아니고 곳곳을 유력하면서 수행하였는데, 이 역시 당시의 신라 유학승들의 공통된 행적이었다.

셋째, 다양한 교화 미디어를 대중교화에 활용하고 있었음을 알 수 있다. 신라 고승들의 교화 실천이 어떻게 이루어졌는지를 밝히는 것은 불교사 뿐 아니라 신라교육사에서도 매우 중요하다. 그러나 원효를 비롯한 몇몇 경우를 제외하고 대중교화가 실제 어떻게 이루어졌는지는 잘 알려져 있지 않다. 우리는 진감선사의 삶에서 그간 잘 드러나지 않았던 대중교화의 실제를 확인할 수 있었으며, 성공적인 대중교화를 위해 여러 가지 교화 미디어를 개발하고 활용하였음을 볼 수 있었다. 진감선사는 귀국 후, 중앙에 머물지 아니하고 세 차례에 걸쳐 교화지를 옮겨 다니며 사원을 개축, 신축하여 교화의 공간으로 활용하였다. 그 가운데 마지막으로 머물렀던 옥천사는 산수(山水)의 장점을 최대한 활용하여 신축한 사원으로서 선종의 수행에 적합한 공간 미디어의 개발 사례가 된다.[47] 그는 대중의 수행과 교화를 위해 산수

---

46) 위의 책, 332쪽.
47) 일본의 선종 사원들을 보면 가레 산스이(枯山水, かれさんすい)라는 독특한 정원을 가

자연을 활용한 사원 건축을 설계하였지만, 사원 자체가 교육 미디어
로서의 역할을 수행함으로써 그는 교육미디어의 개발자가 된 것이다.
그는 또 교육 실제에 있어서도 불교 음악의 한 종류인 범패를 교육 미
디어로 활용하였다. 종교 교육의 효과를 한층 더 높이는데 범패가 유
용하다는 것을 인식하고 범패를 활용하였던 것이다. 또 6조의 영당을
만들고 담장을 채색을 함으로써 중생들의 마음을 기쁘게 하였는데,
이 역시 시각 미디어를 교육에 활용한 사례라고 할 것이다. 이는 신라
사회의 불교 교육이 결코 단조롭지 않았고 매우 다양한 미디어가 활
용되었다는 것을 증명하는 것이다. 이러한 다양한 미디어가 진감선사
자신의 수행의 결과물인 인품의 발현과 결부됨으로써 그의 대중교화
는 성공을 거둘 수 있었다는 점도 주목할 부분이다.

넷째, 신라 하대 고승들의 지도자 교육, 특히 국왕교육의 일면을 보
여주고 있다. 신라시대의 국왕들의 스승 역할을 한 사람들은 유학자
들도 있지만[48] 대개는 고승들이다. 신라 하대에는 주로 선종의 고승
들이 국사(國師)의 칭호를 가지고 있었고, 진감선사도 국사로서 흥덕
왕을 비롯한 당시의 여러 왕과 관계를 맺고 있었다. 특히 신라 하대
어지러운 정치 상황에서 민애왕은 즉위 후, 왕실 안녕 발원 기도를 요
청한 바가 있다. 그러나 진감선사는 선승답게 정치적 난국을 기도로
타개하려는 전통적인 방식을 거부하였다. 대신 선정(善政)의 중요성

지고 있다. 이는 중세 무로마치시대에 개발된 것으로 일본 불교 예술의 한 형식으로 발
전하였다. 신라 사원의 형식에 대해 상세한 자료가 부족하다. 진감선사의 사원 건축에
대한 비문의 내용은 건축학적으로도 의미 있는 자료이지만 불교 사원이 학교의 역할을
하였다는 점에서 교육학적으로도 의미 있는 자료이다.
48) 유학자로서 국왕을 교육한 사람으로 설총이나 최치원을 들 수 있다. 설총은 화왕계로써
은근하게 임금을 훈계하였으며, 최치원은 시무책을 통하여 일종의 군주교육을 하였다
볼 수 있다.

을 강조하였다. 정치 문제는 주술로서 해결할 것이 아니라 올바른 정
치적 행위로서 해결하는 것이 중요하다는 것을 국왕에게 일깨워주는
방식의 군주교육이었던 것이다. 진감 이외의 이 시대의 많은 선사도
국왕과 불가근불가원의 입장을 취하면서 정치에 직접 개입하지 않았
으며, 개입하더라도 전대의 주술적 방식을 탈피하였다. 낭혜 화상의
경우도 헌강왕의 측근이 되기를 거부하였으며 '능관인(能官人)'이라고
하여 유능한 관리를 등용하는 방식으로 정치할 것을 조언한 바 있다.
신라 중대까지만 하더라도 신라 불교는 국가불교의 성격이 짙었으나
신라 하대가 되면 국가불교의 성격은 상당히 약화된다. 여기에는 정
치적 상황도 있겠지만 진감선사와 같은 불교지성이 등장하여 정치와
거리를 두고 불교적 방식으로 국왕과의 관계를 재정립한 것도 관련이
있다.

다섯째, 신라 하대, 불교가 지방교육, 서민교육에 끼친 영향이 어떠
한 것이었나를 짐작하게 해 준다. 진감선사는 독자적으로 산문을 개
창하지는 않았지만 여러 곳을 옮겨 다니며 지방교육, 서민교육에 적
지 않은 공헌을 하였다. 사실, 신라시대 전체를 보더라도 체계적인 지
방교육의 흔적은 찾아보기 어렵다. 이런 가운데, 지방을 연고로 하는
산문의 개창과 선사들의 지방 거주는 그 자체로 큰 교육적 자량(資糧)
이 되었다. 선사들은 곳곳에서 사원을 개창하였고, 자체적으로 후학
들을 양성하였으며, 동시에 지방민들에게는 교화의 혜택을 부여했는
데, 이는 신라 하대 교육사의 한 부분을 장식하기에 충분한 것으로 여
겨진다.

여섯째, 한국 고대 지성사에서 불교지성의 위상을 알려주고 있다.
고려시대도 그러하였지만 특히 신라시대에는 승려들이 대표적 지식

인이었고, 고승은 그 시대의 지성이었다. 낭혜화상의 비문을 지은 최
치원은 당시의 불교 선사들을 심학자(心學者)라고 하고 자신과 같은
유학자를 구학자(口學者)라고 하면서, 중국에 가서 공부한 것은 같지
만 자신은 낭혜화상과 같은 사람의 비문을 쓰는 신세임을 자탄한 바
가 있다. 즉 구학자의 공부는 말을 남기는 것이고, 심학자의 공부는
덕을 세우는 것이라고 하면서 심학자를 부러워 한 것이다.[49] 신라의
지성은 크게 유교지성과 불교지성으로 나눌 수 있다. 신라 유교지성
의 역할은 대개 정치적 이데올로기를 제공하는 역할에 머물렀으며,
학문도 '체제내'의 학문이라는 한계가 있었다. 이에 비해 불교지성은
'마음'을 닦는 사람들로 '덕'을 세우는 것을 업으로 삼았다. 그들의 삶
이 국가와 완전히 무관하다고는 할 수는 없지만 '개인'의 삶을 우선했
다는 것을 진감선사의 삶이 보여 주고 있다.[50] 진감선사의 삶은 한국
고대 지성사에서 불교지성의 위상을 여실히 보여 주고 있으며, 이러
한 불교지성에 힘입어 신라는 고대 사회의 한계를 스스로 극복할 수
있는 우수한 문화 역량을 축적할 수 있었다.

---

49) 최영성, 앞의 책, 105쪽.
50) 안경식, 앞의 논문(2010), 218쪽.

참고문헌

『삼국사기』
『삼국유사』
『梁高僧傳』
『宋高僧傳』

김월운 옮김(2008). 조당집 2. 서울: 동국역경원.

김정권(1999). 진감선사 혜소의 남종선 수용과 쌍계사 창건. 호서사학회, 역사와 담론. 27호. 1-36.

김정천(2004). 불교수행의 두타행 연구. 동국대학교 박사학위논문.

안경식(2009). 전통사회의 교육공간으로서 불교의 사원. 한국종교교육학회. 종교교육학연구, 29권, 183-209.

안경식(2010). 한국 고대교육사 연구와 불교지성으로서 고승. 한국종교교육학회, 종교교육학연구, 33권, 191-221.

안경식(2012). 신라 지성사의 구성과 그 특질-한국 고대 교육사 연구 대상과 방법의 확장을 위한 시론-. 한국교육사학회, 한국교육사학, 제34권 제3호, 23-58.

안경식(2016). 신라시대 강경(講經)의 교육적 의의. 한국종교교육학회, 종교교육학연구, 52권, 71-101.

安京植(2016). 聖の教化活動とその教育史的意味. 広島大学大学院 教育学研究科 学習開発学講座, 学習開発学研究, 第9号, 69-82.

이기백(1974). 신라정치사회사연구. 서울: 일조각.

이홍직(1965). 고구려유민에 관한 1, 2의 사료. 고려대학교 역사연구소, 사총. 10호, 1965, 149-158.

진창영(2010). 진감선사의 선불교 교화실천과 교학사상의 교육적 의의. 한국교육사상연구회, 教育思想研究, 24권 3호, 291-321.

최영성 역주(2004). 譯註 崔致遠全集 1-四山碑銘-. 서울: 아세아문화사.

虎關 師鍊(2010). 元亨釋書. 丁天求 譯註. 원형석서(하). 서울: 씨·아이·알.

제6장 지눌의 돈점관과 인간교육

김방룡 (충남대학교)

Ⅰ. 들어가며

보조국사(普照國師) 지눌(知訥, 1158~1210)은 원효와 더불어 한국불교를 대표하는 고승이자 사상가로서, 그의 사후 한국불교는 지눌이 구축한 돈오점수, 정혜쌍수, 선교일치와 그에 의에 들여온 간화선 수행의 영향권 아래 있다고 해도 과언은 아니다. 원효가 교종 내의 다양한 불교의 종파를 하나로 회통시키는 안목을 제시했다면, 지눌은 교종과 선종 간의 갈등을 해소하고 한국적 신의 전통을 확립한 인물이라 평가할 수 있다.

인간의 교육에 있어서 가장 중요한 것은 무엇일까? 그것은 '교육의 목표를 어디에 두어야 하는가?' 하는 문제로 환원할 수 있다. 인류의 출현이후 지금 우리는 최고의 물질적 풍요를 누리며 살아가고 있다. 그럼에도 불구하고 우리는 더욱더 물질적 풍요를 쫓아 헤매고, 어느 순간 '인간됨'의 교육적 목표를 상실해 버렸다. 우리는 우리사회가 어디로 가고 있는지, 또 우리가 다음 세대에게 가르쳐야 할 진정한 가치가 무엇인지를 심각하게 묻지 않을 수 없다.

율곡은 『격몽요결』의 '제1장 입지'의 서두에서 "처음으로 배우는 사람은 먼저 뜻을 확립하는 것을 필요로 한다. 반드시 성인되기를 자기의 목표로 삼고서 한 터럭만큼도 스스로 포기하거나 물러서고 머무르려는 생각을 가져서는 안 된다. 대개 뭇 사람도 성인과 그 본성은 동일하다."[1]고 말하고 있다. 교육의 목표가 성인됨에 있음을 천명한 율곡의 이러한 가르침은 "최소의 비용을 들여 최대의 효과를 내야한다."

---

1) 栗谷, 『擊蒙要訣』, 第1章 立志. "初學 先須立志 必以聖人自期 不可有一毫自小退託之念. 蓋衆人與聖人 其本性則一也."

는 경제적 가치를 숭배하는 현대인에게 많은 생각을 가지게 한다. 인간 삶의 목표가 부와 권력을 향해 있는 사회는 건강한 사회가 될 수 없다. 지금 우리는 서구의 자본주의적 가치의 본질을 우리는 심각하게 되묻지 않을 수 없는 현실 속에 있다. 유학은 성성지학(成聖之學)이고, 불교는 성불지학(成佛之學)이다. 즉 유학의 목표는 성인(聖人)됨에 있고, 불교의 목표는 부처[佛]됨에 있다. 지와 덕을 겸비한 전인적인 인간을 목표로 하는 것이 우리 전통의 교육목표라 할 수 있는데, 이러한 긍정적 권위에 의존하는 전통교육의 방식에 대하여 주목할 필요가 있다.

지눌에 대한 연구는 이미 수많은 학자들에 의하여 연구되어 왔으며, 특히 1990년대 '돈오점수(頓悟漸修)-돈오돈수(頓悟頓修) 논쟁'을 통하여 일반인들에게까지 많이 알려져 있다. 그의 사상체계는 대개 『수심결(修心訣)』과 『법집별행록절요병입사기(法集別行錄節要幷入私記)』(이하: 『절요사기』)에 의거한 '돈오점수(頓悟漸修)'와 김군수가 비명에서 밝힌 성적등지문(惺寂等持門), 원돈신해문(圓頓信解門), 경절문(徑截門) 등의 '삼문체계(三門體系)'를 통하여 이해할 수 있다. 지눌은 그의 53년의 길지 않은 삶 동안에 「권수정혜결사문(勸修定慧結社文)」, 『계초심학인문(誡初心學人文)』, 『수심결』, 『화엄론절요(華嚴論節要)』, 『절요사기』, 『원돈성불론(圓頓成佛論)』, 『간화결의론(看話決疑論)』 등의 많은 저술을 통하여 그의 선(禪)사상을 확연히 드러내 주고 있다. 또한 이러한 저술은 세 번의 깨침을 통하여 이루어졌다는 점에서, 즉 단순한 이론서가 아닌 체험을 통한 저술이란 점에서 그 생명력이 있다 하겠다.

깨침[悟]과 닦음[修]의 문제는 불교 특히 선(禪)에 있어서는 가장 중요한 문제라 할 수 있다. 특히 깨침에 이르는 방법에 있어서 돈오(頓悟)와 점수(漸修)는 남종선과 북종선을 가르는 중요한 문제라 할 수 있다. 지눌이 주창한 '돈오점수'는 중국의 하택 신회(荷澤神會)와 규봉 종밀(圭峰宗密)의 사상을 계승한 것으로서 비판적인 안목에서 수용한 것이라 할 수 있다.

여기에서는 지눌의 저술 가운데『수심결』을 통하여, 이에 나타난 교육사상을 밝히고자 한다.『수심결』은 지눌의 대표적인 저술로서 경허가 편찬한『선문촬요』에도 실려 있을 뿐만 아니라, 지눌을 연구하는 대부분의 연구물에도 인용되어 있다.『수심결』에 대한 대표적인 저술로는 강건기의『수심결 강의-마음 닦는 길』[2]이 있으며, 논문으로 강건기의 「수심결의 체계와 사상」 등[3] 여러 편이 있다.『수심결』의 발간 시기는 밝혀져 있지 않으나, 여러 정황으로 볼 때 1205년 수선사의 사액이 내려진 이후, 그가 열반한 1210년 사이에 저술된 것으로 추정된다.

이『수심결』은 정혜결사(수선사)에 참여한 대중들을 상대로 하여 지눌이 실재로 '마음 닦는 방법'에 대하여 논한 것으로, 여기에는 서분과 정종분으로서 9개의 문답, 그리고 유통분으로 구성되어 있다. 지눌의 교육사상을 논함에 있어서 '마음'을 닦는 구체적인 방법을 서술하고 있는『수심결』이 가장 적합한 저술로 판단되어, 이를 중심으로 하여 살펴보고자 한다.

---

2) 강건기,『修心訣 講義 - 마음 닦는 길』, 불일출판사, 2008.
3) 강건기,『修心訣』의 체계와 사상」,『보조사상』12, 보조사상연구원, 1999. / 최성열,「보조 수심결의 일고찰」,『한국불교학』13, 1988. / 김말환,『修心訣』의 수행방법을 통한 참마음 찾기」,『한국선학』6, 한국선학회, 2003.

II. 『수심결』의 사상체계

1. 성불지학(成佛之學)과 수심불교(修心佛敎)

『수심결』은 그 제목에서 알 수 있듯이 '마음 닦는 비결'을 밝혀 놓은 책이다. 이는 다시 '왜 마음을 닦아야 하는가?'하는 문제와 '마음이란 무엇인가?' 그리고 '마음은 어떻게 깨닫고, 또 어떻게 닦아야 하는가?' 하는 문제로 나누어 설명되고 있다. 불교의 목표는 윤회를 벗어나 부처가 되는 것이고, 그 방법은 수심(修心), 즉 마음을 닦는데 있다는 점을 책 제목에서 분명히 하고 있다. 즉 성불지학(成佛之學), 수심불교(修心佛敎)를 천명하고 있는 것이다. 이러한 점을 지눌은 『수심결』의 서두에서 다음과 같이 밝히고 있다.

> 삼계(三界)의 뜨거운 번뇌가 불타는 집과 같다. 이 속에서 어찌 차마 그대로 머물러 오랜 고통을 달게 받겠는가? 윤회의 세계를 벗어나고자 하거든, 부처를 찾는 길밖에 없다. 만약 부처를 찾으려면 부처란 바로 마음[心]인데, 어찌 멀리서 찾을 것인가? …〈중략〉… 자기 마음[自心]이 참된 부처임을 모르고, 자기 성품[自性]이 참된 법임을 알지 못한다. 법을 구하려 하면서 멀리 성인들에게 미루고, 부처를 찾으려 하면서 자기 마음을 보지[觀] 않는다. 만약 마음밖에 부처가 있고 성품 이외 다른 데에 법이 있다고 말하면서, 이러한 견해[情]에 굳게 집착하여 부처의 길을 찾으려 한다면, 비록 오래도록 몸을 불사르고 팔을 태우며, 뼈를 두드려 골수를 내며, 피로서 경전을 쓰며, 눕지 않고 좌선하며, 아침 한 끼만 먹으며, 대장경을 다 읽고 온갖 고행을 닦더라도, 이는 모래를 삶아서 밥을 짓는 것과 같아 단지 수고로울 뿐 얻는 것은 아무 것도 없다.[4]

---

4) 知訥, 『修心訣』, 『普照全書』, 불일출판사, 1989, 31쪽. "三界熱惱 猶如火宅 其忍淹留 甘受長苦. 欲免輪廻 莫若求佛 若欲求佛 佛卽是心 心何遠覓. …〈中略〉… 不識自心是眞佛 不

앞에서 지눌이 분명히 말하고 있듯이 '부처란 바로 마음[佛卽是心]'
이다. 따라서 문제는 '마음'으로 환원된다. 지눌은 이 마음은 몸을 떠
나지 않지만 색신(色身)은 아니며, 또 언어로 정의할 수 없어서 '일물
(一物)'이라고 말한다. 그리고 다시 언어의 차원으로 내려와 '공적영지
심(空寂靈知心)'이라 정의한다. 이는 마음에 대하여 하택 신회(荷澤神
會)가 '공적지(空寂知)'로 정의한 것과 규봉 종밀(圭峰宗密)이 '공적영지
(空寂靈知)'로 정의한 것을 계승한 것이다. 『수심결』에서는 이 '공적영
지심'에 대하여 두 가지 방식으로 설명하고 있다.

우선 각자의 마음에 있는 '공적영지심'을 제자에게 다음과 같이 깨
우치고 있다.

> "그대는 까마귀가 울고 까치가 지저귀는 소리를 듣는가?"
> "듣습니다."
> "그대가 듣는 바로 그 성품[汝聞性]을 돌이켜 들어 보아라[返聞]. 거기에도 또
> 한 많은 소리가 있는가."
> "거기에는 일체의 소리와 일체의 분별이 모두 없습니다." (1)
> "기특하고 기특하도다. 이것이 바로 소리를 관찰하여[觀音] 진리에 들어가는
> 문이다. 내가 다시 그대에게 묻는다. 그대가 거기에 일체의 소리와 일체의 분
> 별 모두가 없다고 말하였는데, 이미 없다면 허공이 아닌가."
> "원래 공하지 않고 밝고 밝아 어둡지 아니합니다." (2)
> "무엇이 공하지 않은 본체인가."
> "모습[相]이 없으니 말이 미칠 수 없습니다." (3)
> 이것이 모든 부처와 조사의 목숨과도 같은 것이니 다시는 의심하지 말라.[5]

識自性是眞法 欲求法而遠推諸聖 欲求佛而不觀己心. 若言心外有佛 性外有法 堅執此情
欲求佛道者 縱經塵劫 燒身煉臂 敲骨出髓 刺血寫經 長坐不臥 一食卯齋 乃至轉讀一大藏
教 修種種苦行 如蒸沙作飯 只益自勞爾."

5) 知訥, 『修心訣』, 위의 책, 36쪽. "汝還聞鴉鳴鵲噪之聲麼. 曰聞 曰汝返聞汝聞性 還有許多
聲麼. 曰到這裏 一切聲 一切分別 俱不可得. 曰奇哉奇哉. 此是觀音入理之門. 我更問 道

앞의 내용은 지눌이 제자에게 '공적영지심'을 깨우쳐주는 문답으로 『수심결』의 명장면 중의 하나이다. (1)에서 지눌은 마음의 '공적'한 바탕에 대하여 확인시켜 준다. 즉 귀를 통하여 들리는 까마귀와 까치의 소리를 떠나 그 듣는 마음의 바탕에서도 소리가 들리는가를 물어, 그 마음의 바탕에서는 일체의 소리와 분별이 없음을 확인시키고 있다. 그런데 설사 이렇게 공적한 마음의 바탕을 알았다 하더라도 여기에 머물게 되면 허무공(虛無空)에 빠지게 된다. 그래서 지눌은 (2)를 통하여 그 마음의 작용이 어둡지 않고[不昧] 신령스럽게 아는[靈知] 점을 확인시킨다. 즉 영지한 마음의 작용을 깨닫게 한 것이다. 그런데 이렇게 공적하고 영지한 마음의 바탕과 작용을 알았다 하더라도 이것을 하나의 실체로서 여길 수 있는지의 문제가 생기게 된다. 이는 힌두교의 아트만이나 혹은 현대 뇌과학에서 말하는 뇌의 한 기능으로 생각할 수 있다. 그래서 다시 (3)을 통하여 그 본체는 일체의 상(相)과 언어를 떠나 있음을 확인시키고 있다.

지눌은 '공적영지'를 통하여 마음의 성(性)과 상(相), 체(體)와 용(用)이 둘이 아닌 점을 분명히 하고 있다. 그 공적영지는 일체의 상대적인 세계와 주객이 끊어진 자리로서, 본래부터 누구나 가지고 있는 것이며, 또 선수행을 통하여 깨달아야 하는 지점이기도 하다. 공적한 면이 마음의 성(性)이요 체(體)라면, 영지한 면은 상(相)이요 용(用)이다. 공적과 영지가 서로 떨어질 수 없이 상즉(相卽)해 있듯이, 성과 상 그리고 체와 용 또한 상즉해 있다.[6]

이러한 점에 대하여 『수심결』에서는 다음과 같이 밝히고 있다.

到這裏 一切聲 一切分別 不可得 旣不可得 當伊麼時 莫是虛空麼 曰元來不空 明明不昧 曰 作麼生 是不空之體 曰亦無相貌 言之不可及. 曰此是諸佛諸祖壽命 更莫疑也."

6) 강건기, 「修心訣의 체계와 사상」, 앞의 책, 21쪽.

이미 크고 작음이 없는데 어떻게 한계가 있겠는가? 한계가 없으니 안과 밖이 없다. 안과 밖이 없으니 멀고 가까움이 없다. 멀고 가까움이 없으니 저것과 이것이 없다. 저것과 이것이 없으니 가고 옴이 없다. …〈중략〉… 이미 다 없어서 이 같은 일체의 주관 객관과 일체의 망령된 생각과 내지는 갖가지 모습과 갖가지의 이름·말[名言]이 모두 없으니, 이것이 어찌 본래 공적(本來空寂)하고 본래 한 물건도 없음[本來無物]이 아니겠는가! 그러나 존재하는 것[法]이 다 공한 그곳에 신령스런 앎이 어둡지 않아 정신 작용이 없는 것[無情]과는 같지 아니하다. 왜냐하면 성품은 스스로 신이하게 알기 때문이다[性自神解]. 이것이 그대의 공적영지요 청정한 마음의 본체이다.[7)]

이러한 공적영지한 마음이 수심의 기초가 된다. 그렇다면 이러한 공적영지심은 수행을 통하여 인격이 완성되어야 드러나게 되는 것인가? 지눌은 그렇지 않다고 말한다. 공적영지심은 부처와 범인 모두가 다 가지고 있는 인간 보편의 성품일 뿐이다. 지눌은 이점에 대하여 "이 공적한 마음은 성인에게 있으나 증가하지 않고 범인에게 있어도 감소하지 않는다. 그러므로 성인의 지혜에 있으나 빛나지 않고 범인의 마음에 숨어 있어도 어둡지 않다. 이미 성인이라 하여 더하지 않고 범인이라 하여 모자라지도 아니하니 부처와 조사가 어찌 보통 중생들과 다르겠는가!"[8)]라고 말하고 있다. 다만 부처와 범인의 차이는 이 공적영지심에 미혹하지 않은가 혹은 미혹한가에 달려 있는 것이다.

---

7) 知訥, 『修心訣』, 앞의 책, 36-37쪽. "旣無大小 還有邊際. 無邊際故 無內外. 無內外故 無遠近. 無遠近故 無彼此. 無彼此則無往來. …〈中略〉… 旣 無如是一切根境 一切妄念 乃至種種相貌 種種名言 俱不可得 此豈非本來空寂 本來無物也. 然 諸法皆空之處 靈知不昧 不同無情 性自神解 此是汝空寂靈知 淸淨心體."
8) 知訥, 『修心訣』, 위의 책, 37쪽. "此空寂之心 在聖而不增 在凡而不減. 故云在聖智而不耀 隱凡心而不昧. 旣不增於聖 不少於凡 佛祖 奚以異於人."

2. 돈오와 견성

돈오(頓悟)와 점수(漸修)는 원래 깨달음에 이르는 방법으로서 '단박에 깨닫는가?' 혹은 '점차적인 수행을 통하여 깨닫는가?' 하는 관점을 말한 것이다. 선문(禪門)에서 구체적으로 사용되어진 것은 『육조단경』에서 남돈북점(南頓北漸)이라 한 것을 보아 북종 신수의 점수를 통한 깨침을 공격하면서 남종 혜능의 돈오를 통한 깨침을 강조한 데서 출발한 것이다. 물론 돈오의 사상적 기원은 남북조시대 축도생이 『돈오성불론』을 지었던 점을 상기할 때 도생에 까지 거슬러 올라간다.

'돈'과 '점'이란 시간적 의미를 가지고 있는 말로서, '돈오'가 가능하기 위해서는 온전한 불성이 이미 갖추어져 있어야 한다는 것이 전제되어야 한다. 따라서 '돈(頓)'에는 '전(全)'의 의미가 내포되어 있다. 앞서 언급한 바와 같이 지눌은 "이 공적한 마음은 성인에게 있으나 증가하지 않고 범인에게 있어도 감소하지 않는다."라고 말하고 있는 바와 같이 기본적으로 혜능의 돈오의 입장을 견지하고 있다. 따라서 그의 돈오점수는 돈오에 의거한 점수이며, 돈오에 바탕한 점수로서 북종 신수의 입장과는 근본적인 차이를 가지고 있는 것이다. 즉 견성이란 돈오를 통하여 이루어지는 것이지, 점수를 통하여 이루어지는 것은 잘못된 것임을 분명히 하고 있다. 돈오에 대하여 『수심결』에서는 이렇게 밝히고 있다.

> 돈오란 범부가 미혹했을 때 사대(四大)를 몸이라 하고 망상을 마음이라 하여 자기의 성품이 참 법신(法身)인 줄 모르고 자기의 영지(靈知)가 참 부처인 줄 몰라 마음 밖에서 부처를 찾아 물결 따라 여기저기 헤매다가, 홀연히 선지식의 지시로 바른 길에 들어가 한 생각에 빛을 돌이켜 자기의 본래 성품을 보면

이 성품에는 원래 번뇌가 없고 완전한 지혜의 성품이 본래부터 스스로 갖추어
져 있어서 모든 부처와 다르지 않다. 그러므로 돈오라 한다.[9]

이와 같이 지눌에게 있어서 돈오란 '마음이 부처'라는 사실에의 눈
뜸이며 자기존재에 대한 명확한 파악이다. 그것은 일념회광(一念廻光)
이라는 자기존재에 대한 돌이킴으로 가능하다. 밖으로만 치닫던 마음
의 빛이 존재의 원천을 돌이켜 비출 때 우리의 실다운 모습은 밝게 드
러난다. 그럴 때 우리는 참다운 나, 참마음[眞心]의 실상을 여실히 보
게 되는 것이다. '내가 부처'라는 말은 이때에 터지는 탄성이다. 그것
은 어둠[迷]으로부터 밝음[悟]으로의 질적인 전환을 말한다. 그것은 마
치 어두운 방이 스위치를 올렸을 때 일시에 밝아지듯이 오랜 시간이
걸리는 것이 아니므로 '갑자기' 혹은 '단박' 혹은 '몰록'의 뜻을 지닌 '돈
(頓)'이라는 말이 붙는다. 이렇게 몰록 깨달아 자기의 마음을 보면 원
래 번뇌가 없고 완전한 지혜의 성품이 본래부터 스스로 갖추어져 있
어서 모든 부처와 다르지 않게 되는 것이다.[10]

3. 점수로서 정혜쌍수

『수심결』에 있어서 강조점은 닦음에 있다. 미(迷)로부터의 오(悟)로
의 전환이 돈오라면, 범부로부터 성인 즉 부처로의 전환이 점수이다.
돈오가 아이의 탄생이라면 점수는 아기가 어른이 되기까지의 성장과
정이다. 탄생시에도 육근(六根)이 갖추어진 것은 어른과 다르지 않지

---

9) 知訥, 『修心訣』, 위의 책, 34쪽. "頓悟者 凡夫迷時 四大爲身 妄想爲心 不知自性是眞法身
不知自己靈知是眞佛 心外覓佛 波波浪走 忽被善知識 指示入路 一念廻光 見自本性 而此
性地 元無煩惱 無漏智性 本自具足 卽與諸佛 分毫不殊 故云頓悟也."
10) 강건기, 『修心訣 講義 - 마음 닦는 길』, 앞의 책, 99쪽.

만 성장과정을 거쳐야 그들을 마음대로 쓸 수 있는 것이다. 그래서 지눌은 돈오와 점수를 '천성궤범(千聖軌轍)' 혹은 '여차이륜(如車二輪)'이라 하여 함께 할 것을 강조하고 있다.[11]

닦음의 출발점을 어디에 두어야 하는가? 이에 대하여 지눌은 공적영지한 우리의 참마음에 기초해야 한다고 주장한다. 그렇다면 '돈오로 그칠 것이지 왜 돈오 후에 점수가 필요한가?'하는 문제가 제기된다. 성철이 주장하듯이 '그러한 돈오는 해오(解悟)이지 증오(證悟)는 아니지 않는가?' 하는 의문이 들기 마련이다. 이에 대하여 지눌은 인간의 '오래된 습관[舊習]'은 비록 돈오를 하였더라도 쉽게 고쳐지지 않기 때문에, 돈오 후에도 점수가 필요하다고 주장한다. 이에 대하여 『수심결』에서는 다음과 같이 밝히고 있다.

> 범부는 시작이 없는 광대한 겁 이래 오늘에 이르기까지 윤회의 세계[五道]에 흘러 다니면서 태어났다가 죽었다가 하였다. 나라는 생각[我相]에 굳게 집착하여 망령된 생각에 전도되고[妄想顚倒] 무명에 기인해서 일어나는 습성으로[無明種習] 오랫동안 지금의 성품을 이루어 왔다. 비록 지금의 생에 이르러 단박에 자기의 성품이 본래 공적하여 부처와 더불어 다름이 없음을 깨달았으나, 이 옛날부터 익혀온 습성[舊習]은 갑자기 제거하여 끊기 어렵다. 그러므로 좋거나 나쁜 경계[逆順境]를 만나 성내고 기뻐하며 옳고 그르다는 생각이 불길같이 일어나고 사라지니 객관 대상에 따라 일어나는 번뇌[客塵煩惱]가 이전과 다름이 없다. 만약 지혜[般若]로써 공력을 들이지 않는다면, 어찌 무명을 다스려 크게 쉬는 경지에 이르겠는가? 이는 "단박 깨달아 비록 부처와 같아졌으나 많은 생애에 걸쳐 이루어진 습성의 기운이 깊도다. 바람이 멈추었는데도 물결은 오히려 용솟음치고 이치가 나타났는데도 생각은 오히려 침입해 들어온다." 라고 한 것과 같다.[12]

---

11) 강건기, 「『修心訣』의 체계와 사상」, 앞의 책, 30쪽.

12) 知訥, 『修心訣』, 위의 책, 37-38쪽. "凡夫無始廣大劫來 至于於今日 流轉五道 生來死去

이러한 지눌의 돈오점수의 입장은 사상적으로 하택 신회와 규봉 종밀의 입장을 계승 내지 지지하고 있는 것이다. 그러나 지눌이 말하는 돈오가 분명 화엄의 수증론인 신해행증(信解行證)의 체제에서 해오(解悟)에 해당하는 것은 맞지만, 지눌에게 있어서 해오(解悟)와 증오(證悟) 사이에 본질적인 차이가 있는 것은 아니다. 그것은 지눌이 선교합일의 입각처를 찾아 대장경을 두루 열람하고서, 이통현의『신화엄론』의 성기사상(性起思想)을 통하여 화엄에 있어서도 근본보광명지(根本寶光明智)가 십신(十信)의 초위(初位), 즉 처음 발심한 순간부터 존재하고 있다는 사실에서 크게 깨달았던 사실에서 분명히 알 수 있다.『수심결』에서 지눌은 다음과 같이 밝히고 있다.

> 그대가 만약 믿어서 의심[疑情]이 단박 멈추어지고 대장부의 뜻을 내어 참되고 바른 견해를 펴고 친히 맛보아 스스로 긍정하는 경지[自肯之地]에 이른다면, 이것이 마음을 닦는 사람의 해오처(解悟處)이다. 여기에는 다시 순서와 차례가 없다. 그러므로 돈(頓)이라 한다. 이는 "십신(十信)의 수행 기간[因位] 중에 모든 부처의 과덕(果德)에 계합하여 조금도 다르지 않아야 바야흐로 믿음을 이룬다."라고 한 것과 같다.[13]

앞에서 지눌이 말하고 있는 '해오'는 곧 '돈오'이다. 돈오에는 해오와 증오를 모두 포함하고 있지만, 해오와 증오 사이에는 근본보광명지 혹은 공적영지가 모두 드러나 있다는 점에서 근본적인 차이가 없

堅執我相 妄想顚倒 無明種習 久與成性. 雖到今生 頓悟自性 本來空寂 與佛無殊 而此舊習 卒難除斷. 故逢逆順境 嗔喜是非 熾然起滅 客塵煩惱 與前無異. 若不以般若 加功著力 焉能對治無明 得到大休大歇之地. 如云頓悟雖同佛 多生習氣深 風停波尙湧 理現念猶侵."
13) 知訥,『修心訣』, 위의 책, 37쪽. "汝若信得及 疑情頓息 出丈夫之志 發眞正見解 親嘗其味 自到自肯之地 則是爲修心之人 解悟處也. 更無階級次第 故云頓也 如云於信因中 契諸佛果德 分毫不殊 方成信也."

다고 지눌은 이해한다. 오히려 지눌이 주목하고 있는 닦음의 대상은 이러한 근본보광명지와 공적영지를 가리는 무명 즉 아상(我想)에 의하여 오랜 습관으로 길들어진 습기(習氣)이다. 지눌은 돈오에 바탕한 점수, 돈오 후의 점수의 필요성을 강조하면서 두 종류의 수행자들을 비판의 대상으로 삼고 있다.

첫째는 소승과 북종의 경우이다. 이들은 돈오에 바탕하지 않은 오염된 마음을 닦음의 대상으로 삼고 있기 때문에 깨달음에 이를 수 없다고 주장한다. 즉 북종의 경우는 "굳게 앉아 움직이지 않으면서 몸과 마음을 눌러 조복하기를 마치 돌로 풀을 누르듯 하면서[如石壓草] 마음을 닦는다고 한다."[14]라고 비판하고, 소승의 경우 "성문은 마음마다 미혹을 끊으려 하지만 그 끊으려는 마음[能斷之心]이 바로 도적이다."[15]라고 비판한다.

둘째는 영리한 무리들[16]이 별 힘을 들이지 않고 이치를 깨치기 쉽다는 생각을 내어 다시 닦지 않는 경우이다. 이들은 결국 세월이 흐르면 전처럼 유랑하여 윤회를 면하지 못한다고 비판한다.[17]

그렇다면 지눌이 제시하고 있는 돈오 후의 점수 방법은 무엇인가? 그것은 선정과 지혜를 함께 닦는 정혜등지(定慧等持)·정혜쌍수(定慧雙修)이다. 이에 대하여 『수심결』에서는 다음과 같이 밝히고 있다.

만약 법과 뜻을 말한다면, 진리에 들어가는 천 가지 문이 모두 선정과 지혜 아

---

14) 知訥, 『修心訣』, 위의 책, 38쪽. "堅坐不動 捺伏身心 如石壓草 以爲修心."

15) 知訥, 『修心訣』, 위의 책, 38쪽. "聲聞 心心斷或 能斷之心是賊."

16) 이는 임제종의 일부 승려들을 말하는 것으로 보인다. 임제종의 경우 作用卽性의 입장을 취하여 일부 승려들이 莫行莫食과 狂禪의 폐단을 낳기도 하였다.

17) 知訥, 『修心訣』, 앞의 책, 38쪽. "往往利根之輩 不費多力 打發此事 便生容易之心. 更不修治 日久月深 依前流浪 未免輪廻."

님이 없다. 그 강요를 들면, 단지 성품의 본체와 작용의 두 가지 뜻에 불과하니 앞에서 말한 공적과 영지가 그것이다. 선정은 본체며 지혜는 작용이다. 본체에 즉(卽)한 작용이므로 지혜는 선정을 떠나지 않으며, 작용에 즉한 본체이므로 선정은 지혜를 떠나지 않는다. 선정이 바로 지혜이므로 공적하면서 영지하고, 지혜가 선정이므로 영지하면서 항상 공적하다.[18]

선정이란 참선을 통하여 마음이 고요해진 바탕을 말하고, 지혜란 분별을 떠나 있는 그대로를 바라보는 반야를 말한다. 혜능은 이러한 선정과 지혜를 마음의 두 요소로 보았으며, 선정은 마음의 본체이고 지혜는 마음의 작용으로 해석하였다. 지눌 또한 이러한 입장을 취하고 있는 것이다. 마음의 작용에는 자성용(自性用)과 수연용(隨緣用)으로 나누어 볼 수 있는데, 혜능은 자성용의 입장을 취하고 있다. 따라서 이 마음은 공적영지한 마음을 말하며, 공적한 것이 자성의 본체가 되고 이것이 바로 선정이 되는 것이다. 또한 영지한 것은 자성의 작용이 되고, 이것이 바로 지혜가 되는 것이다. 따라서 선정과 지혜는 서로 분리되지 않고 상즉되어 있어서, 이러한 닦음은 사실 닦음의 대상을 필요치 않는 닦음이라 할 수 있다.

지눌의 기본적인 입장은 혜능과 다르지 않다. 즉 돈오 이후에 자성문정혜(自性門定慧)를 기본으로 하고 있다. 혜능과 신수의 차이는 자성용의 입장에서 자성문정혜를 취한 것이 혜능의 입장이라면, 수연용의 입장에서 수상문정혜(隨相門定慧)를 취한 것이 신수의 입장이다. 이러한 차이점은 혜능이 돈오에 바탕한 자성문정혜를 말한다면, 신수는 깨닫지 못한 상태에서 수상문정혜, 즉 점수의 과정을 통하여 깨달

---

18) 知訥, 『修心訣』, 위의 책, 39쪽. "答若設法義 入理千門 莫非定慧 取其綱要 則自性上體用二義 前所謂空寂靈知是也 定是體 慧是用也 卽體之用故 慧不離定 卽用之體故 定不離慧 定則慧故 寂而常知 慧則定故 知而常寂."

음에 이르는 것을 말하는 것이다. 이러한 차이를 지눌은 분명히 알고 있었고, 또한 『수심결』에서 분명하게 제시하고 있다.

북종의 입장은 먼저 선정을 통하여 고요하게 마음을 다스리고, 이어 지혜를 통하여 망념을 제거할 수 있다는 수상문정혜의 입장을 취하는데, 이에 대하여 지눌은 다음과 같이 평가하고 있다.

> 만약 먼저 고요함[寂寂]으로써 반연에 따라 일어나는 생각[緣慮]을 다스리고 뒤에 마음의 밝음[惺惺]으로써 어둠[昏住]을 다스린다고 하여, 앞뒤로 대치(對治)하여 어둠과 어지러움을 고루 다스려 고요함[靜]에 들어가는 자는 점문(漸門)의 열등한 근기가 하는 행위가 된다. 이들은 비록 밝고 고요함을 평등하게 지녔다[惺寂等持]고 말하나 고요함만을 취하여 수행함을 면치 못할 것이니, 어찌 큰일을 깨달은 사람[了事人]이 본래 고요함과 본래 앎을 떠나지 않고 자유로이 두 가지를 함께 닦는 것이겠는가? 그러므로 조계혜능은 말하기를, "스스로 깨달아 수행하는 것은 앞뒤를 따지는 데 있지 않다. 만약 따진다면 이는 미혹한 사람이다."라고 하였다.[19]

지눌은 자성문정혜와 수상문정혜를 각기 돈문과 점문의 선정과 지혜로 엄연히 구분한다. 돈오, 즉 마음에 대한 눈뜸이 뒷받침될 때는 자성문정혜의 닦음이요, 그러지 못할 때는 수상문정혜의 닦음이 될 수밖에 없다. 혜능의 경우는 철저한 돈문에 서 있기 때문에 자성문정혜만을 참 수행이라 하였다. 그래서 수상문정혜는 선(禪)이 아니라 병(病)이라고 배격한 것이다.

그런데 지눌이 혜능의 관점과 차이를 드러내는 부분은 자성문정혜와 더불어 수상문정혜를 방편적으로 수용하고 있는 점이다. 바로 이

---

19) 知訥, 『修心訣』, 위의 책, 39쪽. 若言先以寂寂 治於緣慮 後以惺惺 治於昏住 先後對治 均調昏亂 以入於靜者 是爲漸門劣機所行也 雖云惺寂等持 未免取靜爲行 則豈爲了事人 不離本寂本知 任運雙修者也. 故曹溪云自悟修行 不在於靜 若先後 卽是迷人

지점에서 지눌의 인간에 대한 이해가 드러난다. 지눌에게 있어서 현실적인 인간은 차이를 드러낼 수밖에 없다. 상근기(上根機)·중근기(中根機)·하근기(下根機)가 동시에 존재하고 있고, 이들 모두를 성불하게 하는 방법은 근기의 차이를 인정하여 수행법에 차이를 두어야 한다고 본 것이다. 그 근기의 차이는 업장의 두터움과 옅음의 차이라 할 수 있다. 바로 이러한 점 때문에 궁극적인 깨달음의 경지인 구경각을 돈오로 보는 성철의 입장에서는 지눌의 돈오점수를 선문의 이단이라고 공격한 것이다. 지눌은『수심결』의 아홉 번째 문답에서 자성문정혜와 수상문정혜를 동시에 제시한 자신의 입장으로 인하여 선수행자들이 가지게 될 혼란을 세 가지의 문제로 요약하여 다음과 같은 질문으로 제시하고 있다.

> 첫째, 자성문정혜를 먼저 닦은 뒤에 계속해서 수상문정혜를 닦아야 하는가? 만약 그렇다면 자성문정혜만으로도 더 이상 닦음이 필요하지 않은데 구태여 수상문정혜가 필요한 것인가?
> 둘째, 수상문정혜를 먼저 닦은 뒤에 자성문정혜를 닦아야 하는가? 그렇다면 이는 깨닫지 못한 점문의 열등한 근기의 수행이 되어 버리는데, 어떻게 돈오 후에 닦는 돈문의 수행이라 할 수 있겠는가?
> 셋째, 만약 자성문정혜와 수상문정혜를 동시에 닦는 것이라면, 두 가지의 성격이 다른데 어떻게 그렇게 할 수 있겠는가?[20]

앞의 내용에서 볼 수 있듯이 지눌은 남종의 자성문정혜와 북종의 수상문정혜의 차이점을 분명히 인식하고 있다. 그럼에도 불구하고 돈오 후에 수상문정혜를 수용하고 있는 이유에 대하여 다음과 같이 말하고 있다.

---

20) 이는 지눌의 9번째 질문을 필자가 요약하여 제시한 것이다.

이 두 문 '자성문정혜, 수상문정혜'의 수행은 돈과 점으로 각각 다르니 혼동하면 안 된다. 그러나 깨친 뒤에 닦는 문으로서 수상문의 대치를 아울러 논한 것은 점문의 열등한 근기가 닦는 것을 전적으로 취한 것이 아니라, 그 방편을 취하여 임시로 쓸 뿐인 것이다. 그것은 돈문에도 근기가 수승한 사람과 근기가 열등한 사람이 있으므로 한 가지로 그 닦는 길을 판단할 수 없기 때문이다.[21]

'깨친 뒤에 닦는 문으로서 수상문 대치를 아울러 논한 것은 점문의 열등한 근기가 닦는 것을 전적으로 취한 것이 아니라, 그 방편을 임시로 쓸 뿐이다'라고 지눌은 말하고 있다. 즉 아무리 돈오에 근거하여 닦아 나아가더라도 실재 근기가 약한 수행자의 경우에는 과거의 습기에 따라 번뇌가 일어나게 되는데, 그럴 때는 그 번뇌에 대치하여 다스리는 수상문정혜가 필요하다는 것이다. 그렇지만 그 수상문정혜는 북종 점문의 그것과는 분명한 차이를 지닌다고 다음과 같이 말하고 있다.

비록 대치하는 공부를 빌려서 잠깐 습기를 다스리지만 이미 마음의 성품이 본래 청정하고 번뇌는 본래 비었음을 깨쳤기 때문에 점문의 열등한 근기에 물든 수행에 떨어지지 않는다. …〈중략〉… 깨친 사람의 입장에서는 비록 대치의 방편은 있으나 생각 생각에 의심이 없어 번뇌에 물들지 않는다. 그리하여 오랜 세월이 가면 자연히 천진하고 묘한 성품에 계합하여 자유로이 고요하고 분명해서 생각 생각에 일체의 모든 경계에 반연하면서도 마음 마음에 모든 번뇌를 영원히 끊어서 자기의 성품을 떠나지 않고 선정과 지혜를 평등하게 가져 위없는 보리를 이루어 앞에 말한 근기가 수승한 사람과 아무 차별이 없게 된다.[22]

---

21) 知訥, 『修心訣』, 앞의 책, 41쪽. "此二門所行 頓漸各異 不可參亂也. 然悟後修門中 兼論隨相門對治者 非全取漸機所行也. 取其方便 假道托宿而已. 何故於此頓門 亦有機勝者 亦有機劣者 不可一例 判其行李也."

22) 知訥, 『修心訣』, 위의 책, 42쪽. "雖借對治功夫暫調習氣 以先頓悟 心性本淨 煩惱本空故 卽不落漸門劣機汚染修也. …〈中略〉… 悟人分上 雖有對治方便 念念無疑 不落汚染 日久月深 自然契合 天眞妙性 任運寂知 念念攀緣一切境 心心永斷諸煩惱 不離自性 定慧等持 成就無上菩提 與前機勝者 更無差別."

즉 마음의 성품이 본래 청정하며, 번뇌가 본래 비었음을 깨친다면, 수상문정혜의 방편을 사용하더라도, 수승한 사람들이 닦는 자성문정혜의 방법과 그 결과에 있어서는 한가지로 부처가 될 수 있다는 말이다. 그러기에 지눌은 혜능의 무념(無念)을 강조하는 한편, 하택 신회의 수행법인 '망념이 일어나면 알아차리고 알아차리면 (망념은) 사라진다[念起卽覺 覺知卽無].'는 것을 강조하였다. 지눌이 수상문정혜를 취한 까닭은 위인문(爲人門)의 입장에서 모든 근기의 수행자들이 수행할 수 있는 보편적인 수행법을 제시하고자 한 의도로 볼 수 있다.

Ⅲ. 돈오점수의 교육적 의의

1. 인간됨과 수심의 교육적 의의

앞서 지눌의『수심결』에 나타난 사상에 대하여 논하였지만, 이는 이미 많은 선행연구자들에 의하여 밝혀진 바다. 또한 이러한 논의가 불교계나 불교학계를 떠나 일반인들과 공유하기에는 그 용어와 내용이 너무 전문적인 것이어서 공감을 이끌어내기가 쉽지 않다. 그러한 점을 감안하고서 지눌이『수심결』에서 주장하고 있는 돈오점수의 교육적 의의를 몇 가지의 측면에서 고찰하고자 한다.

지눌이『수심결』을 지어 교육을 했던 대상은 무신집권기 순천 송광사에 모인 정혜결사(수선사) 대중이었다. 그런데 이 글은 이후 불교계에 많은 공감을 불러 일으켜 한국은 물론 중국과 일본의 불교계에도 많은 영향을 끼쳤다. 그 주된 이유는 윤회의 고통 속에서 벗어나 대자유의 해탈을 삶의 목표로 하는 불교인들에게 깨침과 닦음의 길을 명쾌하게 제시하고 있기 때문이다. 그렇다면 이러한 책이 현대를 살아가는 대한민국의 우리들에게는 어떠한 의미를 지니는 것일까? 또한 지눌이 제시한 돈오점수의 수행법이 현대 교육에 어떠한 의미를 지니는 것일까? 이러한 물음에 답하는 것이 본 고찰의 목적이라 할 수 있다.

신자본주의의 실용주의적 가치와 황금만능주의를 부추기는 사회적 분위기 속에서 한국사회의 교육은 어디를 향해 나아가고 있는 것일까? 사회를 이루는 주체는 인간이고 따라서 인간의 변화 없이 사회의 변혁은 이루어질 수 없다. 지금 우리 사회에 펼쳐지고 있는 많은 혼란을 보면서, 교육자의 한 사람으로서 '우리 사회의 근본적인 문제점은 어디에 있는 것일까?' 하는 질문은 던지지 않을 수 없다. 우리의 교육을 담당하고 있는 주된 교육기관은 학교이다. 그런데 초등학교에서 고등학교까지는 입시교육이, 그리고 대학교육은 취업교육이 주를 이루고 있어서, 인간에 대한 성찰과 인성에 대한 교육은 교육현장에서 뒷전에 밀려난 지 오래되었다.

박병기는 '21세기 초반 한국의 인성교육이 직면한 문제들'로 '우리 교육이 목표로 하는 인간상의 문제'와 '우리 인성교육의 현실 문제'를 제기하고 있다. 즉 교육의 목표와 교육의 현실 모두가 인성교육을 불가능하게 하고 있다고 진단하고 있는 것이다. 즉 교육 목표의 문제점은 우리 사회는 자본주의에 근거한 자유민주주의로서 그 전제는 자유로우면서도 이기적이며 고립된 개체로서의 인간이 시민사회의 구성원으로서 시민이라는 위상을 지닌다고 말한다. 이 속에서 인간은 '생존'능력과 '더불어 사는' 능력이 긴장관계에 놓이게 되며, 그 둘이 충돌할 때 자신의 이익이 보장되는 선에서 타협하게 된다. 그리고 이러한 문제를 해결하기 위하여 홍익인간의 목표를 교육 목적으로 제시하지고 있지만, 형식적인 선언으로 그치고 있다고 진단한다. 또 교육현실의 문제점은 입시위주의 학교교육과 인성교육의 주체가 되지 못하는 가정이 복합적으로 작용하여 인성교육이 설자리가 없다고 말하고 있다.[23)

앞의 박병기의 진단은 공감되는 부분이 많다. 그러나 인간 의식의 토대를 이루는 것은 사회 경제적 환경이라 할 때, 해방 이후 형성된 한국자본주의가 지닌 부정적인 측면을 근본적으로 개선할 필요성이 있다고 보여 진다. 다만 여기에서는 우리교육의 목표 즉 인간상의 문제에 있어서, 지눌이 제시하고 있는 인간상이 지니는 교육적 가치가 무엇인지를 언급하고자한다.

지눌이 제시하고 있는 교육목표는 분명하다. 그것은 성불(成佛)과 수심(修心)이다. 부처란 완전한 인격체요, 부처란 다름 아닌 우리의 마음이다. 따라서 수심이란 곧 성불의 과정이요, 성불이다. 지눌이 정의한 마음은 공적영지심으로 그것은 곧 지와 덕을 겸비한 완벽한 인격체이다. 또한 공적영지심은 일체의 상대가 끊어진 자리로서 주관과 객관, 나와 남의 분별을 넘어서 있다. 그것은 근대 시민사회의 인간상과는 분명한 차이를 드러내고 있다. 근대 서구의 인간상은 중세 기독교의 인간상에 대한 비판 속에서 이기적이고 욕망을 추구하는 개인을 주체로 한 것이다. 그러나 이러한 서구의 인간상이 만들어내는 것은 결국 약육강식의 세계를 정당화하는 것으로 귀착되어지게 마련이다. 이기적 개인이 궁극적으로 행복하기 위해서는 더불어 행복하게 사는 공동체를 형성해야 하는데, 거기에서 개인은 결국 이기와 이타를 넘어선 둘이 하나인 인간상이 요구되어지는 것이다.

지눌이 말하는 인간상은 전인적인 인간이다. 성인(聖人)과 부처는

---

23) 박병기, 「인성교육의 불교윤리적 성찰과 과제」, 『새한철학회 학술대회 발표논문집』, 2015. 11, 88-92쪽.

범인과 다르지 않고 모두 완전한 공적영지심을 지닌 존재이다. 문제
는 아상(我相)에 의하여 일체의 무명을 제거하는가 혹은 그렇지 못한
가에 있다. 우리의 교육이 지눌이 말하는 성불과 수심을 목표로 한다
면, 많은 사람들이 물질적 소유욕을 최소화하고 더불어 행복하게 살
아가는 공동체를 만들기 위해 힘을 모을 것이라 생각한다.

2. 돈오견성의 교육적 의의

지눌의 돈오가 해오라고 성철은 비판하고 있지만, 해오와 증오 사
이에 본질적인 차이가 없다고 하는 지눌의 입장이야말로 시사하는 바
가 크다. 이는 인간의 본성이 기본적으로 완전함을 구유하고 있다는
점을 천명한 것이기 때문이다. 앞서 밝힌 바와 같이 지눌은 '공적영지
한 우리의 마음은 성인에게 있으나 증가하지 않고, 범인에게 있어도
감소하지 않는다'고 말하고 있다. 물론 이는 돈오견성한 차원에서 하
는 말이겠지만, 설사 돈오견성을 하지 않은 범인에게 있어서도 자기
에 대한 정체성을 '완전한 인격체'로 믿을 수 있게끔 한다.

교육학에 있어서 '피그말리온 효과'는 잘 알려져 있다. 즉 긍정적인
관심이 사람에게 미치는 긍정적인 효과를 말한다. 1968년 하버드대
학의 로젠탈(Robert Rosenthal)교수가 미국의 초등학교 학생들을 대상
으로 피그말리온 효과에 대한 실험을 하여 그 효과를 입증했듯이, 자
신에 대한 긍정이야말로 자신을 변화시키는 원동력이 되는 것이다.
그런데 지눌이 말하는 돈오견성은 바로 자신의 마음이 그대로 부처임
을 일깨우는 것이다. 그리고 그 돈오에 바탕하여 점차적인 닦음을 주
장하고 있어서, 자신의 정체성을 완전한 인격체로 믿게 하는 것을 그
특징으로 하고 있다.

이러한 '인간상'은 근대 서구시민사회가 제시한 '개인'과는 근본적인 차이를 지니고 있다. 서구의 개인은 이성을 중심으로 한 인격체로서 이는 자유와 이기적 욕망의 주체이지만, 이성이란 기본적으로 이성적 주체와 객체가 분리된 이분법적 사유의 한계를 지니게 된다. 그러나 지눌이 제시하고 있는 공적영지심은 주체와 객체가 분리되지 않고 나와 남이 분리되지 않으며, 진정한 지와 덕을 겸비한 완전한 인격체를 말한다.

물론 대한민국은 자본주의와 시민민주주의에 기초해 있고, 또한 이에 기초한 법에 의하여 움직이고 있는 사회이다. 따라서 지눌이 제시하는 '전인적 인간상'을 교육적 목표로 제시하여 실현한다는 것은 현실적으로 불가능한 일일 수도 있다. 그러나 현재 우리사회와 교육이 안고 있는 문제점을 극복하기 위한 대안으로서 그 가치는 있는 것이다. 그 핵심은 교육을 통하여 도달해야 할 인간상으로 이기적이고 욕망중심적인 '개인'이 아닌, 지와 덕을 겸비하고 나와 남의 경계를 넘어서 공적영지심을 회복한 '전인적 인간'을 목표로 해야 함을 말하는 것이다. 이러한 전인적인 인간이 많이 존재할 때만이 우리가 사는 공동체를 공평하고 정의롭고 행복한 사회로 변화시킬 수 있기 때문이다.

3. 정혜쌍수의 교육적 의의

정혜쌍수란 오후수(悟後修)로서 돈오에 입각한 닦음이자, 돈오 후의 지속적인 닦음의 필요성을 말한 것이다. 앞에서 밝힌 바와 같이 지눌이 말하는 돈오는 공적영지한 마음을 깨닫는 것으로 '번뇌의 성품은 공하다는 사실과 마음의 본체는 불공(不空)의 영지(靈知)를 지닌다는 것과 공적영지심이 실체로서 존재하지는 않는다'는 것이다.

또 정혜쌍수란 선정과 지혜를 함께 닦자는 것이다. 선정과 지혜는 공적영지한 마음의 체와 용이다. 공적은 마음의 체이며, 영지는 마음의 작용이다. 체와 용은 둘이 떨어져 있는 것이 아니라 상즉해 있다. 따라서 마음을 닦는다고 하지만 돈오에 입각하여 닦아나가는 것이기 때문에 실재로는 닦음이 없는 닦음이다. 혜능이 말한 무념(無念), 무상(無相), 무주(無住)의 일행삼매가 그것이라 할 수 있다. 따라서 지눌이 이상적으로 생각하는 점수는 돈오한 이후 자성문정혜를 통하여 이루어지는 닦음이라 할 수 있다.

그런데 지눌이 말하는 돈오, 즉 공적영지한 마음은 성인이나 범부나 모두가 공통적으로 지니고 있는 본래성을 말한다. 이 본래성이 작동하는 것을 가리는 것은 아상(我相)에 집착된 습기이다. 문제는 돈오한 순간 이 아상에 물든 습기가 완전히 제거될 수 있는 것인가 하는 점이다. 지눌은 보통의 인간들은 한 순간에 습기를 완전히 없애기는 어렵고 그러한 경우 수상문정혜가 방편적으로 필요하다고 말한다. 교육이란 어떤 의미에서 문제아를 정상아로 만드는 일이라고 할 수도 있다. 뛰어난 근기는 스승의 말 한마디에도 깨닫는 법이다. 그러나 근기가 낮은 사람들은 그렇게 되지를 않는다. 그렇기 때문에 비록 방편이지만 돈문의 입장을 취하면서도 근기가 낮은 사람을 위하여 수상문정혜를 취하고 있다. 바로 이점에 있어서 지눌의 교육자적 특징이 드러난다.

지눌의 정혜쌍수에서 눈여겨 볼 대목은 상근기나 중·하근기 모두에게 돈오 후 정혜쌍수를 강조하고 있다는 점이다. 상근기의 경우 돈오 한 후에 자만에 빠져 막행막식을 일삼을 경우 다시 무명과 윤회에 떨어진다고 경계하고 있다. 또 중·하근기의 경우 비록 과거의 습기로 인하여 번뇌가 일어나더라도, 그 번뇌의 성품이 본래 공하다는 사실을 반야의 지혜에 비추어 자각하면 번뇌가 스스로 사라진다는 대치의 공부법을 제시하고 있다. 결국 돈오 후 누구나 정혜를 쌍수해야 함을 강조하고 있다.

지눌이 주목하고 있는 것은 습기(習氣), 즉 습관이다. 그리고 우리가 습관의 기준으로 삼아야 할 것은 바로 공적영지한 마음이다. 우리의 본래 마음을 분명히 자각하고 거기에 맞추어 끊임없이 습관을 들여갈 때 완전한 인간이 되는 것이다. 아니 습관을 들여 나가는 그 순간순간이 완전한 인간이라 할 수 있다. 완전한 인간이란 이상 속에서 존재하지만 현실적인 인간은 그 이상을 항상 잊지 않고 매 순간 실천을 게을리 하지 말라는 가르침이라 할 수 있다.

돈오의 한 순간에 모든 습관이 다 바뀌어서 완전한 인격체가 될 수 있다는 돈오돈수의 이론은 참으로 멋진 이론이긴 하지만, 현실적인 인간 모두가 그렇게 되기는 어렵다고 지눌은 진단한 것이다. 지눌이 주장한 점수의 또 다른 특징은 동체자비의 사회적 실천으로 확장되는 데에 있다. 돈오돈수가 신비주의적이고 깨달음 지상주의를 부추기는 측면이 있다면, 돈오점수는 지속적인 개인적 수행과 사회적 실천을 강조하고 있다고 할 수 있다.

깨침에 의한 닦음, 깨침 이후의 지속적 닦음과 근기에 따른 자성문정혜와 수상문정혜는 지눌이 말하는 점수의 핵심적 내용이다. 우리의 교육이 지니는 문제점 중의 하나는 깨침을 전제하지 않는 닦음을 강요하거나, 깨침 이전의 닦음만을 강조하는 데에 있다고 할 수 있다.[24] 행복이 좋은 학벌과 안정된 직장에 의하여 이루어질 수 있다는 환상과 이에 발맞추어 진행되고 있는 교육의 현장 속에서 양산해 내는 이기적 개인과 지눌이 돈오점수의 교육과정을 통하여 목표하는 전인적 인간

---

24) 박병기, 「지눌의 수행론과 도덕교육적 해석과 실천적 함의」, 『윤리교육학연구』 28, 한국윤리교육학회, 2012, 41쪽.

의 차이를 생각해보면, 정혜쌍수의 교육적 의의를 이해할 수 있다.

Ⅳ. 맺는말

이상으로 지눌의 사상과 교육관에 대하여『수심결』을 중심으로 살펴보았다. 지눌의 많은 저술이 있지만 교육학적 측면에서 볼 때『수심결』이 단연 백미이다. 혹자는『절요사기』를 지눌의 사상을 종합한 저술로 평가하기도 하나, 이는 종밀의『법집별행록』과 대혜의『대혜어록』의 일부분을 종합하고 여기에 지눌의 사기(私記)를 붙인 것으로서 다른 저술에 비하여 그 완결성이 떨어진다 할 수 있다. 또한『권수정혜결사문』은 정혜결사의 이념을 밝힌 것으로 지눌의 최초의 저작이라서 지눌의 종합적인 사상이 녹아있지 못하다. 그리고『원돈성불론』과『간화결의론』은 화엄과 선의 동이점을 밝힌 것으로서 선교일치(禪敎一致)보다는 사교입선(捨敎入禪)의 입장을 취한 것이다. 두 저서는 화엄과 선의 철학적 논변으로는 뛰어난 가치가 있지만, 교육학적 입장에서 보면 논의의 한계가 있다.『수심결』은 1205년 이후 저술로 추정되는 작품으로 이는 41세(1198년)에『대혜어록』을 읽고서 마지막 깨달음을 이룬 이후의 시기에 저술한 것이다. 여기에는 간화선을 창도한 대혜의 글도 인용되어 있어서, 그의 사상을 종합하면서도 대표한다고 할 수 있다. 필자가『수심결』을 통하여 지눌의 교육사상을 밝힌 이유가 여기에 있다.

인간은 구체적인 삶의 현장을 떠날 수는 없기에, 우리 교육의 현장은 한국사회라 할 수 있다. 우리 사회를 이끌어온 주류의 자본과 정치인, 언론인들이 부패와 유착관계로 이루어져 있다. 그것은 해방 이후

분단 역사 속에서 민족 주체적이고 민주적인 정권을 만들어내고 그러한 정권을 지속할 국민적 역량이 부족했기 때문이다. 그 와중에 서구적 인간상과 가치가 상위 가치로 자리하고 전통의 중요한 가치는 폄하되거나 왜곡되어 왔다. 유학과 불교의 전인적 인간을 지향하던 가치 또한 그렇게 폄하되고 왜곡되어 왔다. 유학과 불교에 대한 수많은 논문이 쏟아지고 있지만, 교육현장에 있어서는 단군의 홍익인간 정신과 같이 그저 하나의 교육적 이념으로 회자되고 있는 것이 현실이다. 여기에서는 돈오점수의 교육적 의의에 대하여 세 가지로 나누어 이야기 했지만, 이를 교육적 현실에 반영하기 위해서는 보다 근본적인 사회적 변혁을 동반해야 한다고 보여 진다.

그럼에도 불구하고 우리의 삶은 죽음과 맞닿아 있고 생로병사의 실존적 상황은 누구도 거역할 수 없는 또 다른 삶의 현장이다. 지눌 사후 800여 년이 흘렀지만, 그의 사상이 여전히 생명력을 지니는 것은 인간은 모두 죽는다는 보편성 때문인지도 모른다. 죽음과 맞닿아 있는 삶을 직시할 때, 돈오에 바탕한 수심의 중요성이 강하게 다가오기 때문이다. 『수심결』의 모두(冒頭)에서 "삼계의 뜨거운 번뇌가 불타는 집과 같다. 이 속에서 어찌 차마 그대로 머물러 오랜 고통을 달게 받겠는가? 윤회의 세계를 벗어나고자 하거든, 부처를 찾는 길밖에 없다. 만약 부처를 찾으려면 부처란 바로 마음인데, 어찌 멀리서 찾을 것인가?"[25] 하는 지눌의 말에는 인간의 실존적 현실과 인간이 도달해야 할 교육적 목표가 어디에 있는지가 분명히 제시되어 있다.

---

25) 지눌, 『수심결』, 앞의 책, 31쪽. "三界熱惱 猶如火宅 其忍淹留 甘受長苦. 欲免輪廻 莫若求佛 若欲求佛 佛卽是心 心何遠覓."

참고문헌

栗谷, 『擊蒙要訣』

知訥(1989). 『修心訣』, 『普照全書』, 서울: 불일출판사.

강건기(2001). 목우자 지눌 연구. 부처님세상.

강건기(2008). 修心訣 講義 - 마음 닦는 길. 서울: 불일출판사.

길희성(2001). 지눌의 선사상. 고양: 소나무.

김방룡(2006). 보조 지눌의 사상과 영향. 파주: 보고사.

강건기(1999). 修心訣의 체계와 사상. 보조사상 12, 보조사상연구원.

김말환(2003). 修心訣의 수행방법을 통한 참마음 찾기. 한국선학 6, 한국선학회.

박병기(2015). 인성교육의 불교윤리적 성찰과 과제. 새한철학회 학술대회 발표논문집, 11.

박병기(2012). 지눌의 수행론과 도덕교육적 해석과 실천적 함의. 윤리교육학연구 28, 한국윤리교육학회.

박은목(1992). 지눌의 교육사상. 한국종교 17, 원광대학교 종교문제연구소.

정혜정(2015). 지눌의 '깨달음의 마음공부'. 한국교육사학 37, 한국교육사학회.

최성열(1988). 보조 수심결의 일고찰. 한국불교학 13.

황경식(2009). 윤리교육 - 무엇을, 어떻게, 누가 가르치나. 철학과 현실, 9.

제7장 휴정(休靜)의 삼문(三門) 수업체계와 교육관

이철헌 (동국대학교)

Ⅰ. 들어가는 말

불교가 한반도에 전래된 기록은 고구려 소수림왕 2년(372)에 전진 왕 부견(符堅)이 사신과 순도(順道)스님을 보내면서 불상과 경전을 보내온 게 처음이다. 그러나 실은 그보다 먼저 이 땅에 불교가 들어와 있었다.[1] 고구려에 이어서 백제가 불교를 받아들여 일반 백성들에게 '불법을 믿고 복을 구하라'[2]며 권장함으로써 서민들에게 불교는 행복하게 살도록 하는 가르침으로 이해되었다. 출가한 승려들은 교학을 연구하고 중국에 들어가 활약을 하고 일본에 불교를 전하기도 했다.

불교가 왕실을 중심으로 한 귀족불교의 형태를 벗어나지 못하고 있을 때 일반 서민들 속에 깊숙이 들어가 교화한 이들이 바로 신라말 혜숙(惠宿)·혜공(惠空)·대안(大安)·원효(元曉)와 같은 고승들이었다. 특히 원효는 설총(薛聰)을 낳은 뒤 속복(俗服)으로 갈아입고 스스로 소성(小姓)거사라 부르고 무애(無㝵) 춤과 무애 노래를 부르면서 방방곡곡을 돌아다니며 일반 서민들에게 널리 불법을 전했다. 그리하여 부녀자나 미천한 천민에 이르기까지 모두가 불법을 알게 되고 누구나 신앙하는 불교의 참 모습을 갖추게 되었다. 시간과 여유가 있고 문자를 아는 귀족들과는 달리 일반 서민은 어려운 교리 보다는 현실의 괴로움에서 벗어나기 위한 단순한 신앙을 원했다. 그리하여 일반 서민들은 불교경전에 담긴 불교교리를 배우기보다는 입으로 부처님을 부

---

1) 동진(東晉)의 고승 도림(道林, 314~366)이 고구려 고승에게 보낸 글이 『梁高僧傳』과 『海東高僧傳』에 있어, 고구려에 이미 불교가 들어와 있었다는 사실을 알 수 있다.

2) 『삼국사기』 「고구려본기」 6, 고국양왕 9년 3월條에는 '고구려 고국양왕은 391년에 崇信佛法求福의 영을 내렸다.'는 기록이 있으며, 『삼국유사』 「흥법」 3, 難陁闢濟條에는 백제도 아신왕이 원년(392)에 '崇信佛法求福'의 영을 내렸다.

르는 염불을 신앙했다. 통일신라말에는 중국에 유학한 승려들이 선(禪)을 전해오기 시작하여 고려초에 이른바 구산선문(九山禪門)을 이루었다. 그리하여 고려 초기에 이르면 승려들은 화엄·천태·유식 등의 교학을 전문으로 연구하거나 참선을 하고 일반 서민들은 염불을 하며 불교를 신앙했다. 고려말에 백운경한(白雲景閑)·태고보우(太古普愚)·나옹혜근(懶翁惠勤)과 같은 고승들이 중국에 들어가 임제선의 법맥을 이어오면서 이후 한국불교의 주된 수행은 임제선이 되었다. 그러나 조선 초기까진 화엄종, 천태종을 비롯한 각 종파가 존재하면서 교학을 연구하는 고승들도 많았다. 세종 대에 이르러 각 종파는 선종과 교종으로 통합되었다가 나중에는 승과제가 폐지되면서 양종마저 없어지고 교단도 제대로 존재하지 못했다. 명종 대 문정대비와 보우(普雨)에 의해 부활한 첫 승과에서 휴정(休靜, 1520~1604)이 급제를 했고 불교계는 휴정의 제자들을 중심으로 꺼져가는 불씨를 되살릴 수 있었다. 문정대비가 세상을 떠나자 보우는 제주도에서 죽음을 맞이하고 불교계는 다시 바람 앞의 등불이 되었다.

휴정이 양종판사를 그만 두고 묘향산으로 물러나 제자들을 지도하던 때는 선종이니 교종이니 하는 차별적인 종명(宗名)과 종지(宗旨)가 없는 오직 하나로 이루어진 통불교의 교단시대였다고 할 수 있다. 조선 후기 불교계는 고려말에 들어온 임제선을 중심으로 수행했으나 당시 승려들은 선(禪)수행만을 하지 않았고 오히려 화엄교학에 힘쓴 교학승들이 많았으며 염불수행도 함께 했다. 이와 같이 조선불교계에서는 선(禪)만이 아니고 교학만도 아닌 선과 교를 함께 수학하고 염불도 함께 닦았다. 이를 경절문·원돈문·염불문이라 하여 삼문(三門)으로 불렀으며, 조선 후기 불교계의 가풍이라 할 수 있다. 그리하여 당시 산중의 큰 절에는 거의 대부분 선방(禪房, 좌선방)·강당(講堂, 강원)·염

불방(念佛房, 만일회당)을 각각 갖추고 있었다.[3]

조선 후기에 이러한 삼문수학으로 자리매김하는데 중요한 역할을
한 이가 바로 청허당 휴정이라 할 수 있다. 이 글에서는 휴정의 삼문
수학에 대해 알아보고 삼문수학을 통해 어떻게 제자들을 깨달음으로
이끌고자 했는가를 살펴보고자 한다.

Ⅱ. 휴정의 생애와 시대상황

1. 휴정의 생애

휴정(休靜, 1520~1604)의 속명(俗名)은 최여신(崔汝信)이며 본관은
완산(完山)이다. 안주(安州)에서 아버지 세창(世昌), 어머니 김씨(金氏)
사이에서 태어났다. 9세 때 어머니를 잃고 이듬해 봄에 아버지마저
돌아가자 안주목사 이사증(李思曾)이 서울로 데려가 학업을 계속하도
록 했다. 15세 때 진사과(進士科)에 응시했으나 낙방한 뒤 세상의 부패
를 탄식하며 동료들과 함께 남쪽으로 여행을 떠났다. 지리산에서 숭
인장로(崇仁長老)를 만나 불법(佛法)의 깊은 뜻에 눈을 떠 머리를 깎았
다. 출가한 후 법명은 휴정(休靜), 자는 현응(玄應), 호는 청허(淸虛)다.
부용영관(芙蓉靈觀)으로부터 법을 얻고 전국 명산을 돌아다니며 공부
에 전념했다. 33세가 되는 명종 7년(1552) 4월에 당시 문정대비와 보
우(普雨)에 의해 부활된 승과에 합격했으며, 대선(大選)을 거쳐 선교양
종판사(禪敎兩宗判事)라는 최고의 승직(僧職)에 올랐다.

---

3) 김영태, 『한국불교사』, 경서원, 2011, pp. 311-313 참조.

38세인 1557년 겨울에 선교양종판사직이 출가의 참뜻이 아니라고 생각하여 이를 버리고 금강산·태백산·오대산·묘향산 등지를 돌아다니며 선수행과 후학지도에 전념했다. 묘향산에 오래 머물렀기 때문에 사람들이 묘향산인(妙香山人) 또는 서산대사(西山大師)라 불렀다. 오늘날까지도 일반인들에겐 법호인 청허나 법명인 휴정보다 별칭인 서산대사라 널리 알려져 있다. 휴정은 선조 22년(1589) 정여립(鄭汝立)의 모반사건이 일어났을 때 요승 무업(無業)의 무고로 투옥되었으나 선조가 직접 신문하여 억울함을 알고 석방했다. 이때 왕은 휴정의 인품이 비범함을 알고 직접 그린 흑죽(黑竹)에 시를 적어 하사하자 휴정도 시로 화답했다. 휴정은 다시 산으로 돌아가 후학을 지도했다.

선조 25년(1592)에 임진왜란이 일어나 왕은 한양을 버리고 피난길에 올랐다. 이때 휴정은 묘향산에 있었는데 피난 가는 선조를 의주에서 맞이했다. 선조는 국난을 타개하는데 도와주기를 간곡히 부탁하며 팔도십육종도총섭(八道十六宗都摠攝)의 직함을 주었다. 73세의 노승 휴정은 전국에 격문을 보내 의승군(義僧軍)의 궐기를 호소하여 전국에서 5천여 명의 의승군이 일어났다. 자신은 순안 법흥사(法興寺)에서 문도 1,500명으로 승군을 조직했으며, 평양탈환작전에 참가하여 공을 세웠다. 왕의 행차가 한양으로 돌아갈 때 의승군 700여 명을 뽑아 왕을 호위했다. 그리고는 나이가 많다는 이유를 들어 제자인 의엄(義嚴)과 유정(惟政)에게 직위를 물려주고 묘향산으로 돌아가자 선조는 국일도대선사선교도총섭부종수교보제등계존자(國一都大禪師禪敎都摠攝扶宗樹敎普濟登階尊者)의 존호를 내렸다, 선조 37년(1604) 1월 묘향산 원적암(圓寂庵)에서 앉은 채로 입적(入寂)했다.

휴정의 제자는 1천여 명이나 되었으며, 그 가운데 사명유정(四溟惟政)·편양언기(鞭羊彦機)·소요태능(逍遙太能)·정관일선(靜觀一禪)이

가장 대표적인 제자로 4대파를 이루어 조선 후기의 불교계를 주도했
다. 저서로는 『청허당집(淸虛堂集)』을 비롯하여 「선교석(禪敎釋)」・「선
교결(禪敎訣)」・「심법요초(心法要抄)」・「삼가귀감(三家龜鑑)」・「설선의
(說禪儀)」・「운수단(雲水壇)」 등이 있다. 묘향산 안심사(安心寺)・금강
산 유점사(楡岾寺)에 사리탑이 세워졌으며, 밀양 표충사와 해남 대흥
사의 표충사(表忠祠)와 묘향산 보현사의 수충사(酬忠祠)에서 제향하고
있다.[4]

2. 시대상황

조선개국과 함께 신진사대부들은 숭유억불을 정책이념으로 삼았고
태종과 세종 대에는 불교종단을 통폐합하고 사찰의 땅과 노비를 몰
수하여 사회경제적인 토대를 박탈했다. 바람 앞의 등불과 같은 불교
계는 세종이 중년이후 불교를 신봉하면서 한숨을 돌릴 수 있었고, 세
조의 등장으로 불교계는 부흥의 기회를 맞이했다. 세조는 개인의 신
앙으로 끝나지 않고 확고한 호불(護佛)정책을 폈다. 세종 대 본인이
지었던 『석보상절(釋譜詳節)』과 세종이 부처님의 덕을 찬양하여 지은
『월인천강지곡(月印千江之曲)』을 합쳐 『월인석보(月印釋譜)』를 출간하
고, 불교음악인 영산회상곡(靈山會上曲)과 불교무용인 연화대무(蓮花
臺舞)를 만들었다. 그리고 간경도감(刊經都監)을 설치하여 자신이 구
결(訣)한 불교경전을 훈민정음으로 번역하여 간행했다. 회암사(檜巖
寺)・해인사(海印寺)・월정사(月精寺)를 비롯한 전국 사찰을 중수하고
보수했으며, 원각사(圓覺寺)를 비롯한 많은 절을 세웠다.

---

4) 김영태, 앞의 책, pp. 276-278 참조.

세종의 중년 이후 누그러지기 시작한 배불의 기세는 세조 대에 이르러 완전히 호불정책으로 바뀌어 가는 듯 했으나 세조 이후 왕들은 다시 불교를 배척하는 정책으로 되돌아갔다. 성종은 간경도감을 그만두게 하고 도첩제를 정지시키고 도첩이 없는 승려를 환속시켜 절이 텅 빌 지경에 이르렀다. 연산군은 양종의 본사를 없애고 승과의 실시를 불가능하게 하여 승과는 자연 폐지될 수밖에 없었다.

중종 대에는 『경국대전(經國大典)』의 도승조(度僧條)를 지워서 빼어 버리게 하고, 승과를 시행하지 않음으로 이후 승과는 완전히 폐지되고 말았다. 승과제도는 고려 광종 대에 시작하여 성종의 척불 때에도 명맥을 유지하면서 선종과 교종의 종파별로 실시해 왔다. 그런데 승과가 폐지됨으로 선종과 교종의 종단 자체까지도 존재가 무의미하게 되었다. 그리하여 선종과 교종 두 종단으로 나뉘어 있던 조선불교계는 종파가 분명하지 않는 혼합 현상으로 나타났다. 성종·연산군·중종 대에 불교는 이루 말할 수 없는 박해를 받다가 명종 대에 이르러 문정대비(文定大妃)가 섭정을 하면서 꺼져가던 불교의 불씨를 되살렸다. 평소 불교 부흥의 뜻을 가졌던 문정대비는 허응당 보우(普雨)를 맞아들여 승과를 부활하고 도승(度僧)의 금지를 풀고, 회암사를 비롯하여 황폐한 전국 사찰을 중창했다. 이렇게 양종이 부활하고 도승제도와 승과가 되살아나자 교단은 활기를 띄었고 유능한 인물들이 모여들었다. 명종 7년(1552)에 실시한 승과에서 조선불교 중흥조라 할 수 있는 휴정이 급제했으며 그 뒤 사명당 유정도 승과에 급제했다. 문정대비와 보우가 노력한 불교부흥의 15년은 짧은 기간이었지만 완전히 꺼져가던 불씨를 되살리는 매우 중요한 역할을 했다. 부활한 승과를 통해 배출한 휴정과 유정에 의해 불교교단의 명맥을 유지할 수 있었으며 훗날 임진왜란의 국난을 구할 수 있었다. 그러나 명종 20년

(1565) 4월에 문정대비가 죽자 불교교단의 부활은 중도에 꺾이고 말았
다. 유생들은 불교부흥에 앞장섰던 보우를 죽이라 전국에서 들고 일
어났고 명종은 6월에 보우를 제주도로 귀양 보냈다. 제주도로 간 보
우는 제주목사 변협(邊協)에 의해 장살(杖殺)을 당했다. 문정대비가 죽
은 이듬해 결국 승과와 도첩제가 금지되었다. 불교계는 국가제도권에
서 탈락하여 승려의 사회적 지위는 다시 떨어지고 각종 사역(使役)에
시달리고 천대를 받았다. 이리하여 불교는 산으로 깊숙이 숨어들지
않을 수 없었다.

이러한 시대상황에서 휴정은 암울해진 불교교단의 존립을 위해 노
력했고 깊은 산속에 갇힌 불교현실에서 선사들의 가풍(家風)과 종통
(宗統)을 다시 확고하게 일으켜 세웠다. 선사(禪師)로서 임제종의 간화
선(看話禪)을 중요시하고, 교학을 버리고 선으로 들어가는 사교입선
(捨敎入禪)을 내세우면서도 교학의 필요성을 인정했으며, 때로는 염불
을 권하고 때로는 한글가사로 민중을 교화하고, 예불하는 불교 일상
의식의 뜻을 풀이했다.

Ⅲ. 삼문(三門)수학의 전개

1. 지눌의 삼문

삼문이란 말이 처음 나타난 곳은 김군수(金君綏)가 지은 「승평부조
계산송광사불일보조국사비명병서(昇平府曹溪山松廣寺佛日普照國師碑
銘幷序)」다. 고려중기 보조지눌(普照知訥, 1158~1210)이 '세 문을 열었
으니 성적등지문(惺寂等持門), 원돈신해문(圓頓信解門), 경절문(徑截門)

이다. 이를 통해 수행하고 믿음을 가지는 자가 많았다'고 했다.[5] 삼문
은 각기 다른 근기(根機)[6]의 사람들을 위한 교화방법으로서 특별히 어
느 것이 정통적인 방법은 아니라는 견해와 삼문은 단계적으로 밟아가
는 수행방법으로서 그 중 하나가 기본적인 것이라는 견해가 대립하고
있다. 다양한 이해가 있지만 삼문이 지눌의 사상구조를 체계적으로
제시한다는 점에는 견해가 일치하고 있으며, 삼문은 지눌이 평생토록
교화방법으로 삼은 것이다.[7] 삼문의 내용을 간략히 살펴보면 다음과
같다.

첫째 성적등지문(惺寂等持門)이란 성(惺)과 적(寂)을 똑같이 지니는
문이라는 의미다. 성(惺)이란 성성(惺惺)으로서 혜(慧)를 의미하고, 적
(寂)이란 적적(寂寂)으로서 정(定)을 의미한다.[8] 그러므로 성적등지는
정혜쌍수(定慧雙修)와 같은 의미로 돈오점수(頓悟漸修)에 근거한 것이
다. 돈오는 인간의 본심은 모든 부처님과 다르지 않다고 깨닫는 것이
고, 점수는 번뇌는 단박 없어지는 게 아니므로 선정과 지혜를 둘 다
닦아야 한다는 것이다.

둘째 원돈신해문(圓頓信解門)은 원만히 단박 믿고 이해하는 문이라
는 의미다. 화엄교학을 선의 근본 사상에 가장 잘 부합하는 부처님의
가르침으로 인정하여 선의 입장에서 수용하고 있다.

셋째 경절문(徑截門)은 경(徑)은 지름길을 의미하고 절(截)이란 자른

---

5) 金君綏,「昇平府曹溪山松廣寺佛日普照國師碑銘幷序」.“開門有三種 曰惺寂等持門 曰圓頓
   信解門 曰徑截門 依而修行 信入者多焉.”
6) 근기(根機)라 할 때 근(根)은 물건의 근본이 되는 힘을 말하며, 기(機)란 발동한다는 의미
   다. 곧 근기란 사람이 교법(敎法)을 듣고 닦아서 얻는 능력, 이해능력을 말한다.
7) 최연식,「『法集別行錄節要幷入私記』를 통해 본 보조삼문의 성격」,『보조사상』12, 보조상
   연구원, pp. 115-116 참조.
8) 이종수,「조선후기 불교의 수행체계 연구 -삼문수학을 중심으로」, 동국대학교 박사학위
   논문, 2010, p. 14.

다는 뜻으로 곧장 가로질러 가는 문이라는 의미다. 단박 깨달음에 이르는 길은 화두를 참구하는 간화선이라 했다.

깨달음에 이르는 방법에도 여러 가지가 있고 가로질러 가는 길이 있다는 건데, 지름길이 가기 편하다면 굳이 둘러갈 이유가 없다. 곧장 가로질러 가는 길이 어렵고 힘들기에 보통 사람에게는 둘러가지만 편한 길을 제시하는 것이다. 이처럼 지눌은 사람들의 이해능력에 따라 여러 수행법을 달리 제시하면서 깨달음의 길로 이끌었다. 문은 셋이나 모두 깨달음으로 들어가는 문이었다.

2. 휴정의 삼문

지눌의 삼문과는 달리 조선 후기의 수행방법을 삼문이라고 부르는데 이때 삼문은 경절문, 원돈문, 염불문을 말한다. 조선 후기에 이르러 불교가 배척을 당해 산속으로 깊이 들어간 시기에 승려들은 서민들의 눈높이에 맞춘 불교신앙을 펼칠 수밖에 없는 현실이었다. 승려들은 참선과 교학을 수학하면서도 일반 서민들에게는 염불을 권하며 불교계를 유지해야만 했다.

이렇듯 조선 후기 불교계의 특징은 경절문, 원돈문, 염불문의 삼문이 수행체계로서 보편화되어 있었다. 간화선을 중심으로 하면서 화엄을 비롯한 경전을 공부하고 염불을 하는 이러한 수행전통은 오래 전부터 있었고 휴정과 제자들에 의해 정착했다고 할 수 있다. 편양언기(鞭羊彦機, 1581~1644)는 「선교원류심검설」에서 이 세 문을 설명하고 있다.

경절문의 공부는 조사(祖師)의 공안(公案)에 대해 때때로 스승의 지도로 깨달고 의심을 일으키어 성성(惺惺)하되 조급하지도 않고 느리지도 않아 혼침(昏沈)과 산란(散亂)에 떨어지지도 않고, 간절한 마음으로 잊지 않되 마치 아이가 어머니를 생각하듯이 하면, 마침내 깜짝할 사이에 한 번 터지는 묘한 경지를 볼 것이다.

원돈문의 공부는 신령스런 심성(心性)은 본래 청정하여 번뇌가 없음을 돌이켜 비추어 보아, 경계에 대해 분별하는 마음이 생길 때는 문득 분별이 일어나기 전을 향해 추궁하기를 '이 마음은 어디서 일어나는가?'한다. 일어난 곳을 추궁하여도 찾지 못하면 마음이 답답해질 것이니 그것은 좋은 소식이다. 부디 놓아버리지 않아야 한다.

염불문의 공부는 다니거나 섰거나 앉거나 눕거나 항상 서방을 향해 존안(尊顔)을 바라보고 생각하며 잊지 않으면, 목숨을 마칠 때 아미타불이 연화대 위로 영접하리라.[9]

훗날 경절문·원돈문·염불문을 삼문으로 체계화하고 정리한 이는 진허팔관(振虛捌關, ?~1782)이다. 팔관(捌關)은 영조 45년(1769)경에 편찬한 『삼문직지(三門直指)』의 서문 첫머리에서 '음양이 없는 땅에 가람이 있으니 대원각(大圓覺)이라 부른다. 그곳에서 뿌리 없는 나무가 자연스럽게 성장하니 그 문이 셋이며 경절·원돈·염불이다. 이로써 정토에 왕생하고 법계에 들어가고 마음의 성품을 바로 보니 이는 같은가 다른가? 문은 다르나 근본 뜻은 같다'[10]고 했다. 염불문을 통해 정토에 나고, 원돈문을 통해 법계에 들어가고, 경절문을 통해 마음의

---

9) 『鞭羊堂集』 권2, 「禪敎源流尋釼說」(『韓佛全』8, p. 257b) "徑截門工夫 於祖師公案上 時時 擧覺起疑惺惺 不徐不疾 不落昏散 切心不忘 如兒憶母 終見憤地一發妙也圓頓門工夫 返照 一靈心性 本自淸淨元無煩惱 若當於對境分別之時 便向此分別未起之前 推窮此心從何處 起若窮起處不得 則心頭熱悶 此好消息也 不得放捨 念佛門工夫 行住坐臥常向西方 瞻想尊 顔 憶持不忘 則命終時 陀佛來迎 接上蓮臺也.

10) 「三門直指序」(『韓佛全』10, p. 138c) "夫無陰陽地 有伽藍 號大圓覺 以無根樹 自然化作 然 門則有三 曰徑截曰圓頓曰念佛 以是而往生淨土 證入法界 直見心性 其同耶 不同耶 郭門 雖異 會要則同."

성품을 바로 보니 이 셋은 문은 다르나 근본 뜻은 같다는 것이다.

이어서 염불문(念佛門)·원돈문(圓頓門)·경절문(徑截門)을 차례로 설명하고 있다. 염불이 열등해서 세 문 가운데 먼저 있는 게 아니라 염불삼매는 보살의 아버지이므로 먼저 설명하며, 십지(十地)보살[11]에 이르기까지 염불이 떠나지 않으므로 세 문은 앞뒤는 있지만 우열이나 차례를 말할 수는 없다고 했다.[12] 흔히 타고난 자질이 뛰어난 사람은 참선을 하고 중간 정도의 사람은 교학을 하고 낮은 사람은 염불을 한다고들 하는데 팔관은 염불이 십지(十地)보살에 이르기까지 모든 이들에게 근본이 되며, 참선과 교학과 염불의 우열이나 차례가 있는 게 아니라고 설명하고 있다.

휴정의 저술에서 삼문이란 말은 없으나 참선을 강조하면서도 교학을 중요시하고 염불수행을 권하고 있으므로 스스로 삼문수행을 했다고 할 수 있다. 선교양종판사라는 최고 승직도 역임했고 실질적으로 당시 불교계를 이끌었던 휴정의 사상은 그의 법조(法祖)인 벽송지엄(碧松智嚴)으로부터 이어진 것이라 할 수 있다. 지엄은 임제종풍을 중심으로 하면서도 『법화경(法華經)』·『화엄경(華嚴經)』 등의 대승경전을 강의하여 후학을 지도했으며, 아미타불을 염불하는 정토신앙을 권장했다. 이러한 지엄의 가풍은 『통록촬요(通錄撮要)』의 발문에서 옛 성인의 게송을 인용하면서 '때때로 조사선을 참구하고, 자주 모든 부처님의 가르침을 보라. 여가에는 아미타불을 생각하여 정토에 나기

---

11) 『화엄경』등에서 부처가 되기 위한 52단계 수행 가운데 41~50단계를 10지(十地)라 한다. 10지에 이르러서야 비로소 불성(佛性)을 보며 중생을 구제하고 지혜를 갖춘다 하여 십지보살이라 부른다.

12) 「三門直指」(『韓佛全』10, p. 139b) "問念佛劣故 三門中在初耶? 答毘盧品疏云 念佛三昧者 菩薩之父 故首明之 乃至十地 不離念佛 然則三門 互爲先後 不可以言勝劣爲次."

를 구하라'[13]고 한 글에 잘 나타나 있다. 조사선을 참구하면서도 대승경전을 강학하고 아미타염불을 하는 이러한 지엄의 가풍은 부용영관(芙蓉靈觀)을 거쳐 청허에게 이어졌으며 청허의 문도들은 이러한 선사상을 계승하여 훗날 삼문수업이라는 한국불교의 수행가풍을 확립했다.[14]

휴정이 선사이면서도 참선만을 주장하지 않고 교학과 염불수행을 받아들인 이유는 사람들의 능력이 각기 다르고 이에 따라 수행방법이 다를 수밖에 없다는 걸 알았기 때문이다. 휴정은 '법에는 많은 뜻이 있고 사람은 여러 근기(根機)가 있으니 각기 다른 방편을 세울 수밖에 없다'[15]고 했다. 사람마다 타고난 자질이 다르므로 여러 방편으로 이끌어야 함을 말하고 있다. 그러면 휴정은 참선과 교학과 염불에 대해 어떤 생각을 가지고 있었는지 휴정의 저술을 통해 살펴보자.

(1) 참선문

참선이란 화두(話頭)[16]를 들고 수행하는 간화선을 일컫는다. 화두의 내용에 끊임없이 의심하면서 정신을 집중하고 들어가 우리가 본래 갖추고 있는 청정하고 평등한 마음의 경지를 찾는 수행이다. 이른바 '문자를 들지 않고 경전의 가르침과는 별도로 전한다. 사람의 마음을 바로 가리켜 성품을 보고 깨달음을 이룬다'[17]는 가르침이다.

휴정은 선에 대한 요지를 담은 『선가귀감』의 첫 구절에서 다음과 같

---

13) 『通錄撮要』(『韓佛全』7, p. 808c) "數擧祖師禪 累看諸佛教 餘暇念彌陀 求生於淨土"

14) 이철헌, 「청허의 선사상과 법통인식」『한국불교사연구』4, 한국불교사연구회, 2014, p. 84

15) 『禪家龜鑑』(『韓佛全』7, p. 635a) "然法有多義 人有多機 不妨施設"

16) 선가(禪家) 특히 임제종에서 참선 수행의 완성을 도모하기 위해 사용하는 간결하고도 역설적인 문구나 물음을 말하며 공안(公案)이라고도 한다.

17) 不立文字 敎外別傳 直指人心 見性成佛

이 밝히고 있다.

> 여기에 한 물건[一物]이 있는데, 본래부터 소소영령(昭昭靈靈)하여 일찍이 나
> 지도 않았고 죽지도 않아 이름 지을 길도 없고 모양을 그릴 수도 없다. 부처님
> 과 조사가 세상에 출현함은 바람도 없이 물결이 일어남이다. 그러나 법에는
> 많은 뜻이 있고, 사람에겐 다양한 근기가 있어서 여러 가지 방편을 베풀지 않
> 을 수 없다. 강제로 갖가지 이름을 세워 '마음'이라 하고, '부처'라 하고, '중생'
> 이라 하니 이름을 고집하여 이해하려 할 일이 아니다. 다 그대로 옳은 것이니
> 한 생각이라도 움직이면 곧 어긋난다.[18]

'한 물건[一物]'이란 선가에서 주로 사용하는 말로 우리 본래면목을
표현한 말이다. 이름으로 밝힐 수 없고 모양으로 나타낼 수도 없는 본
래 마음자리를 있는 그대로 알아차리는 수행법이 참선이다. 휴정이
말하는 참선은 달마(達摩)로부터 혜능(惠能)을 거쳐 임제(臨濟)로 이어
지는 임제선풍이다. 휴정은『청허당집』에 징(澄)장로에게 준「참선문」
이 있으며『심법요초』에도「참선문」이 있다.『심법요초』「참선문」에서
참선에 대해 다음과 같이 설명하고 있다.

> 생사를 벗어나고자 하거든 모름지기 조사선을 참구하라. 조사선이란 '개는 불
> 성이 없다'는 화두니 이것은 1천 7백 가지 공안 가운데 제일의 공안이다. …〈중
> 략〉… 무릇 배우는 사람은 부디 활구(活句)를 참구하고 사구(死句)를 참구하
> 지 말라. 활구를 체득하면 부처님과 조사와 함께 스승이 될 수 있으나 사구는
> 체득하여도 제 몸도 구하지 못한다. 활구란 경절문이니 마음의 길도 끊어지고
> 말의 길도 끊어져 더듬을 수 없기 때문이요, 사구란 원돈문이니 이치의 길도

---

18)『禪家龜鑑』(『韓佛全』7, p. 619a) "有一物於此 從本以來 昭昭靈靈 不曾生 不曾滅 名不得
　　狀不得. 佛祖出世 無風起浪. 然法有多義 人有多機 不妨施設 强立種種名字 或心或佛或
　　衆生 不可守名而生解 當體便是 動念即乖."

있고 마음의 길도 있어서 이해하는 생각이 있기 때문이다.[19]

휴정은 참선은 활구를 참구하는 조사선이요 곧장 가로질러 가는 문이라 했다. 선사들은 참선을 다른 어떠한 수행법보다 가장 뛰어난 수행으로 여겼고, 화두를 들고 참구하는 간화선을 실천하고자 했다.

(2) 교학문

휴정은 '세존께서 세 곳에서 마음을 전한 것은 선의 요지요 일생토록 설하신 것은 교학문이다. 그러므로 선은 부처님 마음이요 교는 부처님 말씀이다'[20]라고 했다.

참선을 부처님의 마음으로 교학을 부처님의 말씀으로 이해한 것은 선교일치를 주장하는 조사들이 예로부터 늘 해 오던 말이다. 그러면서도 청허는 다음과 같은 견해를 보인다.

> 상근기와 큰 지혜를 가진 자는 이러한 한계가 없으나 중·하근기 사람은 차례를 건너뛸 수 없다. 교의(教義)는 변하지 않는 것과 인연을 따르는 것 그리고 돈오와 점수가 앞뒤가 있다는 것이고, 선법(禪法)은 한 생각에 변하지 않는 것과 인연을 따르는 것, 그리고 성품과 형상과 체와 용이 원래 동시다. 떠나도 떠난 것이 아니라 옳은 게 틀린 것이다. 그러므로 종사(宗師)는 법에 의거하여 말을 버리고 바로 한 생각을 가리켜서 성품을 보고 부처가 되는 것이니 교의를 놓아버리는 것이 바로 이것이다.[21]

---

19) 「叅禪門」『心法要抄』(『韓佛全』7, pp. 649c-650a) "若欲脫生死 須叅祖師禪 祖師禪者 狗子無佛性話也 一千七百則公案中 第一公案也 …〈中略〉… 大抵學者 須叅活句 莫叅死句 活句下薦得 堪與佛祖爲師 死句下薦得自救不了 活句者 徑截門也 沒心路沒語路無摸索故也 死句者 圓頓門也 有理路有心路有聞解思想故也."

20) 『禪家龜鑑』(『韓佛全』7, p. 635b) "世尊三處傳心者 爲禪旨 一代所說者爲敎門 故曰禪是佛心 敎是佛語."

21) 위의 책, p. 636b "上根大智 不在此限 中下根者 不可獵等也 敎義者 不變隨緣 頓悟漸修

상근기의 사람은 교학을 하지 않아도 상관이 없지만, 중·하근기의 사람은 교학을 자세히 판단한 후에 그 교학의 의미를 버리고 한 생각을 바로 가리켜 성품을 보고 부처가 된다고 했다. 교를 버리고 선에 들어가야 한다(捨敎入禪)는 선사들의 생각과 크게 다를 바 없다. 교학을 버리고 선으로 들어간다고 할 때 교학을 버리라는 말은 교학을 처음부터 하지 말고 바로 선으로 들어가라는 의미와 교학을 먼저 배우고 다음에 교학을 버리고 선으로 들어가라는 의미로 새길 수 있다. 휴정은 처음부터 교를 버리는 게 아니라 교학을 통해 선으로 들어가야 한다는 주장이다. 청허가 사명대사 유정을 위해 쓴『선교결(禪敎訣)』에서 '교학자들은 교 가운데에도 선이 있다고 한다. …〈중략〉… (교학은) 선가(禪家)에 입문하는 초구(初句)지 선지(禪旨)는 아니다.'[22]하여 교학은 선가에 입문하는 첫걸음이라고 명확하게 밝히고 있다.

휴정은 부처님이 한평생 설하신 가르침을 다음과 같이 비유했다.

세존께서 일생토록 말씀하신 가르침은 비유하자면 삼계(三界)의 나고 죽는 바다에 세 종류의 자비 그물을 펴신 것과 같다. 작은 그물로는 새우와 조개를 건지고, 중간 그물로는 방어와 송어를 건지고, 큰 그물로는 고래와 큰 자라를 건져서 함께 열반언덕에 두는 것과 같으니 이는 가르침의 순서다.[23]

그물의 크기에 따라 잡는 고기가 다르고 그물이 작은 것에서 큰 것

有先有後 禪法者 一念中 不變隨緣 性相體用 元是一時 離卽離非 是卽非卽 故宗師據法離言直指一念 見性成佛耳 放下敎義者以此."

22)「禪敎訣」(『韓佛全』7, p. 657b) "敎者曰敎中亦有禪也云者 …〈中略〉… 然此禪家入門之初句 非禪旨也."

23) 위의 책, "世尊一代所說之敎也 譬如將三種慈悲網 張三界生死之海 以小網攬蝦蜆如人天小乘敎 以中網攬魴鱒如緣覺乘中乘敎 以大網攬鯨鱉如大乘圓頓敎 俱置於涅槃之岸焉此敎之序也."

순으로 가르침을 편다는 것이다. 그러면서도 교학에서 말하는 세 그물로는 무엇이라 규정지울 수 없는 완전하고도 온전한 한 물건[一物]은 건져낼 수 없다고 했다. 휴정은 '경을 보되 위를 향하여 공부하지 않으면 팔만대장경을 다 본다할지라도 아무런 이익이 없다'[24]하면서 교학을 하되 자기 마음공부를 해야 함을 주장하고 있다.

> 배우는 사람은 먼저 참다운 가르침으로 변하지 않는 것과 인연을 따르는 두 가지 뜻이 자기 마음의 성품과 형상이며 단박 깨치거나 점점 닦는 두 가지 문이 자기 수행의 처음과 끝임을 자세히 가려서 알아야 한다. 그러고 나서 가르침의 뜻을 놓아 버리고 다만 자기 마음에 드러난 한 생각으로 선의 요지를 자세히 참구하면 반드시 얻을 바가 있으니 이른바 몸을 벗어나 살 길이다.[25]

선과 교의 차이에 대해 '말이 없음으로써 말 없는 데에 이르는 것이 선이요, 말 있음으로써 말 없는 데에 이르는 것이 교다. 그리하여 마음이 바로 선법이며 말씀이 바로 교법이다. 곧 법은 비록 한 맛이나 그 견해는 하늘과 땅만큼 현격하다'[26]고 했다.

이는 휴정이 본 선교관(禪敎觀)의 진실을 나타낸 것이라 할 수 있다. 선이 우위에 있고 교는 아래에 있으며, 선은 깊고 교는 얕으며, 선이 주(主)고 교가 종(從)이라는 것을 주장하고 있다.

(3) 염불문

염불이란 부처님을 생각한다는 말이다. 곧 염불문은 부처님을 생각

---

24)『禪家龜鑑』(『韓佛全』7, p. 641b) "看經 若不向自己上 做工夫 雖看盡萬藏 猶無益也."

25) 위의 책, p. 636b "故學者 先以如實言教 委辨不變隨緣二義 是自心之性相 頓悟漸修兩門 是自行之始終 然後放下教義 但將自心現前一念 綜詳禪旨 則必有所得所謂出身活路"

26) 위의 책, p. 635b "以無言 至於無言者 禪也 以有言 至於無言者 教也 乃至心是禪法也 語 是教法也 則法雖一味 見解則天地懸隔."

하여 정토(淨土)에 태어나기를 바라는 수행을 말한다. 정토를 오직 내 마음이 정토임을 깨닫는 유심정토(唯心淨土)와 서방에 아미타불이 계신 극락세계가 있다는 서방정토(西方淨土)로 나눌 수 있다. 모든 건 오직 마음이 짓는다는 사상을 가진 출가자들은 유심정토를 주장하나 일반 서민들은 아미타불이 계신 서방극락세계에 태어나기를 바란다.

휴정은 선사로서 염불을 인정했는데 이때 염불은 사후에 서방극락으로 가기 위한 게 아니라 어디까지나 자기 내면에서 아미타불을 찾는 자성미타(自性彌陀)의 차원이었다. 휴정은 「심법요초(心法要抄)」에서 고려말 나옹혜근이 염불인에게 준 게송 가운데 두 게송을 인용하고 설명하기를 '이는 자성(自性)이 아미타불이라는 게송인데 이는 마음으로 정토를 염원하는 것[思像念佛]이다. 근기가 뛰어나고 지혜가 있는 자는 입으로 부르는 것을 거치지 않고 행주좌와(行住坐臥) 어묵동정(語默動靜)과 희로애락 가운데 생각하고 생각할 뿐이다. 근기가 둔하고 낮은 이는 이와 반대다'[27]라고 했다. 나옹이 짓고 휴정이 인용한 다음 두 게송은 오늘날 불교의식에서 읊고 있다.

> 자성의 아미타불 어느 곳에 있는가
> 언제나 생각하여 부디 잊지 말지니
> 갑자기 하루아침에 생각조차 잊으면
> 물건마다 일마다에 감춤 없이 드러나리.
>
> 아미타불이 어느 곳에 있는가
> 마음에 붙들어 두고 부디 잊지 말지니
> 생각이 다하여 생각이 없는 곳에 생각이 이르면

---

27) 「心法要抄」(『韓佛全』7, p. 650b-c) "右自性彌陀頌 此思像念佛也 利根上機 不涉口誦 行住坐臥 語默動靜 喜怒愛樂中 思而念之而已 鈍根劣機 反此耳."

여섯 문에서 언제나 자금(紫金)의 광명이 빛나리라.[28]

휴정은 염불하는 승려에게 준 시에서 '참선이 곧 염불이고 / 염불이 곧 참선이네 / 근본 성품은 방편을 떠나 / 소소하고 뚝 적적하네'[29]라고 노래하고 있다.

참선이 곧 염불이고 염불이 곧 참선이라는 말은 염불도 선 수행의 일종이라는 것이다.

> 입에 있으면 외우는 것이요 마음에 있으면 생각함이니, 외우기만 하고 생각함이 없으면 도를 닦음에 이익이 없다. '나무아미타불' 여섯 글자의 법문은 윤회를 벗어나는 지름길이니, 마음은 부처님 경계에 인연하여 기억하며 잊어버리지 않고 입으로는 부처님 이름을 부르면 분명하여 산란하지 않는다. 이렇게 마음과 입이 서로 맞아떨어지는 걸 염불이라고 한다.[30]

입으로 부처님 이름만 부르는 게 아니라 마음으로 부처를 생각하라는 것이다. 휴정은 백처사에게 준 「염불문」이란 글을 통해 자기 생각을 다음과 같이 나타내고 있다.

> 부처님이 근기가 높은 사람을 위해 말씀하시기를 '마음이 곧 부처요, 오직 마음이 정토며, 스스로 성품이 아미타불이라'고 하셨으니, 이른바 서방이 여기서 멀지 않다는 것이다. 근기가 낮은 사람을 위해 말씀하시기를 '10만(十惡) 팔천

---

28) 「懶翁和尙語錄」(『韓佛全』6, p. 743a) "自性彌陀何處在 時時念念不須忘 驀然一日如忘憶 物物頭頭不覆藏, 阿彌陀佛在何方 着得心頭切莫忘 念到念窮無念處 六門常放紫金光"

29) 「贈念佛僧」『淸虛堂集』2(『韓佛全』7, p. 693a) "衆禪即念佛 念佛即衆禪 本心離方便 昭昭寂寂然."

30) 「念佛門」「心法要抄」(『韓佛全』7, p. 650a). "念佛者 在口曰誦 在心曰念 徒誦失念 於道無益 阿彌陀佛六字 之出輪廻之捷徑也 心則緣佛境界 憶持不忘口則稱佛名號 分明不亂 如是心口相應."

(八邪)리라' 하셨으니 이른바 여기서 서방이 멀다는 것이다. 그러고 보면 서방
이 멀고 가까움은 사람에게 있지 법에 있는 것이 아니며, 서방이 드러나고 감
추어짐은 말에 있지 뜻에 있는 것이 아니다.[31]

　마음이 정토며 자신의 성품이 아미타불임을 알라고 했다. 그러면서
도 서방극락정토를 부정하지 않고 근기가 낮은 사람을 위해 서방정토
를 인정하고 있다.

　어떤 이는 "자심이 정토이므로 정토에 태어날 수 없고, 자성이 아미타불이므로
아미타불을 볼 수 없다."라고 하는데, 이 말은 옳은 것 같으면서도 그르다. 저
부처님은 탐욕과 성냄도 없지만 우리도 탐욕이나 성냄이 없는가? 저 부처님은
지옥을 연꽃 세계로 바꾸기를 손바닥 뒤집듯이 쉽게 하지만 우리는 업력 때문
에 늘 지옥에 떨어질까 두려워하는데 어찌 연꽃 세계를 만들 수 있겠는가? 저
부처님은 다함없는 세계를 눈앞에 있는 듯 보지만 우리는 벽 너머 일도 알지
못하는데, 어찌 시방세계를 눈앞에 있는 듯 볼 수 있겠는가? … 〈중략〉 … 마
명(馬鳴)과 용수(龍樹)는 조사(祖師)지만 모두 왕생하기를 말로써 깊이 권했으
니 우리도 어찌 왕생하고 싶지 않겠는가? 부처님은 "서방정토는 여기서 멀어
십만 팔천리다."라고 하셨는데, 이는 근기가 둔한 사람들을 위해 현상을 말하
신 것이다. 또 "서방정토는 여기서부터 멀지 않으니, 마음(중생)이 부처(아미타
불)다."라고 하셨는데, 이는 근기가 예리한 사람들을 위해 근본 성품을 말하신
것이다. 가르침에는 방편과 실제가 있고 언어에는 드러냄과 감춤이 있다. 이
해와 행동이 서로 응하는 자라면 멀고 가까움이 모두 통할 것이다. 그래서 조
사 문하에도 어떤 이(혜원)는 '아미타불'을 불렀고, 어떤 이(서암)는 '주인공아!'
하고 불렀다.[32]

---

31) 「念佛門-贈白處士」『清虛堂集』2(『韓佛全』7, p. 711a-b) "佛爲上根人說即心即佛 惟心淨
　土 自性彌陁 所謂西方去此不遠是也爲下根人 說十萬十惡八千八邪里 所謂西方去此遠矣
　然則西方遠近 在於人而不在於法也 西方顯ст 在於語而不在於意也."

32) 『禪家龜鑑』(『韓佛全』7, pp. 640c-641a) "有人云 自心淨土 淨土不可生 自性彌陀 彌陀不
　可見 此言似是而非也 彼佛無貪無嗔 我亦無貪嗔乎 彼佛變地獄作蓮花 易於反掌 我則以
　業力 常恐自墮於地獄 況變作蓮花乎 彼佛觀無盡世界 如在目前 我則隔壁事 猶不知 況見

휴정은 자기 성품이 곧 아미타불이고 오직 마음이 정토라는 설에 대해 우리는 부처님처럼 탐욕과 성냄이 없질 않고 세상을 마음대로 할 수 있는 존재가 아니고 시방세계를 눈앞에 볼 수 없다. 그러므로 마명과 용수와 같은 조사들도 왕생을 권했으므로 왕생을 위한 수행을 해야 한다고 했다. 그리고 근기가 둔한 사람을 위해 방편으로 서방정토가 멀리 있다고 했으며 근기가 예리한 사람에게는 서방정토가 멀지 않아 마음이 곧 아미타불이라고 말했다고 설명했다.

근기가 높은 사람에게는 유심정토를 말하고, 이해수준이 낮은 사람을 위해 멀리 있는 서방정토를 말했다. 그리고 실제 멀고 가까움은 사람 수준에 달려 있고 법에 있지 않으며, 서방이 드러나고 감추어짐은 말에 있지 뜻에 있는 것이 아니라고 했다. 수준이 낮은 사람에게는 극락이 멀리 있고 감추어진 것처럼 보이지만, 실제로는 마음이 바로 미타라는 주장을 하고 있다. 그래서 염불을 근기에 따라 유심정토와 서방정토의 그것으로 구분하여 설명하고 있다.[33]

이로 볼 때 휴정은 유심정토를 주장하면서도 근기가 낮은 사람을 위해 서방정토를 부정하지 않고 유심정토와 서방정토의 조화를 추구했다. 그러면서도 하근기를 위해 서방정토를 상근기를 위해 유심정토를 말했다는 관점은 유심정토와 서방정토를 단계적으로 이해한 것으로 보인다. 이러한 단계적 수행관에 대해「염불문」에서는 다음과 같이 말했다.

十方世界 如目前乎 … 〈중략〉 … 馬鳴龍樹 悉是祖師 皆明垂言敎 深勸往生 我何人哉 不欲往生 又佛自云 西方去此遠矣 十萬(十惡)八千(八邪) 此爲鈍根說相也 又云西方去此不遠 卽心(衆生)是佛(彌陀) 此爲利根說性也 敎有權實 語有顯密 若解行相應者 遠近俱通也 故祖師門下 亦有或喚阿彌佛者 (慧遠) 或喚主人公者(瑞巖)."

33) 전재강, 「회심가의 이념구도와 청허 사유체계의 상관성」 『어문논총』 54, 한국문학언어학회, 2011, p. 86.

한 생각을 일으키지 않아 과거와 미래가 끊어지면 자기 성품의 아미타불이 홀로 드러나고 자기 마음의 정토가 바로 앞에 나타날 것이다. 이것은 단박 깨닫고 단박 닦고 단박 끊고 단박 얻는 까닭에 점차 거쳐야할 단계가 없다. 그렇긴 하지만 잘못된 인식작용을 바로 잡는 일은 하루 아침저녁에 되는 일이 아니라 오랜 세월 수행해야 한다. 그러므로 부처는 본래 그대로지만 부지런히 생각해야 하며 업은 본래 빈 것이지만 부지런히 끊어야 한다.[34]

한 생각이 끊어지면 자기 성품의 아미타불이 홀로 드러나고 자기 마음의 정토가 바로 앞에 나타나겠지만 오랫동안 길들여진 습기(濕氣)를 하루아침에 없앨 수 없으므로 오랫동안 부지런히 염불수행을 하라는 말이다.

휴정은 참선이야말로 깨달음을 얻는 지름길이지만 중·하근기는 교학을 통해 참선으로 들어가야 한다고 주장했다. 그리고 염불은 선수행의 방편으로 인정하고 하근기는 서방정토를 상근기는 유심정토를 수행한다고 했다.

휴정의 삼문수학을 그림으로 나타내면 다음과 같다.

이처럼 삼문수업은 모두 깨달음을 향해 가는 세 길이라 할 수 있다.

---

34)「念佛門-贈白處士」『淸虛堂集』 2(『韓佛全』7, p. 711a-b) “若人不生一念 前後際斷 則自性彌陁獨露 而自心淨土現前矣 此即頓悟頓修 頓斷頓證故 無地位矣 雖然翻妄行相 非一朝一夕 要假歷劫熏修 故曰佛本是而勤念 業本空而勤斷”

그러나 삼문수업을 주장하는 고승들은 모두 선사들이었다. 그들은 전통 수행방법인 간화선을 주장하면서 교학과 염불수행을 수용하고 있다. 이는 선 수행을 중심으로 교학과 염불을 결합하는 방식으로 전개하려 했다.

Ⅳ. 삼문수학의 교육적 논의

붓다는 출가 후 6년간의 혹독한 고행과 단식을 통해 모든 욕망은 내려놓을 수 있었으나 육신과 마음이 조화롭지 못하고는 해탈할 수 없음을 알았다. 그리하여 고행을 그만 두고 보리수 아래에서 깊은 선정에 들었다. 다섯 감각기관이 항상 편안히 해야 완전한 행복을 얻을 수 있으며, 잘 균형 잡힌 평온한 마음에서 깊은 삼매를 얻을 수 있으며, 깊은 삼매로부터 최상의 평화를 얻을 수 있었다. 붓다는 자신이 체득한 진리는 보통 사람이 이해하고 따라 수행하기엔 너무나 어려운 일이라는 걸 알았다. 자신이 깨달은 진리는 세상 사람들이 애착하는 식욕, 색욕, 수면욕, 재물욕, 명예욕과 같은 욕망을 떠나 세상의 흐름과 반대로 거슬러 올라가는 역류도(逆流道)인데 누가 이해할 수 있겠는가 생각했다. 그리하여 사람들에게 자신이 깨달은 진리를 널리 알리지 않고 열반에 들고자 했다. 그러자 범천이 부처님 앞에 나타나 진리를 널리 펼 것을 세 차례나 간청했다.

> '내가 도달한 이 법은 깊고 보기 어렵고 깨닫기 어렵고, 고요하고 숭고하다. 단순한 사색에서 벗어나 미묘하고 슬기로운 자만이 알 수 있는 법이다. 그런데 사람들은 집착하기 좋아하여, 아예 집착을 즐긴다. 그런 사람들이 '이것이 있

으므로 저것이 있다.'는 도리와 연기(緣起)의 도리를 본다는 것은 참으로 어려운 일이다. 또한 모든 행(行)이 고요해진 경지, 윤회의 모든 근원이 사라진 경지, 갈애(渴愛)[35]가 다한 경지, 탐착(貪著)을 떠난 경지, 괴로움의 소멸에 이르는 경지, 그리고 열반(涅槃)[36]의 도리를 안다는 것도 어려운 일이다. 내가 비록 법을 설한다 해도 다른 사람들이 이해하지 못한다면 나만 피곤할 뿐이다.'

이와 같이 깊이 사색한 세존께서는 법을 설하지 않기로 하셨다.

그때 사함빠띠(Sahampati)라는 범천(梵天)[37]이 자기 마음으로 세존의 마음속을 알고서 이렇게 생각했다. '아! 세상은 멸망하는구나. 아! 세상은 소멸하고 마는구나. 여래(如來)·응공(應供)·정등각자(正等覺者)가 법을 설하지 않으신다면.' 그리하여 사함빠띠는 마치 힘센 사람이 굽혔던 팔을 펴고 폈던 팔을 굽히는 것처럼 재빠르게 범천의 세상에서 사라진 뒤 세존 앞에 나타났다. 그는 한쪽 어깨에 상의(上衣)를 걸치고 오른쪽 무릎을 땅에 꿇은 다음 세존을 향해 합장하며 간청했다.

"세존이시여, 법을 설하소서. 선서(善逝)[38]께서는 법을 설하소서. 삶에 먼지가 적은 중생들도 있습니다. 그들이 법을 듣는다면 알 수 있을 것입니다. 그러나 법을 설하지 않으신다면 그들조차 쇠퇴할 것입니다."

범천의 간절한 요청과 중생들에 대한 깊은 연민을 이기지 못해 부처님은 다시 세상을 살펴보았다. 중생들에게는 차이가 있었다. 먼지와 때가 적은 중생, 먼지와 때가 많은 중생, 두뇌가 총명한 중생, 두뇌가 무딘 중생, 품성이 좋은 중생, 품성이 나쁜 중생, 가르치기 좋은 중생, 가르치기 나쁜 중생이 있었다. 다음 세상의 과보를 두려워하며 자신의 허물을 살피는 중생도 있고, 그런 것을

---

35) 과거의 원인과 번뇌에 대한 집착은 마치 목마른 사람이 애타게 물을 찾는 것처럼 강렬하게 욕망하기 때문에 갈애(渴愛, taṇhā)라고 표현한다. 이 갈애가 괴로움의 원인이다.

36) 열반(涅槃, nirvāṇa)이란 니르와나 '번뇌의 불을 불어서 끈 상태' '괴로움이 사라진 상태' '괴로움이 완전히 없어진 상태'를 의미한다. 니르와나(nirvāṇa)는 'nir(제거)+vāṇa(직물 등을 짜다)'는 뜻이다. 더 이상 직물을 짜지 않는다는 건 더 이상 다시 태어나는 업을 짓지 않는 곧 윤회로부터 벗어남을 의미한다.

37) 본래 인도의 종교와 철학에서 최고의 신 또는 원리를 말하나 불교에서는 색계(色界)의 초선천(初禪天)의 제3천의 왕을 말한다. 범천궁이라 불리는 화려한 보배 누각에 살면서 사바세계를 다스리는 천왕이다.

38) 선서(善逝, sugata)란 생사의 바다에 빠지지 않고 깨달음의 언덕으로 잘 가신 분이란 뜻이다.

무시하는 중생도 있었다. 마치 붉고 푸르고 새하얀 갖가지 연꽃들이 같은 연못 같은 진흙에서 싹을 틔워 같은 물에서 자라는 것과 같았다. 그중에는 물속에서 썩어버리는 것도 있고, 수면에서 위태로운 것도 있고, 물 위로 솟아올라 꽃을 피우고 열매를 맺는 것도 있었다. 솟아오른 연꽃은 진흙도 묻지 않고 물에도 젖지 않은 채 화려한 빛깔과 은은한 향기로 주변을 아름답게 가꾸고 있었다. 부처님께서는 마침내 세상을 향해 사자처럼 늠름하게 선언하셨다.[39]

붓다는 자신이 깨달은 진리가 깊고 보기 어렵고 깨닫기 어렵고 고요하고 숭고하여 단순한 사색에서 벗어나 미묘하고 슬기로운 자만이 알 수 있다고 했다. 그런데 사람들은 집착하기 좋아하고 즐기므로 설명해도 이해하지 못하리라 생각했다. 이처럼 설법하기를 주저할 때 범천이 나타나 진리를 말씀해 달라 세 번이나 간청하자 붓다는 다시 세상을 살펴보았다. 그리고는 물속에서 썩어버리는 연꽃, 수면에서 위태로운 연꽃, 물 위로 솟아올라 꽃을 피우고 열매를 맺는 연꽃이 있듯, 사람들도 성품과 이해 수준이 각기 다르다는 걸 알았다. 그리하여 붓다는 진리를 알지 못하여 고통을 받고 있는 중생들에게 자신이 깨달은 진리의 세계를 열어 보이고, 고통의 삶으로부터 참다운 삶으로 인도하고자 자리에서 일어났다. 붓다가 깨달음을 얻자마자 육신을 버렸다면, 불교는 이기적이고 소극적이고 염세적인 종교라는 비난을 벗어나지 못했을 것이다. 자신의 괴로움을 해결하고 고통 속에 살아가는 많은 사람들에게 괴로움으로부터 벗어나는 길을 일러줌으로써 비로소 불교는 시작한다.

붓다는 각기 다른 성품과 이해수준을 가진 중생들을 위해 입멸하는 최후 순간까지 자신이 깨달은 진리를 그들이 알아들을 수 있는 여러

---

39) 『맛지마니까야』 1권 「고귀한 구함의 경」 33-39, 범천의 권청.

방법으로 가르쳤다. 진리를 말씀하면서 운문으로 요약하여 읊기도 했으며, 상대방이 쉽고 바르게 이해할 수 있게 비유를 들기도 했다. 그리고 현재 사실의 원인과 유래를 밝혀 상대방이 과거를 돌아보아 현재 문제를 이해하고, 반성과 함께 좋은 행위를 하여 미래에 대한 밝은 희망을 갖게 했다. 붓다는 가르침을 펼 때 대화를 통해 본인 스스로 잘못을 깨닫고 바른 견해를 갖게 했다. 상대방의 질문이 바르면 그대로 인정하고, 질문에 모순이 있으면 반문하고 따져서 상대방이 자기 잘못을 스스로 깨닫게 하고, 질문을 잘 분별하여 알맞게 답변하고, 질문이 황당무계하면 답변하지 않고 침묵하기도 했다. 또한 상대방 견해를 직접 부정하지 않으면서 그 내용을 바꾸어 새로운 의미를 깨닫도록 했고 경우에 따라서는 전생을 이야기하기도 하고, 상대방에게 다음 생에 태어날 곳을 예언하기도 했다.[40]

이처럼 사람들의 각기 다른 성품과 이해수준에 따라 가르침을 펴는 붓다의 설법방식을 근기(根機)에 따라 설법한다하여 수기설법(隨機說法)이라 한다. 사람들의 이해 능력에 따라 설법하는 이러한 방식을 의사가 병에 따라 약을 주는 거와 같다하여 응병투약(應病投藥)식 설법이라고도 한다. 학습자의 이해 정도에 따라 교육내용을 전하는 이러한 교육은 오늘날 말하는 '눈높이 교육'이라 할 수 있다.

붓다는 세상의 모든 존재를 창조한 신이 아니다. 늙고 병들고 죽는 괴로움을 벗어나기 위해 출가하고 수행하여 마침내 모든 괴로움에서 벗어난 깨달음을 얻을 수 있었다. 깨달음을 얻은 뒤 붓다는 자신이 온갖 괴로움에서 벗어난 내용과 과정을 많은 사람에게 가르쳐 주고자 했다. 붓다는 진리를 세상에 널리 전하기 위해 제자들에게도 전도의

---

40) 이철헌, 『붓다의 근본 가르침』(아름원, 2016), pp. 69-70 참조.

길을 떠나도록 권했다.

"비구들이여, 나는 인간과 천상에 있는 모든 올가미에서 벗어났습니다. 여러 분들도 인간과 천상에 있는 모든 올가미에서 벗어났습니다. 비구들이여, 많은 사람의 이익을 위하고 많은 사람의 행복을 위하고 세상을 연민하고 신과 인간의 이익과 행복을 위해 길을 떠나십시오. 둘이서 같은 길을 가지 마십시오. 비구들이여, 시작도 훌륭하고 중간도 훌륭하고 끝도 훌륭하며, 내용도 좋고 형식도 잘 갖춰진 법을 설하십시오. 오로지 깨끗하고 청정한 삶을 드러내십시오. 세상에는 눈에 더러움이 덜 물든 사람들도 있습니다. 그들은 가르침을 듣지 못해 버려지고 있지만, 가르침을 들으면 그들도 깨달을 겁니다. 비구들이여, 나도 법을 설하기 위해 우루웰라의 세나니마을로 가겠습니다."[41]

최후 순간까지도 붓다는 자신의 가르침을 배우고자 하는 사람에게 가르침을 베풀었다. 붓다가 일생을 통해 제자들을 가르치기 위해 보인 열정과 정성과 인내는 감동적이다. 이렇듯 불교는 중생을 가르치고 교화하는 것을 제일의 사명으로 여기는 종교다. 붓다는 슬퍼하는 아난다를 비롯한 여러 제자들에게 마지막 유훈을 했다.[42]

"아난다여, 비구승가는 나에게 무엇을 더 바라는가? 아난다여, 나는 안과 밖이 없이 법을 설했다. 아난다여, 여래가 가르친 법들에는 스승의 주먹과 같은 것이 따로 없다. … 〈중략〉 … 아난다여, '나는 비구승가를 거느린다.'고 하거나 '비구승가는 내 지도를 받는다.'고 하는 생각이 없다. … 〈중략〉 … 아난다여! 내가 입멸한 후에 자신을 섬으로 삼아 머물고 자신에 의지하여 머물고 다른 이에게 의지하지 않는 이가 있다면, 또한 진리를 섬으로 삼아 머물고 진리에 의지하여 머물고 다른 것에 의지하지 않는 이가 있다면, 그는 곧 내 제자들 중에서 최고 비구가 될 것이다. … 〈중략〉 … 모든 현상은 소멸해 가는 것이

---

41) 『상윳따 니까야』「올가미경2(S4: 5)」
42) 이철헌, 『붓다의 근본 가르침』(아름원, 2016), p. 128.

다. 게으르지 말고 정진하라. 이것이 여래의 마지막 말이다."[43]

붓다는 특별한 제자에게만 전하는 은밀한 가르침이 따로 없고, 전하지 않은 가르침이 없다고 했다. 붓다가 설한 진리와 자기 자신을 믿고 의지할 것을 당부하면서 나태하지 말고 방일하지 말라고 했다. 세상의 거의 모든 종교가 교주를 신격화하고 교주를 신앙하라고 가르치나 붓다는 붓다를 믿고 의지하라 말하지 않고 진리와 자기 스스로를 믿고 의지하라고 했다. 붓다는 진리를 가르쳐준 위대한 스승이기에 불교신자들은 스스로 불제자(佛弟子)라 부르고 이를 줄여 불자(佛子)라고도 한다. 붓다는 우리를 깨달음의 세계로 인도하는 스승으로 여긴다는 의미다.

오늘날 교육에서 좋은 수업을 위해서는 다음과 같은 특징을 지녀야 한다고 한다. 첫째, 수업목표를 명확히 하고 이를 학습자에게 확인시킨다. 둘째, 지적·정서적·사회적·신체적 발달이 조화를 이루어야 한다. 셋째, 학습자의 탐구심을 충족시켜 창의성이 신장되도록 한다. 넷째, 학습자를 중심으로 그들의 필요·흥미·노력에 기초를 두어야 한다. 다섯째, 학습자의 개인차를 인정하고 이에 알맞은 수업방안을 모색해야 한다. 여섯째, 협동적 경험이 중시되어야 한다.[44]

좋은 수업을 위해서는 학습자중심의 교육을 해야 하며, 학습자의 개인차를 인정하고 이에 알맞은 수업방안을 모색해야 함을 강조하고 있다. 교육활동은 교육자(교사), 피교육자(학생), 교육내용의 3요소가 반드시 필요하며 어느 하나라도 빠지면 엄밀하게 말하자면 교육이라 할 수 없다. 이는 불교에서 불(佛)·법(法)·승(僧)을 삼보(三寶)라 하

---

43) 『디가 니까야』「대반열반경(D16)」
44) 한상길외, 『교육학개론』(공동체, 2010), p. 265 참조.

는 의미와 같다고 할 수 있다.

휴정도『선가귀감』에서 '법에는 많은 뜻이 있고 사람은 여러 근기가 있으니 각기 다른 방편을 세울 수밖에 없다'[45]고 했다. 법은 많은 뜻이 있고 사람마다 근기(根機)가 다르므로 여러 방편으로 이끌어야 함을 말하고 있다. 이는 교육자는 각기 다른 이해 능력을 가진 피교육자에게 다양한 교육내용을 여러 가지 교육방법으로 가르쳐야 한다는 말이다.

휴정은 사람의 근기를 나누어 상근기는 참선문을 통해 본래 마음자리로 곧장 질러가라 가르치고, 중·하근기는 교학을 통해 선으로 들어가라 가르쳤다. 그리고 지혜가 있고 근기가 높은 자는 입으로만 부처님 이름을 부르는 단계에 그치지 말고 일상생활 가운데 정토를 염원하라 가르치고, 하근기는 아미타불이 계신 서방정토에 태어나라 권했다. 휴정이 삼문을 열어 제자들을 지도한 것은 사람의 근기가 서로 다르다는 현실을 받아들여 그들의 근기에 알맞은 수행방법으로 본래 자기면목을 볼 수 있게 하기 위함이었다. 이는 교육자가 제자들에게 적극적이고 효과적으로 가르치는 수단이었다 할 수 있다.

교육은 인간이 타고난 소질과 성품을 육성한다는 의미를 가진다. 서양의 education은 라틴어 educare에서 나온 말로 'e(밖으로)+ducare(끌어낸다)'는 의미다.[46] 그러므로 교육이란 인간이 지닌 소질과 가능성을 잘 이끌어내어 보다 완전하고 가치 있는 존재로 일생을 보내도록 하는 역할을 하게 된다. 나아가 사회를 위해 봉사하고 사회 발전과 향상을 위해 공헌하여 모두가 평화롭고 행복한 삶을 살아가도록 하는 데 교육의 의의가 있을 것이다. 이를 불교에서는 개인완

---

45)『禪家龜鑑』(『韓佛全』7, p. 635a) "然法有多義 人有多機 不妨施設"
46) 한상길 외, 앞의 책, p. 21 참조.

성과 불국토건설로 설명한다. 곧 개인은 깨달음을 성취하고 모든 사람들이 행복하게 살아가도록 노력해야 한다는 것이다. 그리고 깨달음을 구하고자 하는 사람은 위로는 깨달음을 구하면서 아래로는 중생을 교화해야 한다[47]고 한다.

불교에서는 인간의 마음은 본디 맑고 깨끗하다는 자성청정심(自性清淨心)을 주장했다. 사람은 본디 깨끗하고 순수한 마음을 가졌으나 그동안 나쁜 행위들로 오염되어 모든 존재를 바로 볼 수 없다고 한다. 마치 깨끗한 거울에 때가 끼어 사물을 볼 수 없는 것과 같다. 더러워진 거울을 닦아야 깨끗해지듯 본디 맑고 깨끗한 마음을 갖기 위해 수행이 필요하다. 훗날 인도 대승불교에서는 모든 사람은 붓다가 될 태(胎)를 가지고 있다는 여래장(如來藏)[48] 사상이 나왔다. 부처가 될 태를 가지고 있다는 여래장을 중국에서는 붓다의 성품[불성(佛性)]을 가지고 있다고 표현했다. 이러한 가르침은 우리들에게 많은 의미를 준다. 첫째, 인간은 무한한 가능성을 가진 존재라는 사실이다. 붓다의 성품을 본래 가져 수행에 의해 붓다가 될 수 있다는 것이다. 둘째, 인간은 소중하고 귀한 존재라는 사실이다. 비록 번뇌와 망상에 사로잡혀 악한 짓을 한 사람이라 할지라도 본래 맑고 깨끗한 마음은 훼손하거나 파괴할 수 없기 때문이다. 셋째, 모든 사람은 본질적으로 본래 맑고 깨끗하므로 평등하다는 사실이다. 겉으로 남녀노소, 빈부귀천의

---

47) 上求菩提 下化衆生
48) 여래장이란 여래의 성품이 감추어져 있다는 의미다. 산스끄리뜨로는 'tathāgata(여래)+garbha(태)'인데, 가르바(garbha)의 뜻은 어머니의 태(胎)나 태아(胎兒)의 뜻이다. 그러므로 여래장이란 '여래의 태아'란 의미다. 여기에는 두 가지 의미가 담겨져 있다. 첫째는 여래의 태아는 그대로 성장하면 여래가 된다는 의미다. 그러므로 중생과 여래는 동질성을 가지고 있으며 본성은 같다. 여래는 깨달은 중생이요 중생은 깨닫지 못한 여래일 뿐이다. 둘째는 여래의 태내에 중생이 들어가 있다는 의미로, 여래는 부모이고 중생은 그 자식이라는 의미다.

차이가 있으나 모든 사람은 붓다의 성품을 가진 평등한 존재다. 넷째, 사람은 교정과 지도에 의해 본래의 참모습을 드러낼 수 있다. 인간의 마음은 본래 청정하나 외부로부터 들어온 번뇌로 인해 어리석은 생각을 하고 나쁜 짓을 하게 된다. 그러므로 교육과 지도편달로 어리석은 생각과 그릇된 생각을 바꾸게 하면 지혜가 생기고 좋은 행동을 하게 된다.[49]

어렵고 힘든 상황에서도 우리는 붓다가 될 수 있는 본성과 자질을 가지고 있다는 사실을 깨닫는 게 무엇보다 중요하다. 아무리 힘든 상황에서도 포기와 좌절하지 않고 스스로 해결할 수 있다는 희망과 의지를 가진다면 마침내 헤쳐 나올 수 있기 때문이다.

그러면 모든 사람이 지닌 무한한 가능성을 어떻게 개발할 것인가. 불교에서는 자신이 무한한 가능성을 가지고 있다는 확신[신(信)]을 가지는 게 가장 중요하다고 말한다. 그 다음 모든 것은 인연에 의해 성립될 뿐만 아니라 이것이 있으므로 저것이 있다는 상관관계를 알아 영원불변한 존재는 없다는 것을 알아야 한다[해(解)]. 이를 몸소 실천하면[행(行)], 모두가 깨달음을 얻을 수 있다[증(證)]고 한다.

불교의 교육과정은 지금 여기 우리가 직면한 여러 가지 문제를 알아차리고, 그러한 문제의 원인을 잘 살펴서, 문제를 반드시 해결하고자 하는 강한 의지를 가지고, 열심히 노력하는 과정이라 할 수 있다. 불교에선 이를 고(苦)·집(集)·멸(滅)·도(道)의 네 가지 성스러운 진리[四聖諦]라고 한다. 이 네 가지 성스러운 진리를 환자가 병을 치유하는 과정으로 비유한다. 환자는 자신이 병들었음을 알고 병원에 가서, 의사에게 진료를 받고 병의 원인을 알게 되고, 병이 낫기 위해서

---

49) 이철헌, 『대승불교의 가르침』(아름원, 2016), pp. 146-147 참조.

는, 의사가 처방한 약을 먹어야만 하는 것과 같다.

Ⅴ. 맺는말

사람들은 태어나면서부터 각기 자질과 능력이 다른 게 현실이다. 불교는 인간의 본래 마음은 맑고 깨끗하나 밖으로부터 들어온 번뇌로 물들어 있다고 설명한다. 번뇌를 씻어내면 본래 맑고 깨끗한 마음을 드러낼 수 있으며, 번뇌를 제거하는 과정이 불교수행이다.

붓다는 자신이 깨달은 진리를 사람들의 이해능력에 따라 가르치기에 온 힘을 다 쏟았다. 사람들의 각기 다른 성품과 이해수준에 따라 적절한 방법으로 가르친다하여 붓다의 설법방식을 수기설법 또는 응병투약식 설법이라 불렀다. 붓다도 자신을 의왕(醫王)이라 부르기도 했다.

불교가 한반도에 들어오면서 교학수업이 가장 먼저 이루어졌고 이어서 일반 서민들에게 염불신앙이 널리 유행했다. 통일신라말에 중국으로부터 참선법이 들어와 고려시대에는 참선과 교학과 염불이 함께 신앙되었다. 고려말 임제선이 들어오면서 한국불교는 오늘날에 이르기까지 임제선이 주류를 이루고 있다.

조선시대에 들어가면서 숭유억불정책으로 불교계는 정치·사회·경제적으로 기반을 잃어가고 있었지만 조선 초기까진 참선과 교학을 수학하는 종파가 있었다. 세종 대에 각 종파가 선종과 교종 양종으로 통폐합되었다가 나중에는 승과제가 폐지되면서 양종마저 없어지고 교단도 제대로 존재하지 못했다. 명종 때 문정대비와 보우의 노력으로 승과가 부활되자 휴정이 급제했고 휴정은 암울한 불교교단의 존립을 위해 노력했다. 선사로서 임제종의 간화선을 중요시하면서도 교학의 필요성을 인정하고, 때로는 염불을 권하고 불교의식을 정비하기도 했다. 참선과 교학과 염불을 수행하는 경향을 참선문·원돈문·염불문이라 하여 삼문이라 부른다.

이처럼 휴정과 제자들에 의해 정착된 삼문수행의 전통은 조선 후기 불교계의 가풍이 되었다. 삼문이란 말은 고려시대 보조지눌이 성적등지문(惺寂等持門)·원돈신해문(圓頓信解門)·경절문(徑截門)을 열어 제자들을 이끈 데서 비롯한다. 휴정이 펼친 주창한 이러한 삼문 수업은 보조 지눌이 제시했던 삼문의 연장선에 있다고 보여 진다. 곧 보조가 제시한 성적등지문·원돈신해문·경절문의 삼문체계에서 성적등지문 대신에 염불문이 들어간 것이 차이가 난다. 보조와 서산이후 삼문의 차이는 보조에 비해 서산이후 선사들이 염불문을 중시하는 특징이 차이가 날 뿐이다. 그러나 조선 후기 새롭게 편입되어진 염불문 또한 보조가『정혜결사문』에서 언급하고 있는 정토관 곧 자심미타(自心彌陀) 자심정토(自心淨土)의 사상과 일치하고 있는 것을 볼 수 있다.[50]

휴정은『선사귀감』에서 뿐만 아니라『청허집』여러 곳에서 참선·염불·간경·송주를 수행방법으로 말하고 있으니 이는 휴정이 독창적으로 주장한 종풍이 아니라 휴정이전부터 형성된 조선불교의 현상이었다.[51]

휴정은 선사이므로 선을 가장 중히 여기는 건 당연하다. 그럼에도 불구하고 교학을 중요시하고 염불까지도 수용한 점에서 사람들의 이

---

50) 김방룡,「조선 후기 보조선의 영향」『보조사상』25, 보조사상연구원, 2006. pp. 304-306 참조.
51) 徐宗梵,「朝鮮 中·後期 禪風에 관한 硏究」震山韓基斗華甲記念 韓國宗教思想의 再照明 (上), 원광대, 1993, p. 400.

해능력에 따라 각기 다른 수행법을 인정하고 있다.

휴정은 몸과 마음이 하나이듯 '선은 부처님 마음이고 교는 부처님 말씀(禪是佛心 敎是佛語)'이라는 말로 선과 교를 연결했다. 휴정은 「선교석(禪敎釋)」과 「선교결(禪敎訣)」을 통해 선과 교의 관계를 말하면서 교학을 인정하면서도 선을 우위에 있다고 주장하고 있다. 「참선문」과 「염불문」이라는 글을 남기고 '참선이 곧 염불이고 염불이 곧 참선'이라며 참선과 염불을 하나로 보고자 했다. 곧 선과 교와 염불을 하나로 엮었다.

이러한 휴정의 사상은 통일신라시대 원효의 교학회통 → 고려중기 의천의 교·관일치 → 지눌의 선을 중심으로 한 선·교일치 → 고려 말 혜근의 선·교·정토의 겸수 → 조선 초기 기화의 유·불·도 회통으로 이어져 온 한국불교의 전통사상을 계승하면서 더욱 발전시켰다고 할 수 있다.[52]

휴정은 유(儒)·불(佛)·도(道)의 3교는 명칭만 다를 뿐 그 가르침의 근본은 같다는 3교일치를 주장하기도 했으며, 성리학의 도통관(道統觀)에 대비되는 불교의 법통관을 새로 제시하여 임제종의 전통을 강조했다. 실천으로서 참선을 주로 하면서 경전공부와 염불수행을 인정하는 삼문수행은 조선 후기 불교교단의 공통된 수행방법으로 체계화되었다.

18세기말에 이르면 팔관은 『삼문직지』에서 삼문 수행은 동등하다고 주장하게 되는데 이는 17세기 이후 선사들이 화엄교학을 공부했고 사찰운영을 위한 방편으로 서민들을 교화하기 위한 정토신앙이 널리 유행했기 때문이다.

---

52) 이철헌, 「청허계의 선사상과 법통인식」 『한국불교사연구』4, 한국불교사연구회, 2014, p. 91.

휴정의 삼문수학은 법에는 많은 뜻이 있고 사람은 여러 근기가 있으니 각기 다른 방편으로 사람들을 교화한 것이다. 휴정이 지었다 전해지는 한글가사인 「회심가」[53]나 노랫말로 불리는 「인생」 또한 일반 서민들을 교화하기 위한 방편이었다 할 수 있다. 휴정이 펼친 삼문수학은 학습자의 이해 정도에 따라 교육내용을 전하는 눈높이 교육을 실천했다고 할 수 있다.

---

53) 「회심가」는 기성쾌선(箕城快善, 1693~1764)이 지었다고 주장하는 학자도 있다.

참고문헌

『梁高僧傳』
『海東高僧傳』
『三國史記』
『三國遺事』

「三門直指序」(『韓佛全』10)
『禪家龜鑑』(『韓佛全』7)
「禪敎訣」(『韓佛全』7)
「念佛門-贈白處士」『淸虛堂集』2(『韓佛全』7)
「贈念佛僧」『淸虛堂集』(『韓佛全』7)
「叅禪門」『心法要抄』(『韓佛全』7)
「通錄撮要」(『韓佛全』7)
『鞭羊堂集』「禪敎源流尋釼說」(『韓佛全』8)
『맛지마니까야』「고귀한 구함의 경」
『상윳따 니까야』「올가미경 2」

김방룡(2006). 조선 후기 보조선의 영향. 보조사상 25, 보조사상연구원.
김영태(2011). 한국불교사. 경서원.
徐宗梵, 朝鮮 中·後期 禪風에 관한 硏究. 震山韓基斗華甲記念 韓國宗敎思想의 再.
이종수(2010). 조선후기 불교의 수행체계 연구: 삼문수학을 중심으로. 동국대
　　　학교 박사학위논문.
이철헌(2014). 청허계의 선사상과 법통인식. 한국불교사연구 4. 한국불교사연구회.
이철헌(2014). 청허의 선사상과 법통인식. 한국불교사연구 4. 한국불교사연구회.
이철헌(2016). 대승불교의 가르침. 아름원.
이철헌(2016). 붓다의 근본 가르침. 아름원.
전재강(2011). 회심가의 이념구도와 청허 사유체계의 상관성. 어문논총 54. 한국
　　　문학언어학회.

照明』(上)(1993). 원광대학교.

최연식, 『法集別行錄節要幷入私記』를 통해 본 보조삼문의 성격. 보조사상 12.
  보조사상연구원.

한상길 외(2010). 교육학개론. 공동체.

제8장 만해의 불교유신론과 교육

I. 들어가는 말

만해는 조선에 대한 근대적 성찰을 가하면서 조선의 주체적 사유를 불교에서 찾았고, 조선을 넘어 인류를 향한 보편적 사유로서 불교를 또한 주목했다. 그리고 서구 근대문명으로부터는 자유와 구세(救世)라는 프레임을 추출했고, 그것이 갖고 있는 의의를 불교사상의 핵심으로 끌어들여 시대정신을 형성하고 조선의 주체적 사유를 전개시켜 나갔다고 볼 수 있다. 이는 불교 세계관에 바탕하여 서구 근대정신을 성찰하면서도 불교적 사유로 그 의미를 재구성하고 불교혁신뿐만 아니라 조선의 현실을 타개해 나가고자 한 것이다.

만해에 대한 연구는 각 학문분야에서 수행되어 왔다. 김광식과 이지엽은 만해에 대한 기존 연구 성과를 검토하고, 연구의 새로운 방향을 제시한 바 있다. 주제별로는 조선불교유신론, 불교대전, 십현담주해, 불교사상, 불교개혁론, 불교청년운동 등에 관한 연구가 이루어졌고[1], 연구 범주별로는 크게 불교사상, 민족운동사, 문학 작품에 관한 연구가 전개되어 왔다.[2] 대체적으로 기존 연구의 공통된 관점은 만해의 사상이 서구 근대사상과 량치차오(梁啓超: 1873-1929)의 영향을 받아 근대적 세계관을 형성하였고, 그 중에서도 사회진화론이 중요한 비중을 차지한다는 것이다. 그리고 연구자들 가운데는 탈근대를 지향하는 현대의 관점에서 볼 때, 이러한 만해의 근대적 사유가 현대에는 맞지 않는 걸림돌이 될 수 있음도 제기하고 있다.

이에 필자는 기존 연구 성과를 검토하면서도 만해의 불교사상에 서

1) 김광식, 「한용운 불교 연구의 회고와 전망」, 『만해학보』 8, 2004, pp. 105-123.
2) 이지엽, 「만해 한용운 연구의 새로운 방향」, 『만해학보』 10, 2010, pp. 37-52.

구 근대사조가 어떻게 결합을 이루고 비판되며 재 개념화 되는지를 탐색하여 그가 수행한 조선불교의 근대적 성찰이 무엇이었는지를 살펴보고자 한다. 즉 만해가 근대 조선불교의 주체성 문제를 근대적 사유와의 착종 속에서 이를 어떻게 전개시켜나갔는지, 조선이 당면한 일본근대불교와의 조우와 엄습 속에서 당시 조선불교의 주체적 대응은 무엇이었는지, 사회진화론에 영향을 받았다면 어떠한 개념을 수용하고 거부했는지, 또한 만해가 말하는 자유와 평등, 그리고 불교사회주의는 무엇을 말하는지, 정신수양과 주체적 근대화 등이 어떠한 방식으로 표출되었는지를 보다 치밀하게 살펴보고자 한다. 그리하여 만해가 불교교육의 마음수행을 주체적 근대화론 속에서 어떠한 비중을 두고 자리매김해 나갔는지 분석해 보고자 한다.

II. 조선불교의 근대적 성찰과 주체성

일본이 서구로부터 배우고자 한 것은 물질문명 주도의 자본제국주의였다. 생산력의 확대를 통해 자본제국주의의 반열에 오르는 것이 일본의 목표였고 이는 곧 근대를 사는 인간의 목적이라 여겼다. 가토 슈이치(加藤周一)는 일본문화의 잡종성을 지적하면서 그 심층에 내재하는 특질로서 경쟁적 집단주의, 세계관의 차안성, 초월적 가치의 부재, 그리고 현실주의를 꼽은 바 있다.[3] 이는 일본인의 사유가 보편적인 사고를 기반으로 하는 사상의 체계화가 어렵다는 것을 의미하고, 보편보다는 개별, 초월보다는 현실과 실제에 역점을 두기에 규범보다

---

3) 가토 슈이치, 오황선 역, 『일본인이란 무엇인가』, 서울: 소화, 1997, pp. 13-31.; 박영재 외, 『19세기 일본의 근대화』, 서울대학교출판부, 1996, p. 67.

는 권력에 친숙해 있음을 뜻한다.

서구 자본주의의 주도적 이념이 프로테스탄티즘에 있었던 것처럼 일본은 자본주의적 문명개화와 근대화(공업화)를 이루기 위해서는 이를 이념적으로 뒷받침해 주는 종교가 필요함을 주목했다. 쓰다 마미치(律田眞道) 등 당시 대다수 문명론자들은 서구 근대문명화를 서두르기 위해서는 종교가 필요함을 인식했고,[4] 결국 일본 정부는 그 역할을 자국의 정토 진종(眞宗)인 대곡파/본원사파에서 찾았다. 그리고 일본은 불교를 수단으로 식산흥업(殖産興業)과 황국신민(皇國臣民)의 국위선양(國威宣揚)을 도모했는데, 이는 가마쿠라(鎌倉) 막부시대부터 정토신앙을 통해 생산활동에 적극적 의미를 부여했던 역사적 경험이 작용된 것이었다.[5] 만해는 이러한 일본 불교의 특징을 한마디로 "국가주의적 불교"라 명명하면서 일본불교는 국가주의를 고조시키는 정치적 책무를 하는 충군애국적 윤리화의 불교라 규정하였다.[6] 그렇다면 근대 조선불교는 어떠했을까.

일본의 근대화 전략이 생산성의 확보를 통한 자본 제국주의를 지향해 나간 것에 있다면 조선은 일제의 통제와 탄압 속에서 민족독립과 조선혼의 도덕문명을 지향해 나갔다고 할 수 있다. 즉 조선불교는 일

---

4) 律田眞道, 「開化ノ進ル方法オ論ズ」, 『明六雜誌』 2, 1874, 118쪽.
5) 일본 근대불교는 대체적으로 국가의 이상을 실현하는 것에 종교의 본분이 있다는 사고방식에 바탕하고 있다. 일본 근대종교학의 창시자로 일컬어지는 아네사키 마사하루(姉崎正治, 1873-1949)는 종교와 천황제 이데올로기가 교착하는 체제 모순을 고민하고 나름대로 극복하고자 했던 인물이기도 한데, 그는 종교의 본질과 보편성을 추구했고, 도덕적 세계질서를 지향하는 역사의 이상은 곧 종교의 이상과도 통한다고 보았다. 그러나 그 역시 "이상적인 종교신앙에 의거하여 국가의 역사적 의미를 발견함으로써 국가의 이상을 고양시키고 정화하는 것이 종교의 본분"이라 하였다(박규태, 「아네사키 마사하루와 종교학: 근대일본 지식인에게 있어 종교와 국가」, 『동아시아문화연구』 54, 2013, pp. 97-130.).
6) 한용운, 「현대와 종교」, 『한용운전집』 2, 신구문화사, 1973, p. 237.

본근대불교처럼 근대의 자본주의 문명의 생산성을 주목하기보다는 오히려 인간을 기계화, 노예화, 맹목화시키는 근대문명의 위기를 성찰하여 그 "저주받은 운명"과 세속의 번잡으로부터 자기를 성찰하고 종교적 이상의 실현을 촉구해 나갔다는 점에서 차이가 있다.

> 생산활동을 강조하는 근로정신이라 하는 정신은 서양에도 있고 오히려 근대 서양은 그것을 현저한 특성으로 존재한다. 유물론자도 역시 똑같은 사상을 지니고 있고 현대에는 오히려 유물론자 쪽이 그 점에 있어 열심이라고 말할 것이다. 그러나 생산활동을 높이는 것에 눈을 돌리면 인간 자체를 잃게 되고 그 활동은 악마에 붙잡혀 강포한 것이 되어 우리들을 맹목적으로 만들 것이다. 이것은 더욱이 근대인의 저주받은 운명이다. 인간이 인간으로서 자기를 회복하기 위해서는 세속의 번잡으로부터 멀리 떨어져 조용하게 자기를 반성(성찰)하는 것이 필요하다.[7]

만해는 일본이 물질문명에 앞섰다 하여 조선을 천시하지만 물질문명을 이루는 것은 쉽고 오히려 정신문명의 확대가 더 어려운 것이라 보았다. 그는 서구 근대국가의 군국주의를 비판하여 "독일의 군국주의뿐만 아니라 연합국측도 수단과 방법은 역시 군국주의의 유물인 군함과 총포 등의 살인도구였으니 오랑캐로서 오랑캐를 친다는 점에서"[8] 서로 다를 바 없는 것이고 조선독립은 "모든 물질문명이 완전히 구비된 후에라야 꼭 독립되는 것이 아니라 독립할 만한 自存의 기운과 정신적 준비만 있으면 충분한 것"[9]이라 하였다. 즉 문명의 형식을 오직 물질문명에서 찾거나, 일본에 뒤진 물질문명을 탓할 것이 아니

---

7) 허영호, 「欲的 세계관과 해탈」, 『불교』 pp. 67-68, 1930.(『한국근현대불교자료전집』11, 민족사, 1996, p. 10., 이하 '자료전집'으로 표기).
8) 한용운, 「조선독립의 서」, 『한용운전집』1, 신구문화사, 1973, p. 347.
9) 위의 책, p. 349.

라 물질문명보다 더 어려운 정신문명으로 나갈 것을 촉구한 것이다.

> 물질계보다 정신계를 귀중히 여기는 고등 동물 중에 영장 되는 사람이 어찌
> 영원히 구구한 물질문명에 自足하여 정신계의 생활을 무시하리요. 고로 물질
> 문명은 인생 구경의 문명이 아닌즉, 다시 일보를 나아가 정신문명에 나아감은
> 자연의 추세라.[10)

만해가 3·1 독립운동 당시 발표한 「공약삼장」이나 「조선독립의 書」
에 명시한 자유도 근원적 진리의 깨달음으로 말미암아 얻는 자기 해방
적 자유로서 억압의 정치현실을 타개하고자 하는 진리운동이었다. 자
유의 말살은 곧 정신문명의 말살이자 생명의 말살이 되기에 자유를 실
현하는 것이야말로 자신과 사회를 해방하는 길임을 말한 것이다.

또한 만해는 종교가 국가의 이상을 실현해 주는 것이 아니라 인류
의 보편적 이상을 국가가 실현하는 것으로서 정신적 도덕문명의 실현
에서 종교의 역할이 중요함을 강조하였다. 일제가 종교령을 발포하여
신앙의 자유를 구속하고, 정신교육이 없는 교육을 행하며 과학 교과
서도 수준 높은 지식이 있는 것이 아니라 일본말 책에 지나지 않음을
비판한 것[11)도 이것이 조선인의 정신문명 형성을 방해하는 것이었기
때문이다. 그러므로 그의 불교유신운동은 불교가 깨어나야 조선혼의
정신문명이 발전될 수 있다고 본 것이고, '조선 민중에게 조선불교가
아니면 안 되는 것은 역사적 신임(信任)'이 불교에 있으며,[12) 바로 이
불교를 통해 조선혼이 계승·발전되어왔기 때문이다.

분명 만해는 "오늘의 세계가 金力을 경쟁하는 세계이고 생산이 없

---

10) 한용운, 「朝鮮靑年과 修養」, 『한용운 전집』 1, 신구문화사, 1973, pp. 266-268.
11) 한용운, 「조선독립의 서」, 앞의 책, p. 352.
12) 위의 책, p. 396.

으면 세계가 파괴되기도 하고 한 나라가 망하기도 하며 개인은 개인 대로 살 수 없는 판국"[13]이라는 인식을 하고 있었지만 서구 근대의 물질문명과 생산성을 높이 사지 않았다. 단지 그가 근대의 생산활동을 긍정한 것은 승려의 인권회복 차원에서였다. 당시 승려들이 보살만행에서 걸식을 잘하는 행위를 최고로 꼽아 경쟁까지 하는 양상을 두고 만해는 "타고난 인권이 평등해서 온 세상 사람이 못하다든가 많다든가 한 일이 없는 법"인데 스스로 부끄러움조차 모르고, 천부의 권리를 손상함이 극에 달한 것이라 하여 이를 오히려 비판하였다.[14]

근대 일본불교가 국가와 상부상조하여 국가권력과 밀착해 나가고, 자본의 생산성과 물질문명을 쫓는 국가주의적 불교의 길을 걸어간 것과는 달리 조선불교는 일제 식민지의 종교통제로부터 벗어나기 위한 저항운동을 벌일 수밖에 없었다. 만해 한용운을 중심으로 한 조선불교유신운동은 일본의 통제와 조동종과의 통합에 저항하고, 조선불교의 자주적 확립과 통일 그리고 국가통제로부터의 종교자유를 주장한 것이었다. 그리고 이는 구체적으로 조선혼의 도덕문명, 정신문명을 성찰하고 추구해 나갔다는 점에서 조선불교의 주체성을 보여준다.

III. 만해의 불교유신사상과 근대사조

근대 조선불교계는 당시 신흥사상의 시대적 흐름을 '세계 열강제국이 정신계나 물질방면을 막론하고 그들의 역사에 시대적 문화를 수집하기에 급급한 상황이고, 제도의 합리화를 도모하는 현상'이라 보았

---

13) 한용운, 「조선불교유신론」, 『한용운전집』 2, 신구문화사, 1973, p. 80.
14) 위의 책, pp. 78-79.

다. 그리고 이는 궁극적으로 "육체적 자아인 소아를 부인하고 정신적
我인 영적·사회적 我, 즉 大我를 실현"[15]하는 불교의 과제와 분리되
지 않는다는 인식을 나타냈다. 만해 또한 불교가 근대 인류의 중추가
되는 신흥사상의 모든 주의(主義)를 표방하고 있기에, 현대사조는 불
교의 주석과 같다 하였다. 무신주의, 이상주의, 인격주의, 평등주의,
평화주의, 사회진화론, 자유주의, 사회주의, 과학주의 등 이 모두가
불교의 주석이 되기에 인류 전체의 완성을 구가하고자 하는 자는 불
교의 의미를 체득해야만 한다는 것이다.

　만해는 서구 근대사조를 접하면서 불교전통의 폐해를 성찰하는 동
시에 불교사상을 근대적 담론으로 재 개념화하는 작업을 수행하였다.
량치차오(梁啓超)의 『음빙실문집』을 통해 서양의 근대사상, 특히 칸트
의 자유론을 주목했고, 1920년대에는 당시를 풍미했던 사회주의 이
론과도 접촉하였다. 1926년 1월 동아일보에 연재되었던 『조선사회운
동개관』에서는 조선에 노농운동이 급속히 발전하고 대중운동의 발전
과 사회주의가 널리 선전됨을 특기한 바 있다. 불교유신운동의 기본
취지에서도 "신시대, 신사조에 접촉된 불교가 그 구폐를 개혁하여 개
성의 존중을 인정한 유아독존의 사상과 대자대비를 주장한 박애관념
으로 사회의 확장에 공헌하며 문화의 발전을 촉진"[16]해야 한다는 시
대의식을 드러내, 진정한 개성의 존중은 불교의 유아독존의 사상에서
비롯되고, 박애관념은 대자대비를 통해서 가능함을 역설했다. 이는
만해가 불교사상에 바탕 하여 시대사조를 재해석한 단초를 보여주는
데, 그가 주장했던 자유, 평등, 사회진화, 불교사회주의도 같은 불교
적 맥락에 서 있음을 엿볼 수 있다.

---

15) 華山麗水, 「불교와 현대사회사조」, 『불교』 79, 1931(자료전집13, p. 125.).
16) 「불교유신회의 사찰령폐지 운동」, 『동아일보』, 1922.04.25.

1. 진아(眞我)의 자유주의와 평등

근대 서구사회의 자유주의는 봉건적 절대왕권을 타파하고 종교전 쟁을 종식하는데서 비롯되었기 때문에, 신체적 자유, 종교적 자유, 정 치적 자유로 표현되었다. 반면 1910년대 이후 조선이 당면한 문제는 당시의 서구사회가 당면한 문제와는 달리 그 일차적 문제가 오직 민 족의 자수독립을 실현하는 일이었으므로 만해의 자유는 해방의 자유 라 할 수 있다. 그러나 이 자유를 서구 계몽주의와 등식화하는 것은[17] 피상적 이해에 그치는 것이 되고 만다. 만해는 인류보편의 정신문명 을 실현하기 위한 과정에서 민족해방을 말했고, 그 해방의 중심에 불 교가 말하는 '인간의 근원적 본성의 발휘'로서 자유를 근간(根幹)지었 던 것이다.

만해는 「공약삼장(公約三章)」에서도 조선독립이 "정의, 인도, 생존, 존영을 위하는 민족적 요구이니 오직 자유적 정신을 발휘할 것이오, 결코 배타적 감정으로 逸走하지 말라" 하여 조선독립의 원동력이 자 유정신의 발휘에 있음을 거듭 천명했다. 이 자유정신의 발휘는 곧 진 리파지운동의 선상에 있는 것이었다. 만해의 자유사상은 억압으로부 터의 해방만을 뜻하는 것이 아니라 진여와 불가분의 관계를 맺는 자 유이다. 이도흠은 만해의 자유를 "타인의 자유와 평화를 침해하지 않 는 범위에서 모든 억압으로부터 벗어나는 소극적 자유이자 無明을 탈피하여 진정한 자아와 궁극적 진리와 깨달음에 이르는 적극적 자 유"[18]라 보았다. 소극적 자유가 적극적 자유를 지향할 때 자존도 획득 할 수 있다는 것이다.

---

17) 안병직,「만해 한용운의 독립사상」,『창작과 비평』 5-4-19, 1970, pp. 764-769.
18) 이도흠,「탈식민주의자로서 만해 한용운의 사상 읽기」,『만해학보』 13, 2013, p. 70.

만해의 자유는 결코 서구 근대적 자유 개념을 그대로 이행하지 않았다. 만해의 자유와 평등사상은 불교사상에 기초한 것으로서 이는 그의 『조선불교유신론』에서 명확히 드러난다. 만해는 자유를 '개인적 자유'와 모든 사람이 공유하는 '공유적(公有的) 자유'를 말하면서 '공유적 자유'가 실현되지 못하면 '개인의 자유'도 실현되지 못한다 하였다. 개인적 자유는 곧 각구적 진아(各具的 眞我)를 의미하는 것으로서 각구와 공유의 진아는 불교의 핵심사상을 담아낸 '진여'라는 말과 병칭된다. 만해가 자유를 진여의 본성, 혹은 진아로 개념 지었던 것은 량치차오가 해석한[19] 칸트의 '도덕적 진아'를 접하고 일정부분 이를 긍정하면서도 칸트와 량치차오 양자 모두의 한계점을 지적함에서 전개된다.

칸트는 "우리의 평소의 행위는 모두 우리의 도덕적 성질의 표현"[20]이므로 도덕적 성질은 조금도 부자유함이 없는 자유한 것으로서 불생불멸하고, 時空에 속박 받지 아니하며, 항상 현재하는 것이라 하였다. 사람이 모두 이 시공을 초월하는 자유권에 의거하여 스스로 그 도덕의 성질을 만드는 것인데, "나의 眞我를 비록 육안으로 볼 수 없지만 도덕의 이치로 미루어 보면 엄연히 현상을 벗어나는 활발 자유(活潑自由)한 것"[21]이라 하였다. 이에 량치차오는 인간은 진여와 무명의 두 종자를 지니고 있는데 칸트가 말한 진아가 곧 불교에서 말하는 진여로서 자유성을 지닌 것이고, 불교에서 말하는 무명(無明)은 칸트가 말한 현상으로서 비자유성이라 하였다. 그러므로 칸트가 말하는 진아

---

19) 만해는 자신이 직접 서양철학자의 저서를 읽은 바가 없고, 단지 간접적으로 접하고 이해했을 뿐이라 하였다. 만해가 말하는 칸트에 대한 내용은 양계초의 논조를 따르면서 자신의 견해를 피력한 것이다.

20) 한용운, 「조선불교유신론」, 앞의 책, p. 39.

21) 위의 책, p. 39.

는 진여로서 불교와 가깝다 하였다.[22] 그러나 량치차오는 "佛說에서는 진아가 실로 대아이고 일체의 중생이 모두 이 體를 동일하게 가지고 있으며 분별상이 없다고 보는데, 칸트는 아직 이 점에는 미치지 못하고 있다"[23] 하여 칸트의 한계점을 지적하였다. 불교의 진여는 칸트와 달리 일체중생이 공유(公有)하는 체(體)이지 각인이 각유(各有)하는 한 진여(一眞如)가 아니기에 칸트가 사람마다 모두 각기 하나의 진아를 가지고 있다고 한 것과는 다르다는 것이다.

한편 만해는 칸트와 량치차오의 입장을 다시 검토하면서 양자 모두 타당하지 못함을 지적하였다.[24] 즉 불교에서는 "사람마다 공유하는 진아와 각유하는 진아에 대하여 말하지 않은 바가 없는" 것인데, 량치차오는 공유적 진아만을 말하고 칸트는 개별적 진아를 말할 뿐 양자를 아우르지 못했다는 것이다. 특히 칸트가 만인에게 보편적으로 공통되는 대동공유의 진아에 대하여 말하지 못한 것을 지적하여 불교의 '천상천하유아독존'이라는 말로 모델을 제시하였다. 이는 사람마다 각각 하나의 자유로운 진아를 가진 동시에 공유적 진아를 가진 것을 의미한다. 또한 진아는 진여뿐만 아니라 무명도, 자유성뿐만 아니라 비자유성도, 청정만이 아니라 망염(妄染)도 포함하는 것이기에 량치차오가 무명을 진아에서 제외시킨 것이나 칸트가 자유성만을 진아로 말한 것 또한 모두 타당하지 않다는 것이 만해의 입장이다.

량치차오는 공유적 자아의 진여만을 말했고 개별적 자아를 말하더

---

22) 위의 책, pp. 39-40.

23) 葛懋春 · 蔣俊編選, 『梁啓超哲學思想論文選』, 北京: 北京大學出版社, 1982, p. 162; 김진무, 「근대 합리주의 인간관의 유입과 佛性論의 재조명」, 『한국선학』 29, 2011, p. 341, 재인용.

24) 기존 연구는 양계초의 불성론 이해와 만해의 입장이 거의 차별이 없는 것으로 보지만 (김진무, 위의 글, p. 348.) 양자의 차이점도 주목할 필요가 있다.

라도 이를 허망분별에 의한 중생아(衆生我)에 지나지 않는 것으로 보았다. 량치차오가 말하는 개별적 자아는 전체의 동일한 진아가 개별적 자아로 분할된 것이고, 중생의 업식(業識)이 허망하게 분별을 행하기 때문에 업(業)의 종자가 서로 훈습하여 과보가 달라지는 중생아(衆生我)이다. 이는 지눌이 강조했던 진여 자성의 두 가지 작용(근본작용[自性本用]과 인연을 따르는 작용[隨緣應用])[25]에서 전자는 말하지 않고 후자만 말한 것과 같고, 이는 중생과 부처를 확연히 구분하는 것이다.

그러나 만해는 부처님이 성불했으면서도 중생 탓으로 성불하시지 못한다면 중생이 되어 있으면서 부처님 때문에 중생이 될 수 없음이 명백하다 하여 마음과 부처와 중생은 셋이면서 기실은 하나이기에 누구는 부처이고, 누구는 중생이라 할 수 없다 하였다. 이 삼자는 상즉상리(相卽相離)의 관계여서 하나가 곧 만이요 만이 곧 하나(一而萬萬而一者)인 관계라 할 수 있고, 부처라 하고 중생이라 하여 그 사이에 한계를 긋는다는 것은 무의미할 뿐이라는 것이다.[26]

요컨대 칸트는 만인에게 보편적으로 공통되는 공유적 진아를 언급하지 않고 오직 각유적 진아를 말했고, 각유적 진아에는 시공을 초월하는 자유성만 있는 것으로서 현상적 비자유성은 포함시키지 않았다. 한편 량치차오는 공유적 진아를 말했지만 망염(妄染)의 무명은 배제하였고, 개별아를 말함에 있어서는 업의 종자가 다양한 중생자아가 되는 것으로 말해 개별아를 무명 망염에 한정시켰다. 반면 만해는 '천상천하유아독존'을 말해 사람마다 자유스런 개별적 진아를 가짐과 동시에 모든 사람에게 공유된 보편적 진아도 내포됨을 말하면서 진아가 모두 眞如와 妄染, 자유와 비자유를 모두 포함한 것으로 보았다. 즉,

---

25) 「法集別行錄節要幷入私記」, 745c, "眞心本體 有二種用 一者自性本用 二者隨緣應用."
26) 한용운, 「조선불교유신론」, 앞의 책, p. 41.

만해가 말하는 자유란 붓다의 유아독존의 자각에서 오는 자유요 이로부터 오는 자유의 평등이다. 독존적 자유와 평등이란 "존비(尊卑)가 없고, 자타가 없는" 독존이기에 구애(拘碍)될 것이 없는 자유요, 독존이므로 평등이다. 그러므로 만해는 계급 많고 구속 많은 사회의 현 제도를 초탈하려면 오직 정신상에 붓다의 구제를 받지 않으면 아니 된다 하였다.[27] 만해의 자유는 평등을 수반하는 개념인 것이다.

> 자유는 만물의 생명이요 평화는 인생의 행복이다. … 〈중략〉 … 평화의 정신은 평등에 있으므로 평등은 자유의 상대가 된다. 따라서 위압적인 평화는 굴욕이 될 뿐이니 참된 자유는 반드시 평화를 동반하고 참된 평화는 반드시 자유를 함께 해야 한다.[28] 자유에 사소한 차이가 없다면 평등의 이상이 이보다 더한 것이 무엇이 있겠는가.[29]

불교의 자유는 "속박자의 해방"이며 "비인격자를 인격화"하며 "미각성자의 각성"이다. 탐착의 부유(浮游)로부터 증득의 자유심을 얻는 해탈이 곧 자유평등이 되니 현실에 즉하여서는 기회균등이요 계급타파가 되는 것이다.[30] 만해가 말한 자유란 진아의 깨달음으로부터 비롯되는 자유요 평등이며 인간해방이자 사회해방이다.

다시 말해 평등이란 "시공을 초월하여 남에게 매어달리지 않은 자유진리(自由眞理)"를 뜻하고, 불평등이란 "사물의 현상이 필연적인 법칙에 제한을 받는 것"을 말한다. 즉 평등은 시공을 초월한 자유진리로 말미암고, 불평등은 무명의 현상적 견지로부터 말미암는 것이다. 따

---

27) 나청호,「불타의 구제를 구하라」,『불교』4, 1924(자료전집1, p. 3.).
28) 한용운,「朝鮮獨立의 書」,『한용운전집』1, 신구문화사, 1973, p. 346.
29) 한용운,「조선불교유신론」, 앞의 책, p. 44.
30) 김정해,「종교난 자유의 종교」,『조선불교총보』21(자료전집42, pp. 1-2).

라서 평등은 외부나 타자에 의지해서 이루어지는 평등이 아니라 모두가 공유적 진리와 하나이기에 평등한 것이고, 이 "불변의 평등한 처지에서 바라보면 사물과 내가 무진장임을 알게 된다."[31]는 것이 만해의 주장이다.

만해는 세계주의라는 것도 "자국과 타국, 대륙과 인종을 논하지 않고 한 집안으로 보고 형제로 여겨 서로 경쟁함이 없고 침탈함이 없어서 세계 다스리기를 한 집안처럼 다스리는 것같이 함을 이름"[32]이라 했고, 이것이 곧 평등의 실현이라 했다.[33] 따라서 불교는 평등이고 자유이며 세계가 하나가 되는 것이기 때문에 "금후의 세계는 불교의 세계가 될 것"이고, 불교는 구세주의로서 일체중생을 위하여 고통을 받고 일체 중생을 해탈하도록 위하기에 불교는 구세의 일념을 지닌 것이며, 붓다는 유일무이한 구세주라 그는 말하였다. 만해의 불교 자유주의는 평등주의이자 구세주의이며 세계주의이다. 만해가 말하는 자유, 평등, 세계주의, 구세주의는 상호적인 개념으로서 진리인 자유를 보존하고 자각할 때 평등을 이루며, 세계가 곧 한 몸이라는 세계주의에 입각하기 때문에 구세를 이루는 것이다.

2. 불교유신사상과 사회진화론

기존 연구는 만해의 유신론을 사회진화론의 수용과 이로부터 추진된 근대지향적 성격으로 보거나,[34] 조선불교를 근대성에로 편입시킴

---

31) 한용운, 「조선불교유신론」, 앞의 책, p. 44.

32) 위의 책, p. 45.

33) 근세의 자유주의와 세계주의가 평등한 불교의 진리에서 나온 것이라는 것이 만해의 생각이지만 이는 분명 서구 근대의 평등, 자유, 세계주의와는 차이가 있다.

34) 김광식, 「한국근대불교사연구」, 민족사, 1996, p. 50.; 유승무, 「근현대 한국불교의 개혁

에 따라 세속화뿐만 아니라 한국불교의 전통과 정체성 상실의 위험
을 내포한 것으로 평가하기도 한다.[35] 즉 만해의 유신론은 전통을 파
괴하고 탈근대성을 지향하는 현대사회에 부정적 영향을 줄 수 있다
는 것이다.[36] 그러나 만해가 수용하고 해석한 사회진화론은 "근대 지
향적", 혹은 "근대성에로의 편입"이라고 규정하거나 한국불교 전통의
정체성 상실을 불러오는, 그리하여 현대의 탈근대적 지향과 어긋나는
것으로 볼 수만은 없을 것이다. 만해의 자유가 서구 근대의 자유 개
념 그대로의 맥락이 아닌 것처럼 사회진화 역시 우승열패(優勝劣敗)·
약육강식(弱肉强食)의 서구 사회진화론을 그대로 수용한 것이 아니기
때문이다. 만해는 분명 적자생존의 사회진화론을 반대했다. 당시 국
가주의, 제국주의, 군국주의가 세계를 휩쓸어 우승열패, 약육강식의
이론이 만고불변의 진리로 인식되고 있었지만 만해는 그 "야만적 문
명"[37]의 참담함을 다음과 같이 고발하였다.

모델 비교연구: 만해의 유신모델과 청담의 정화모델을 중심으로」, 『만해학보』 9, 2006,
pp. 113-114.

35) 김용태는 만해가 승려의 결혼금지 폐지를 주장한 것도 문명개화와 사회진화론에 경도
되어 전통의 타파와 신시대를 꿈꾼 당시 상황과 맥락을 같이한 것이라 보았다. 그리고
이는 일본불교를 선진종교의 모델로 인식한 왜색불교의 영향이라 하였다(김용태, 「근대
불교학의 수용과 불교 전통의 재인식」, 『한국사상과 문화』 54, 2010, p. 326.) 그러나 만
해가 승려의 결혼 금지를 풀어 오직 자유에 맡기자고 주장한 것은 "사사무애의 대승적
차원"에서 비롯된 것임을 스스로 밝힌 바 있기에 다른 이해가 가능하다. 즉 "깊고도 끝
없이 넓고 진실과 허망이 일정한 성품이 없으며 공과 죄가 본래 쏟해서 어느 곳이든 들
어가지 않는 곳이 없고, 용납하지 않는 일이 없는 불교의 진수가 어찌 자질구레한 계율
간에 있겠느냐"(한용운, 「조선불교유신론」, 『한용운전집』 2, 신구문화사, 1973, pp. 82-
83.)는 것이다. 그는 결혼이 불도를 이루는데 장애될 수만은 없고, 차라리 인간의 성적
욕망을 인정하여 음지의 음탕으로 몰지 않는 것이 낫다는 견해도 피력한 바 있다. 사랑
의 속박은 단단히 얽어매는 것이 풀어 주는 것이고 대해탈은 속박에서 얻는다는 것이
다. (「禪師의 說法」, 『한용운전집』 1, 신구문화사, 1973, p. 61.) 물론 만해는 장가들지
않고 학문과 정치를 아내삼아 천고에 뛰어난 사람들이 허다함도 말한 바 있다.

36) 유승무, 위의 글, p. 114.

37) 한용운, 「조선불교유신론」, 앞의 책, p. 60.

18세기 이후의 국가주의는 전 세계를 휩쓸고 있다. 이 소용돌이 속에서 제국주의가 대두되고 그 수단인 군국주의를 낳음에 이르러서는 이른바 우승열패(優勝劣敗)·약육강식(弱肉强食)의 이론이 만고불변의 진리로 인식되기에 이르렀다. 그리하여 국가 간에, 또는 민족 간에 죽이고 약탈하는 전쟁이 그칠 날이 없어 몇 천 년의 역사를 가진 나라가 잿더미가 되고 수십만의 생명이 희생당하는 사건이 이 세상에서 안 일어나는 곳이 없을 지경이다. 그 대표적인 군국주의 국가가 서양의 독일이요, 동양의 일본이다.[38]

만해뿐만 아니라 당시 불교계는 적자생존의 생존경쟁은 취할 바가 못 되는 사상으로 치부한 경향이 크다. 현대사조의 주요점이 개인주의, 공리주의, 실리주의, 향락주의, 허무주의, 파괴주의, 이성주의, 인도주의, 인격주의 등으로 발하고 마르크스의 경제철학, 다윈의 진화론, 뉴턴의 인력설, 아인슈타인의 상대성, 크로포트킨의 무정부주의, 맬서스의 인구론, 스미스의 국부론 등 이념을 동요케 하는데 불교에서는 영육(靈肉)은 분리될 수 없는 색심불이(色心不二)의 법칙을 세우기에 개인주의라든지 이기주의라든지 적자생존의 생존경쟁의 사상은 절대로 취하지 못할 바라는 것이다.[39]

만해는 진화론을 수용했다기보다 비판적 성찰을 통해 이를 불교자체의 사상과 맥락으로 새롭게 제시하였다. 즉 그 우수하고 열등하고 강하고 약해지는 것은 세력 여하에 있고 그 세력은 곧 해탈의 힘이라보았다. 조선불교가 유린된 원인도 세력의 부진에 있고, 세력의 부진은 가르침이 포교되지 않은 데 원인이 있으며, 가르침의 힘이란 궁극적으로 해탈의 힘으로 연결된다는 것이다.[40] 그러므로 우자가 되고

---

38) 한용운, 「朝鮮獨立의 書」, 앞의 책, p. 346.
39) 김소하, 「현대사조와 불교」, 『불교』 49, 1928(자료전집 7, pp. 9-10.).
40) 한용운, 「조선불교유신론」, 앞의 책, pp. 60-61.

승자가 된다는 것도 만물을 애육(愛育)하는 자이지 약자를 먹는 자가 아니다. 또한 열자가 되고 패자가 된다는 것도 권리와 의무도 없는 자로서 "만물의 영장되는 권리를 포기하는 자", "사회에 대하여 힘을 제공하는 의무를 소실한 자"이다. 따라서 만해는 "조물은 결코 열자, 패자를 내지 않는다."하였고, "중생(衆生) 중생(衆生)이 동일 불성이요, 천부 인권이 균시(均是) 평등(平等)"이라 하였다.[41]

한편 만해뿐만 아니라 당시 불교계도 진화론에 대한 재 개념화를 시도했다고 볼 수 있는데, 흥망성쇠의 변화, 진화론적 무상(無常), 진화론적 원융사관 등의 개념이 그것이다. 흥망성쇠의 변화는 우주 자체가 끊임없이 변화하고 각 민족이나 각 사회가 시시각각으로 흥망성쇠하는 것이 천연의 공도임을 뜻한다. 따라서 열등한 자라고 항상 열등하지 않고 우등한 자라고 해서 항상 우등한 자가 아니기에 오직 열심히 하는 자에게 공도가 달려 있다 하였다.[42] 또한 진화론적 무상이란 시간이 흐름에 따라 구석기시대에서 청동기시대, 철기시대, 전기시대로 좋은 방면으로만 가는 것처럼 보이지만 진화란 좋은 방면으로만 가는 것을 뜻하는 것이 아니라 진화에서 퇴화하는 것도 있고, 善진화, 惡진화, 善변화, 惡변화가 있는 것을 말한다.[43] 이는 진화론을 일직선적 진보사관으로 보기보다는 순환적인 변화·생성론에 입각하여 이해하는 것이다. 진화론적 원융사관이란 이덕진이 말한 것인데, "사회진화란 유물사관이나 유심사관에 한정되는 것이 아니라 환경과 인간성의 양면이 서로 交映하여 연기작용으로부터 끊임없이 변화하는 중에 모든 충동과 반성과 자각을 얻어 궁극적으로 이상으로 진행하는

---

41) 「前路를 擇하여 進하라」, 『한용운 전집』 1, 신구문화사, 1973, pp. 269-270.
42) 이일선, 「조선불교 청년 제군에게」, 『조선일보』 1920.07.02.(신문자료집 上, p. 41.).
43) 鉢龍堂 「진화와 불교」, 『불교』 70, 1920.4.(자료전집 11, pp. 14-15.).

것"[44)]에 이름 붙인 것이다.

3. 불교사회주의와 민중화

조선의 1920년대는 사회주의가 풍미하던 시대였다. 그러나 당시 불교청년들은 마르크스주의적 사회혁명, 유물주의적 견해가 인간사회의 전부가 아니라는 점을 부각시켰고, 사회개조는 불국토의 실현에 있으며 붓다가 창도한 자애(慈愛)에 의해서 계급을 부인하고 절대 평등한 사회를 건설하는 것이라 주장하였다.[45)] 또한 그들은 사회주의가 오직 경제주의만을 표방하는 것에 대한 불만을 표시하면서 물질과 정신을 다 같이 중요시하는 종교가 필요함을 주장하였다. 종교를 여읜 물질의 사회, 물질을 여읜 종교의 사회 모두 완전한 발육을 이루지 못할 것이기에 물질적 방면뿐만 아니라 종교적 방면도 탐구해야 한다는 것이다. 그러므로 종교는 인류의 숭고한 근본적 정신을 배양시키고 안심입명의 도를 암시하는 것이기에 인류사회의 불가피한 일대 원동력이 된다.[46)] 이는 불교사회주의가 마르크스의 사회개조와 혁명, 계급의 타파와 평등한 사회 건설, 경제주의라는 취지는 수용하지만 그 내용은 불국토의 실현을 통한 사회개조, 깨달음에 의한 대자대비의 평등과 무소유의 정신에 바탕한 것임을 알 수 있다.

만해는 불교사회주의를 말하면서[47)] "원래 불교는 계급에 반항하여 평등의 진리를 선양한 것"이고 "소유욕을 부인하고 우주적 생명을 취

---

44) 이덕진,「자연과학과 종교사관」,『금강저』15(자료전집 52, pp. 11-16.).

45) 최영환,「비약의 세계」,『금강저』16(자료전집 52, pp. 2-7).

46) 김상일,「인류사회에 원동력인 종교」,『불교』14, 1925.8.(자료전집 3, pp. 3-4.).

47) 만해사상은 불교와 사회주의를 접목한 불교 사회주의 사상이라 지칭되기도 한다(김광
    식,「만해 사상과 현대사조: 그 관련의 시론적 모색」,『만해학보』13, 2013, pp. 10-17.).

함"을 골자로 하는 것이기에 불교의 교리를 민중화하고 제도를 민중
화하며 재산을 민중화하자 하였다.[48] 또한 만해는 1932년 1월 삼천리
기자와의 신년대담에서 "전 우주의 혁명을 기도하는 것이 부처님의
이상이었으니까 비단 조선 한곳만을 위하여 분주하시지 않았을 것"이
라 하면서 "석가의 경제사상을 현대어로 표현한다면 불교사회주의"라
하였다.[49] 만해의 불교사회주의는 계급질서가 아닌 평등을, 경제만이
아닌 우주적 생명(자유)을, 무산자 혁명이라기보다 전 우주의 혁명을
제기한 것이었다.

특히 만해는 불교가 무엇보다도 사회와 분리될 수 없다는 인식에
서 민중 구제자로서의 불교 민중화와 사회참여를 주장하였다. "창생
의 구제는 세상을 떠나 세상을 구할 것이 아니라 세상에 들어와서 세
상을 구하는 것이니 마치 병자를 떠나 병자를 치유할 수 없음"[50]과 같
다는 것이다. 이는 불교가 전근대 시기에 적멸교라 불렸던 것처럼 이
전에는 찾아볼 수 없는 현상으로서 이는 사회주의적 성찰에서 비롯된
것이었다.

또한 불교의 민중화는 시대정신에 합류하는 사회상의 의식을 밝히
알아야 것을 강조함이다. "사회적 진출은 일반 대중의 욕구인 공통적
시대정신에 합류해서만 가능한 것이요 일반의 욕구를 달성하기 위한
노력에 참가 혹은 찬조해서만 가능한 것이다."[51] 그러므로 불교가 덮
어놓고 붓다를 신앙하도록 하는 것은 진부한 것이고 종교에 마쳐시키
는 것이 된다. 또한 불교의 민중화는 정치, 경제, 사회, 개인의 생명과

---

48) 한용운, 「불교유신회」, 『한용운전집』 2, p. 133.
49) 한용운, 「大聖이 오늘 朝鮮에 태어난다면?」, 『삼천리』 4-1, 1932.1.1.
50) 한용운, 「조선불교유신론」, 앞의 책, p. 132.
51) 위의 책, p. 205.

재산 그리고 명예 등에 의의를 부여하여 불교정신으로 근대인의 생활 원리를 만들어 나가는 것이기도 하다. 그러면서도 불교의 생명은 궁극적으로 모든 각자의 각 개성에 관과(貫過)된 편재적 정신력, 그 정신적 생명을 취하여 불성을 이루는 것에 있음을 만해는 분명히 하였다.[52] "불교는 사찰에 있는 것도, 승려에게 있는 것도 경전에 있는 것도 아니라 각인의 정신적 생명에 존재하고 그 자각에 존재하는 것"[53]이다. 만해는 자각의 환발을 통해 개인의 가치를 인정하는 큰 진리(大理)에 서있는 것이 불교임을 주장했다. 그리하여 불교가 "민중과 접하고 민중과 더불어 동화"되기를 그는 바랬던 것이다. 이는 서구의 사회주의와 개성 존중을 접하여 각인의 깨달음과 불교의 민중화를 불교적 사회주의로 표방해 간 것으로 볼 수 있다.

또한 그가 말한 불교의 사회참여화는 공익(公益)의 대아(大我)를 지향하는 맥락에 놓여 있었다. 공익에는 적극적 공익과 소극적 공익이 있는데, 사익을 희생하여 공익을 성취하는 것을 적극적 공익이라 칭하고, 단지 공익을 놓치 않는 것은 소극적 공익이라 하였다. 공익심의 유무에서 개인의 인격이 비교되고, 사회의 승침(昇沈)이 규정되며, 국가의 융성과 지체(遲滯)가 분기(分岐)되는 것이다. 그러므로 공익심은 인간 개인만이 아니라 사회·국가가 갖추어야 할 공존공영의 상호 협조를 지칭한다. 그러나 개인과 사회, 국가가 한 몸이라는 대아적 차원에서 보면 상호협조는 자조(自助)가 되고, 공익은 사익(私益)이 된다.

세계를 한 고해(苦海)라면 사회와 국가는 망망한 고해 중의 묘소(渺少)한 일엽선(一葉船)이다. 그러면 사회·국가를 형성한 개인은 그 배의 선원이 아닌가.

---

52) 「불교도의 각성: 중앙기관설치 사회적 활동」, 『동아일보』, 1921.03.27.
53) 한용운, 「불교유신회」, 『한용운전집』 2, p. 133.

선원으로서 그 배를 운항하자면 선장이니 고사(篙師)니 타수(舵手)니 등등, 모든 선원이 동서 상응하고 좌우 상조하고 동심협력하지 아니하면 피안에 도달하기가 어려운 일이다. …〈중략〉… 동주우풍(同舟遇風)의 선원으로서 동성상응(同聲相應)하여 호상협력(互相協力)하는 것은 배를 위하는 것도 아니오, 타인을 위하는 것도 아니오, 자기의 생명을 위하는 것이다. 그러므로 배에 있는 일간목(一竿木) 일파승(一把繩)이며 다른 선원의 정종모발(頂踵毛髮)까지라도 다 '아(我)'인 것이다. 그뿐 아니라 일진풍(一陣風)을 취송(吹送)하는 무변창공(無邊蒼空)과 일파수(一波水)에 관련되는 망망대해(茫茫大海)가 다 '我'인 것이다.[54]

인류사회도 한 배요 국가도 한 배다. 인류와 국민은 같은 선원이다. 사회를 위하여 노력하는 것은 자기의 행복을 위하는 것이요, 국가를 위하여 진췌(殄瘁)하는 것은 자기의 자유를 위하는 것이다. 사회도 '我'이며 국가도 '我'인 까닭이다. 그러므로 만해는 문명한 국민은 국가의 이익이 곧 자기의 이익이라는 것과 공익이 곧 사익이 된다는 것을 상식화한다고 하였다.[55]

IV. 만해의 마음수양론과 불교교육의 주체적 근대화

1. 마음수양과 정신화(正信化)

만해가 불교 마음수양에서 미신(迷信)을 거부하고 정신(正信)을 주장한 것은 서구 합리주의에 영향 받은 동시에 불교의 주체적 대응이

---

54) 「公益」, 『한용운전집』 1, 앞의 책, pp. 213-214.
55) 위의 책, p. 214.

내포된 것이라 할 수 있다. 만해가 말하는 미신(迷信)이란 우주인생을 위하여 아무런 준비나 깨달음의 각오(覺悟)가 없는 신앙을 말함이고 정신(正信)이란 우주인생에 대하여 각오(覺悟)가 있는 신앙을 말한다. 불교의 본질은 정각을 이루어 진정한 자아를 얻는 것에 있고, 이는 인간의 최대 임무일진대 종교가들이 미신에 얽매여 깨어날 줄 모른다면 철학자들이 반드시 온 힘을 기울여 이에 항거할 것이라 하였다.[56] 인생의 모든 문제는 생명문제, 자아문제와 관련되지 않는 것이 없고, 수행을 통해 인생의 당면문제를 해결하지 않는다면 영원의 가치를 가질 수가 없다.[57] 인간의 삶을 진보시키고 영혼을 고양시키는 것이면 이는 곧 정신(正信)이자 예술이 되고, 반대로 인간으로 하여금 공포와 안주(安住)로 향하게 하면 미신(迷信)이다.

만해는 정신을 옹호하고 미신을 제거한다는 입장에서 난신의 도구를 버리고 각종 재공양 및 제사를 폐지할 것과 칭명염불을 비판했다. 특히 만해는 칭명염불은 곧 거짓염불이라 했다. 만약 염불만으로 정토 왕생한다면 인과를 무시하는 것이 되고, 비록 어떤 악업을 지은 사람이라도 부처님께 아첨하는 것만으로 정토에 갈 수 있다고 하면 이는 죄인이 사법관에게 잘 보여 요행히 벌을 면하는 것과 같기 때문이라는 것이다.[58] 반면 그가 주장하는 참 염불이란 '부처님의 마음을 염하여 나도 이것을 마음으로 하고 부처님의 배움을 염하여 나도 이것을 배우고 부처님의 행을 염하여 나도 이것을 행하는 것'으로서 "一語, 一默, 一靜, 一動이라도 순간마다 염하지 않음이 없는 것"을 말한

---

56) 「조선불교유신론」, 앞의 책, p. 38.
57) 「禪과 자아」, 『한용운전집』 2, 앞의 책, p. 321.
58) 「조선불교유신론」, 앞의 책, p. 58.

다.[59] 그러므로 참 염불은 정신(正信)에 해당한다.

또한 정신(正信)은 깨달음의 각오뿐만 아니라 시대상식의 문화와 현대적 학문체계를 겸비하고, 정신과학의 연구도 존중한다. 이는 시대상식을 구성하는 모든 학술, 과학, 예술 등을 포함하는 문화적 요소를 지님과 동시에 진보적이며 창조적인 성격을 띤다. 여기에는 시대상식을 무시하고서는 정신(正信)의 眞我를 실현할 수 없다는 인식이 깔려 있다.

그러면서도 만해는 분명 마음수양을 우선시하였다. 만해는 「천도교에 대한 감상과 촉망」이라는 글에서도 천도교가 튼튼한 힘을 얻어온 것은 "돈의 힘도 아니오, 지식의 힘도 아니오, 기타 모든 힘이 아니고 오직 주문의 힘에 있다."[60] 하였다. 만해는 불교뿐만 아니라 다른 종교에 대해서도 수행을 강조했던 것이다. 수행의 기본은 정각을 이루어 진아를 얻는 해탈에 있기에 "일체의 해탈을 얻고자 하는 자는 먼저 자아를 해탈"하라 하였다. 자아해탈은 나의 자유에 있을 뿐이지만 "자아의 해탈은 오직 수양에 있다." 자신의 실천적 수행에 의해 속박으로부터 자유에 이르러 통명(通明), 무장애, 대해탈, 일체의 원융에 드는 것이다.[61]

그러므로 만해는 '마음수양이란 곧 禪'이라 말하면서 禪이란 불교에만 한정되는 것이 아니라 누구든지 해야 하고, 또한 누구든지 할 수 있는 지극히 평범하고 필수적인 일이라 하였다. "禪은 종교적 신앙도, 학술적 연구도, 고원한 명상도, 침적(沈寂)한 회심(灰心)도 아니다. 선은 전인격의 범주가 되는 동시에 최고의 취미요 지상의 예술이며 마

---

59) 「조선불교유신론」, 앞의 책, p. 59.

60) 한용운, 「천도교에 대한 감상과 촉망」, 『신인간』 20, 1928.

61) 「自我를 解脫하라」, 『한용운 전집』 1, 신구문화사, 1973, pp. 275~277.

음을 닦는 정신수양의 대명사이다."[62] 또한 禪은 고요함만을 지키는 사선(死禪)이 아니라, 본성에 맡겨 자유자재하는 활선(活禪)이다. 선은 능히 위구심를 없애고, 능히 상한 마음을 치유하며 생사를 넘어서는 큰 수양이다.[63] 선(참선)이란 견성해 있는 마음의 정체를 밝히는 것을 말한다. 단지 미혹된 자는 스스로 견성한 줄을 알지 못할 뿐이다.[64]

마음의 정체를 밝힌다는 것은 철학자와 물리학자가 행하는 것처럼 연구, 추측, 실험의 유한한 지혜로 무궁한 이치를 밝히는 것이 아니다. 우주 사물의 이치는 무궁하고 우리들의 지혜는 유한함을 성찰해야 하고, 그 마음의 본체를 고요히 길러 스스로 마음 자체를 밝히는 것이다.[65]

만해가 말하는 참선의 본질은 산란함이 없고 혼매함이 없는 성성적적(寂寂惺惺)에 있고 '내가 空하다는 것(我空)과 남과 내가 없고, 남과 나는 한 몸이며 죽음과 삶이 한 매듭'이라는 것을 아는 사람이라야 도를 배울 만하고 중생을 제도할 만하다 하였다.[66]

참선은 體요 철학은 用이며 참선은 스스로 밝히는 것이요 철학은 연구이며 참선은 돈오요 철학은 점오라고 할 수 있다. 참선의 요점은 적적성성이다. 적적 즉 마음이 고요하면 움직이지 않고, 성성 즉 마음이 늘 깨어 있으면 어둡지 않을 수 있다. 움직이지 않으면 흐트러짐이 없고 어둡지 않으면 혼타(昏墮)함이 없으니 흐트러짐이 없고, 혼타함이 없으면 마음의 본체가 밝혀지게 마련이다.[67]

---

62) 「禪과 인생」, 『한용운전집』 2, 신구문화사, 1973, pp. 310-311.

63) 위의 책, p. 317.

64) 위의 책, p. 316.

65) 위의 책, p. 53.

66) 한용운, 「佛敎漢文讀本」, 『한용운전집』 2, 신구문화사, 1973, pp. 416-417.

67) 한용운, 「조선불교유신론」, 앞의 책, p. 54.

禪은 한 마음(一心)으로 돌아가는 것이다. 한 마음이라는 것은 만법(萬法)이 되는 것이기에 모든 것은 한마음 아닌 것이 없다. 모든 것이 하나로 돌아간다는 것은 모든 것을 합쳐서 하나로 만든다는 것이 아니라 능히 한마음으로써 모든 만물에 통한다는 것이다(能以一心 通於萬法也). 즉 "모든 것을 깨뜨려 하나로 만드는 것이 아니라 모든 것을 보전하여 하나로 돌아가게 하는 것이다."[68] 백용성도 마음수양이란 "천지가 我와 더불어 같은 근원(同源)이 되고 만물이 我와 더불어 同體되는" 참된 마음(眞心)을 직지(直指)하여 참된 자성(眞性)을 깨닫고(覺悟)[69], 전체가 我의 진심대광명체(眞心大光明體)인 마음임을 아는 것이라 하였다. 그러나 사람들은 자신의 광명한 진심을 깨닫지 못하므로 천상천하에 유아독존한 진심을 미혹시키는 것이다.[70] 백용성은 삼계만유가 유심조(唯心造)임을 알면 자연히 미신이 타파되고 독립적 자유정신인 활면목(活面目)을 얻는다고 하였다. 만해나 용성 모두 정각을 이루어 진아를 얻는 것이 인간 최대의 행복이고[71] 깨달음으로부터 실현되는 자유는 조국독립은 물론 도덕, 정치, 사회, 문화, 과학, 종교에 이르기까지 이르지 못하는 바가 없고 앎에 통하지 못함이 없다 하였다.

2. 불교교육의 주체적 근대화

(1) 불교와 학문적 분류

동양 전통에서 말하는 문학이란 학문(學問)이라는 뜻도 되고 경학

---

68) 한용운, 「佛教漢文讀本」, 앞의 책, p. 417.
69) 백용성, 『용성대종산전집』 4, 신영사, 1991, p. 14.
70) 위의 책, p. 15.
71) 한용운, 「조선불교유신론」, 앞의 책, p. 38.

(經學)이라는 뜻도 된다. 즉 문학의 뜻은 학문을 뜻하는 것이지 문예에 한정된 것은 아니었다. 전통에서 藝라는 것도 예술의 예가 아니라 육예(六藝: 禮樂射御書數)를 말한 것이었다. 다시 말해 동양의 문학이라는 것은 문자로 된 것 가운데서 경학, 윤리학 및 성리학, 역사, 제자백가어(諸子百家語)를 우위적 순서로 삼았고, 유교로서 천시하던 소설, 희곡 따위는 변변히 문학 축에도 끼지 못하였다. 반면 서양에서 문학은 문자로 쓰고 또 서적으로 인쇄된 모든 언어를 의미한다. 사상을 언어화하여 문자로 표현하는 것은 다 문학이다. 그러나 일본이 'literature'를 문학으로 번역하면서 문학의 개념을 문예로 축소시켰다. 조선의 경우도 이에 영향 받아 문학을 문예라는 의미로 쓰는 경향이 보편화되었다. 이에 만해는 만일 문예만이 문학이라면 시(詩), 부(賦), 삼국지 · 수호전 · 서유기 · 서상기 같은 사대기서(四大奇書)는 당연히 대 문학이라고 하려니와 '한 생각에 三世를 隱現하며 하나의 털 끝에에 三千大千世界를 건립하며 인간 세상의 무량한 중생을 향하여 말한 팔만대장경'은 문학이 아니고 무엇이며 "천지를 경위(經緯)하고 인문을 탄토(呑吐)하며 국가, 사회, 개인의 윤리, 도덕, 정사(政事), 병농(兵農) 등 만반의 사리를 밝힌 모든 문학"은 또 무엇이라고 하겠느냐는 비판 섞인 물음을 가했다.[72]

> 문학이라는 술어가 문자적 기록의 전반을 대표한 이상 문학 즉 문예라고 볼 수
> 가 없는 일이요, 또 시, 소설, 극본 등에 대해서는 문예라는 대표 명사가 붙어
> 있지 않는가? … 〈중략〉 … 문예는 문학이지마는 문학은 문예만이 아니다. 문
> 예만을 문학이라고 하는 것은 꽃피고 새우는 것만이 봄이라고 하는 것과 마찬
> 가지다.[73]

---

72) 한용운, 「文藝小言」, 『한용운전집』 1, 신구문화사, 1973, pp. 196.
73) 위의 책, pp. 196.

만해의 문제의식은 모든 경전은 당연 문학에 포함될 것인데 이를 문예로 축소하면 문예 외의 것은 어느 학문에 소속을 두어야 하느냐는 것이었다. 이에 만해는 우선 불교를 철학과 종교에 편입시켜 불교의 성질을 종교적 성질과 철학적 성질로 나누어 보았다. 여기서 종교적 성질이란 자심의 진여를 깨닫는 것으로서 이는 다른 종교처럼 지옥과 천당을 별도로 놓는 것이 아니라 '지옥과 천당이 다 淨土'가 되고, '중생의 마음이 곧 정토'인 자심의 세계를 뜻한다.[74] 즉 만해가 말하는 불교라는 것은 다른 종교처럼 영생(永生)을 말하는 것이 아니라 원만한 깨달은 세계(覺海)의 주인공이고, 시간적으로 삼세를 포함하며 공간적으로 시방에 걸쳐서 "감각 기관과 그 대상을 초탈하여 고요하면서도 항상 비추는 진여(逈脫根塵하여 寂而常照者曰 眞如)"의 종교이다.[75] 불교는 불생불멸의 경지를 영원한 진아(眞我)에서 구하는 종교이자 지혜로 믿는 종교이지 미신의 종교가 아니라는 것이다.

또한 불교의 철학적 성질이란 일체종지(一切種智)에 있다. 일체종지란 자심을 깨달아 밝게 통하므로 장애가 없고(瑩徹無碍) 모르는 바가 없는 지혜이다. 이는 곧 철학자들의 궁극 목표가 된다.[76] 그러므로 만해는 불법(佛法)이 세간법과 다르지 않고 일체법이 모두 불법(佛法)이기에, 박학다식(博學多識), 다문광학(多聞廣學)하여 법장을 수호할 것을 주장하였다. 그리하여 문자, 산수, 圖書, 지수화풍의 종종 제론을 모두 통달하고, 일체 유정의 언어, 문자, 의리와 세간의 기예를 보문(普聞)하고 해습(該習)하여 병을 치유하고, 중생을 이익 되게 하는 것

---

74) 한용운, 「조선불교유신론」, 앞의 책, pp. 36-37.

75) 앞의 책, pp. 36-37.

76) 위의 책, p. 38.

이 불교라 하였다.[77]

(2) 보통학문의 겸비

만해는 승려교육의 세 가지 급선무가 보통학, 사범학,[78] 외국 유학에 있다 했다.[79] 특히 만해는 보통학을 사람의 의복이나 음식과 같이 삶에서 필수적인 것임을 강조하였다. 보통학은 세계적으로 통용되는 상식으로서 과학, 철학, 문학, 사회학, 역사학, 정치학, 경제학, 논리학 등 근대 학문을 지칭하는 것인데, 이는 서양뿐만 아니라 동양의 학문까지 포함하는 의미로 쓰인다. 불교가 민중의 삶과 사회를 떠날 수 없고, 보통학 역시 인간과 사회, 그리고 사물에 대한 지식을 진보시켜가는 것이기에 불교교육에서 보통학은 배제될 수 없다는 것이다.

> 학문의 묘경에 들어간 사람일수록 종교의 의식이 명확하게 되는 것이고, 학문
> 을 닦으면 닦을수록 자기의 愚와 弱을 알게 되는 고로 비로소 佛의 위대를 감
> 지하여 그 대자대비의 품에 안기게 된다.[80]

박한영도 보통학으로서 과학, 철학, 문학, 사회학 등을 자가 교리와 겸하여 궁구할 것을 주장한 바 있다.[81] 문명국에서는 보통학을 모르는 자가 없고, 보통학은 전문학의 기초이며 보통학을 먼저 배워서

---

77) 한용운, 「불교대전」, 『한용운전집』 3, 신구문화사, 1973, p. 123.

78) 만해는 사범학에서 사범을 자연사범과 인사(人事)사범으로 나누었다. 오늘의 스승 자리에 있는 자들은 육대주를 구분하지 못하고 만국 지도를 대하면 어느 곳이나 소경이 그림을 대한 듯 캄캄한 실정인데, 이는 사범학이 제대로 되어 있지 않기 때문이라 그는 비판했다.

79) 한용운, 「조선불교유신론」, 앞의 책, pp. 49-51.

80) 한용운, 「신앙에 대하여」, 『불교』 96, 1932.(자료전집 15, p. 10.).

81) 석전산인, 「조선의 설법과 세계의 포교」, 『해동불교』 3, 1914.(자료전집 48, p. 27.).

사리를 가릴 수 있는 능력이 생긴 다음에 불교 전문학에 들어가게 해야 한다는 것이다. 정봉윤도 지식을 요구하는 시대에 불교 자체가 하나의 인문학으로서 동서양의 학문을 탐구하고 "인문계발의 척후대"가 될 것을 주장하였다.[82]

또한 일본 조동종 대학에서 유학하고 돌아온 이지광, 이혼성, 김정해 등은 13종지 외에 서구 학문분류체계인 윤리학, 심리학, 철학 등을 불교학에 적용하여 불교철학, 불교심리학, 불교윤리학, 종교학, 보통속학 등의 교과과정을 제정하고, 조직적 체계화와 개편을 시도하였다. 이는 조선불교의 강학전통을 근대적 교육제도로 일변시킨 한 계기가 되었다.[83] 이와 같이 당시 조선불교계는 보통학의 학문을 불교교육의 한 요소로 받아들였는데, 만해 역시 "문명은 교육에서 생긴다."[84]는 인식 하에 학문을 포함시켜 배움의 요령을 세 가지로 제시하였다. 즉 지혜로 자본을 삼고, 사상의 자유를 법칙으로 삼으며, 진리로 목적을 삼음이다. 이 셋 중에 어느 하나라도 결여되어서는 안 되고, 특히 사상의 자유가 결핍되면 노예의 학문이요 죽은 자의 학문이 된다 하였다. 당시 조선 승려의 학문이 타락한 것도 지혜의 박학과 사상의 자유, 그리고 진리추구가 결핍되었기 때문이다.[85]

> 배우는 사람들이 연구하고 논하는 것이 문구의 뜻을 따지는 짧은 주석에 지나지 않을 뿐이며, 변론하고 다투는 것이 남을 꺾고 내 私見을 세우고자 하는 것 뿐이었기 때문이다. 그리고 정작 큰 뜻과 깊은 취지에 있어서는 들어서 묻는

---

82) 정봉윤, 「교계현상의 제문제에 대하야」, 『금강저』 19, 1931.(자료전집 52, p. 42.).

83) 道俗一同, 「조동대학을 졸업한 三氏를 환영함」, 『조선불교총보』 11, 1918.(자료전집 41, pp. 1-2); 정혜정, 「일제하 승가교육의 근대화론」, 『승가교육』 2, 대한불교조계종교육원, 1998, p. 233.

84) 한용운, 「조선불교유신론」, 앞의 책, p. 47.

85) 위의 책, p. 49.

바가 없는 형편이다. 그러므로 종일 연구하고 종일 論講하면서도 자기가 연구하는 것이 무엇인지, 자기가 논강하는 것이 무슨 뜻인지를 몰라서 깜깜하여 아무 소득도 없는 사람이 십중 칠팔이다. 만약 한 번 자기 의견을 세워 선배의 설을 반박이라도 하면 반드시 私見을 지닌 外道로 지목하여 감히 한 마디도 그 자리에서 못하게 만들어 버린다.[86]

또한 불교 일부에서는 불교교육을 근대교육인 지정의(知情意)의 전인교육(全人敎育)과 접목을 시도하고, 불교의 心을 지정의 3방면으로 나누어 적용시킨 경우도 있다. 즉 智는 교리-철학적-전미개오(轉迷開悟)-眞-解, 情은 신앙-순종교적-이고득락(離苦得樂)-美-信, 意는 도덕-윤리적-지악수선(止惡修善)-善-行으로 설명한 것이다. 智·情·意의 眞·美·善이 信·解·行으로 연결되어, 전미개오, 이고득락, 지악수선의 證으로 모아진다는 것이다.[87] 오늘날 근대 전인교육은 홀리스틱 관점에서 비판받기도 하지만 당시로서는 그것이 근대 담론을 활용한 새로운 시도라 할 것이다.

(3) 마음수양의 우위와 불교의 근대적 해석

만해가 보통학의 겸비를 말하면서도 분명한 입장을 취하고 있는 것은 마음수양이 무엇보다도 급선무이고 조선 청년 전도의 광명은 수양에 있다는 것이다.[88] "어떤 사람이라도 심적 수양이 없는 자는 학문의 사역이 되고, 지식만 있고 수양이 없는 자는 지식의 사역이 된다."[89] 학문과 지식이 많은 사람은 사물에 대한 판별력이 민속하지만 판별력

---

86) 위의 책, p. 49.
87) 오봉산학인, 「불교의 의의와 목적」, 『불교』 창간호, 1924.(자료전집 1, p. 30); 이덕진, 「불교의 전도와 목적」, 『불교』 54, 1929.(자료전집 8, p. 45.)
88) 한용운, 「朝鮮靑年과 修養」, 앞의 책, pp. 266-268.
89) 위의 책, pp. 266-268.

은 곧 취사(取捨)가 생겨나는 것이기에 욕망과 염오(厭惡)가 많아 모든 불행의 요인이 된다는 것이다. 그러므로 만해는 '마땅히 물질적 속박을 해탈하고 망상적 번민을 초월할 만한 마음의 실력을 수양하여 광달(曠達)한 도량과 활발한 용기로 자득할 것'이라 하였고, 모든 행동의 실천이 "수양의 産兒"임을 강조하였다. "개인의 수양은 원천(源泉)과 같고 사회적 진보는 강호(江湖)"[90]와 같은 것이다.

일반적으로 통속교육은 민중들에게 지정의를 완성하고 언행일치의 표리가 상응하는 생활을 하도록 교양함으로써 지덕체 삼육의 온전한 발달로써 인격을 대성하고자 한다. 그러나 불교의 인격 완성은 엄밀한 의미에서 대자각의 지위에 도달함으로써 이루는 대인격의 완성이기에 통속교육만으로는 궁극적 인간 완성을 이룰 수 없다. "통속적 지식인 제반과학에만 전력한다면 금수를 벗어나지 못하고"[91], 인간은 점차 현대 기계 문명으로 인하여 기계화되며, 부자유한 생활을 살 뿐이다. 대자각의 정신을 정곡(正鵠)으로 관주(灌注)함이 없으면 도덕 배양이나 윤리강명도 해득하기 어렵기 때문이다.[92] 그러므로 당시 불교계는 자연과학의 진보가 우주에 대한 지식을 넓혔지만 "인간의 마음을 넓히고 안심입명의 귀착점을 지시하지는 못함"을 강조했고, "오직 진정한 종교가 과학을 포함하고 그 위에 최고 哲理를 인격화하는데서 비로소 사회의 완전한 개조가 가능함"을 역설했다.[93] 인격완성은 "인간으로서 무아의 경계에 나아가게 하고 자타 피차의 편견을 버려 우주 평등이라는 것을 이상으로 삼으며 개인의 자아를 초개인적 자아로

---

90) 위의 책, pp. 266-268.
91) 克 生, 「종교적 교육이 국민을 可鑄홈」, 『조선불교월보』 16, (자료전집 44, p. 10.).
92) 해인사 강원학인, 「추기수학여행기」, 『불교』 65, 1929.
93) 「불교와 현대 인심」, 『불교』 10, 1925.(자료전집 2, pp. 3-4.).

나아가게 한다. 그리하여 개인의 인격을 우주의 인격에까지 진행하여 세계를 구제하는 大理를 체득"[94]하는 데에 있다.

조학유도 "종교는 인생으로 하여금 온후한 땅으로 향진하는 세력을 가지는 것이니 만약 지식만 구비하고 종교의 마음을 결여하면 인류사회는 이익을 쟁탈하는 상박상탈의 냉전에 이를 것"이라 하였다. 지식은 종교를 돕고, 종교는 지식을 이룬다. 양자의 상보적 조화가 이루어져야 평화적 사회와 이상적 인격을 배양할 것이다.[95] 또한 만해는 종교와 철학의 상보적 차원에서 서구 근대철학을 응용하기도 하였는데, 그는 베이컨과 데카르트 등의 서양철학이 불교와 일치하는 측면을 언급하여 상호 이해를 돕고자 하였다. 즉 베이컨이 말하는 감각 인식의 오류에 대해서는 능엄경의 내용과 일치함을 말하고, 데카르트의 합리론에 대해서는 원각경을 인용하여 동서철학의 일치를 표명한 것이다. 이는 "사람마다 지닌 불성이 같고, 진리가 원래 하나인 까닭에 방법과 과정이 달라도 동일한 결론으로 돌아가며, 만 갈래가 하나를 받들게 되는 것"을 예로 들이었다. 그리고 만해는 종교이자 철학인 불교가 장래 "도덕문명의 원료품이 될 것"[96]을 전망하였다.

한편 박한영은 현 시대가 이사무애(理事無碍)의 이치를 과학의 성과로 인하여 실제를 이해할 수 있게 되었고, 본체와 현상의 원융을 볼 수 있게 되었다고 말한다. 즉, 과거시대의 불교는 理를 말하고 事를 말했지만 실제로 경험할 수 있는 것이 적었고, "현재는 지식이 한층 진현(進顯)하여 理事원융을 실제로 경험하고 事事에 온전히 드러나는

---

94) 허영호, 「欲的 세계관과 해탈」, 『불교』 67 · 68, 1930.(자료전집 11, pp. 9-10, 11-18.).

95) 조학유, 「종교와 지식」, 『조선불교총보』 19, 1919.(자료전집 42, p. 38.).

96) 한용운, 「조선불교유신론」, 앞의 책, p. 43.

〈표 8-1〉 불교와 서구 근대철학의 상보적 이해

서구 근대철학			불교적 이해와의 일치점
경험론 (베이컨)	-인간의 정신은 오목볼록한 거울과 같아 주관의 오류를 지닌다. -오관의 감각은 물질 자체가 아닌 가상(假相)을 경험하기에 감각의 오류를 지닌다. -체질이 상이하므로 각자의 경험으로 나타나는 체질의 오류를 지닌다.	능 엄 경	-눈병이 생기면 헛것이 보이듯이 눈의 상태에 따라 달리 보인다. -감각 대상뿐만 아니라 감각 기관 자체가 실체가 아니라 幻(허구)이다. -인식 주관에 따라 다양한 인식대상을 낳는다.
합리론 (데카르트)	-동일한 본성의 지혜는 순수하고 잡박함이 없기에 모두의 진리탐구는 한 결론에 도달 ① 각자가 진리를 믿음 ② 서로 대항하고 공격함 ③ 토론 속에서 완전한 진리를 획득 ④ 본성은 동일하므로 ⑤ 방법은 다르나 같은 결론에 도달함	원 각 경	 ① 견해가 장애 노릇을 한다. ② 여러 幻을 일으켜 환을 제거한다. ③ 궁극의 진리를 얻는다. ④ 중생과 국토가 동일한 법성(法性)이다. ⑤ 지혜와 어리석음이 통틀어 반야(般若)가 됨.

시절인연을 보게 되었다."[97]라는 것이다. 박동일도 '인간과 삼라만상이 동일한 원소의 포함'이며 '동일한 세포의 조직'이라는 근대 과학의 성과도 불교에서 말하는 만물일체적 실재의 묘유를 이해하는 데 도움을 준다고 보았다.

> 羽毛鱗介의 族도 동물됨으로 인류와 本이 상동할 것이요 岩邊에 효한 노송과 下에 開한 野菊도 생물됨으로는 인류와 質을 共히 한 것이다. 만일 吾人이 原質을 사색하고 연원을 삽급하면 土石과 人類는 모두 동일한 원소의 포함이며

---

97) 박한영, 「多虛난 不如小實」, 『해동불교』 2, 1913.(자료전집 48, pp. 8-9).

동일한 세포의 조직이다. 실재면상의 假僞로 상이할 뿐이다. 곧 천지는 同根이오 만물은 일체라 실재의 奧域은 眞空이요 妙有다.[98]

불교를 현대과학적으로 이해하는 시도는 중국 태허법사에게서도 찾아볼 수 있다. 그는 『불교교리개요』에서 불교교리의 통속화와 현대화, 대중화를 모색하여 불교 교의의 핵심인 연기를 '상대적 의존관계'라는 근대적 용어로 설명하고 12연기(無明[무의식적 본능활동] → 行[의지적 활동] → 識[能인식적 주관요소] → 名色[所인식적 객관요소] → 六入[감각적 인식기관: 眼耳鼻舌身意] → 觸[감각] → 受[애증적 감정] → 愛[욕망] → 取[집착] → 有[세계 및 각 개체의 물리적 존재] → 生[각 개체의 생존] → 老死[각 개체의 노사])를 현대적으로 해석하였다.[99] 이는 오늘날 양자역학 등 현대물리학을 통해 불교의 연기나 진공묘유를 해석하는 시도와 유사하다.

V. 맺는말

만해의 사상이 서구 계몽주의 사상에 영향받아 근대적 세계관을 형성했고, 특히 사회진화론이 중요한 비중을 차지하는 것으로 인식되고 있지만 본 연구는 관점을 달리 하여 만해가 한국불교의 전통적 사유를 계승하면서도 서구 근대사조를 주체적으로 수용하여 토착적 근대화를 이끌어냈음을 살펴보았다. 만해는 근대 일본불교를 국가주의적 성격으로 규정하면서 조선불교의 방향을 해탈의 힘에 의한 사회진보

---

98) 박동일, 「실재의 묘미」, 『불교』 7, 1925.(자료전집 2, p. 124.).
99) 태허, 「불교교리개요」, 『불교』 57, 1929.(자료전집 9, pp. 11-30).

로 방향을 세워 나갔다. 이는 서구근대문명을 비판적으로 성찰하면서 불교 정신문명의 발전을 추구한 조선혼의 계승과 해방적 자유에 토대를 둔 것이었다.

만해는 서구 근대사조를 접하면서 불교 전통의 폐해를 성찰하는 동시에 불교사상을 근대적 담론을 재 개념화하는 작업을 수행하였다. 만해가 주목한 근대사조는 자유주의, 평등, 박애, 구세주의, 세계주의, 사회진화론, 사회주의 등이었지만 그러나 이 모두는 서구 근대 개념을 그대로 이행한 것은 아니었다. 만해의 자유는 량치차오와 칸트의 진아론을 논하면서 비판적으로 전개된 것인데, 이는 단순히 억압으로부터의 해방을 뜻하는 정치적·종교적 자유뿐만 아니라 궁극적 진리와 깨달음에 이르는 근원적 자유를 내포한 것이었다. 즉 그의 자유란 개인적 자유와 공유적 자유를 모두 아우르는 개념으로서 '공유적(公有的) 진아(眞我)'와 '각구적(各具的) 진아'의 동시성을 의미하고, '유아독존(唯我獨尊)'으로 총칭된다. 유아독존이란 전체를 아우르는 독존이기에 걸림없는 자유요 자타가 없는 평등의 진아이다. 또한 만해가 말하는 사회진화 역시 우승열패, 약육강식, 적자생존의 사회진화가 아니라 '해탈의 힘'에 의한 사회진화이다. 따라서 우승(優勝)이란 강식(强食)·독식(獨食)이 아니라 '만물을 애육(愛育)하는 자'요, 열패(劣敗)란 사회에 대하여 "힘을 제공할 의무를 소실한 자"이다. 만해가 주장하는 불교사회주의 또한 마르크시즘의 경제혁명과 달리 숯생명의 우주혁명이자 불국토의 실현을 통한 사회진보이며, 불교의 민중화와 공익을 향한 사회참여가 특징을 이룬다. 그리고 이 모든 것 바탕에는 禪의 마음수양이 우선됨을 강조하였다. 그는 전통학문분류와 근대학문의 성격을 고려하여 보통학을 겸비한 인문학의 창도로서 불교학을 새롭게 자리매김하고, 정신(正信)의 수양을 주장했다. 정신이란 유아독존의 각오(覺悟)가 있는 신앙을 말하고 사회진보를 수반하는데, 禪의 정신은 샘의 원천과 같고 사회진보는 이로부터 흘러나오는 강호(江湖)와 같기 때문이다. 요컨대 만해는 자유주의로부터는 진아의 자아를, 사회진화론으로부터는 사회의 향상성과 진보를, 사회주의로부터는 경제혁명을 녹여내 우주혁명을 제기하였다. 또한 근대 보통학뿐만 아니라 동서 학문을 겸비하는 인문학으로서 불교학의 학문적 정립을 시도하고, 신앙의 정신화(正信化)를 통한 마음수양을 우선하면서 불교교육을 사회진보와 일체화시켰다. 그는 진정 조선의 주체적 근대화를 이룩한 자이자 새로운 문명의 창도자라 할 것이다.

- 본 내용은 필자의 기존 논문(「만해 한용운의 불교유신사상에 나타난 '주체적 근대화'와 마음수양론」, 『불교학연구』 51, 2017.6.)을 요약/보완한 것임을 밝혀둔다.

참고문헌

『한용운 전집』1 · 2 · 3
『한국근현대불교자료전집』

가토 슈이치, 오황선 공역(1997). 일본인이란 무엇인가. 서울: 소화.

김광식(2004). 한용운 불교 연구의 회고와 전망. 만해학보 8. 105-130.

김광식(2013). 만해 사상과 현대사조: 그 관련의 시론적 모색. 만해학보 13. 7-35.

김용태(2010). 근대불교학의 수용과 불교 전통의 재인식. 한국사상과 문화 54. 305-339.

김진무(2011). 근대 합리주의 인간관의 유입과 佛性論의 재조명. 한국선학 29. 321-355.

박규태(2013). 아네사키 마사하루와 종교학: 근대일본 지식인에게 있어 종교와 국가. 동아시아문화연구 54. 97-136.

박영재 외(1996). 19세기 일본의 근대화. 서울: 서울대학교출판부.

박재현(2009). 한국 근대불교의 타자들. 서울: 푸른 역사.

석길암(2004). 萬海의 『十玄談註解』에 나타난 禪敎觀. 만해학보 8. 231-253.

송현주(2015). 근대불교성전의 간행과 한용운의 『불교대전』. 동아시아불교문화 22. 255-292.

신규탁(2014). 십현담주해』에 나타난 만해 한용운 선사의 선사상. 선문화연구 16. 7-42.

안병직(1970). 만해 한용운의 독립사상. 창작과 비평 5, 4-19. 763-774.

유승무(2006). 근현대 한국불교의 개혁 모델 비교연구: 만해의 유신모델과 청담의 정화모델을 중심으로. 만해학보 9. 97-120.

이기운(2009). 한국 근대불교잡지에 나타난 사회인식의 근대적 전환. 한국선학 24. 421-454.

이도흠(2013). 탈식민주의자로서 만해 한용운의 사상 읽기. 만해학보 13. 63-85.

이지엽(2010). 만해 한용운 연구의 새로운 방향. 만해학보 10. 35-64.

정연수(2013). 선불교에서 본 한용운의 불교관. 한국철학논집 38. 163-187.

찾아보기

내용

저자 소개(가나다 순)

김방룡(金邦龍)

전북대학교 인문대학 철학과(문학사) 및 동 대학원(문학석사)
원광대학교 일반대학원 불교학과(철학박사)
북경대학교 방문연구학자
(현) 충남대학교 철학과 교수 및 충청문화연구소장, 한국선학회 부회장
저서: 보조 지눌의 사상과 영향, 한국 선사상의 전개
논문: 보조 지눌과 태고보우의 선사상 비교, 보조 지눌의 空寂靈知와 王陽明의 良知의 비교 연구, 鏡虛惺牛의 禪사상과 불교사적 위상, 지눌과 성철의 법맥 및 돈점논쟁 이후 남겨진 과제, 다문화 사회에서 한국불교의 정체성 문제

김정래(金正來)

서울대학교 사범대학 교육학과(문학사) 및 동 대학원(교육학석사)
영국 University of Keele 교육철학(철학박사)
한국교육개발원 연구위원
(현) 부산교육대학교 교수, 한국교육철학회장
저서: 민주시민교육비판, 진보의 굴레를 넘어서, 고흑 평준화 해부, 아동권리향연, 교육과 지식(공저), 교육과 성리학(공저)
역서: 지식의 조건(쉐플러), 암묵적 영역(폴라니), 교육과 개인(코헨), 초등교육문제론(디어든), 아동의 자유와 민주주의(챔벌린), 교육목적론(린지)

박보람(朴보람)

동국대학교 불교대학 불교학과(문학사) 및 동 대학원(문학석사, 철학박사)
금강대학교 불교문화연구소 HK연구교수
(현) 동국대학교 불교문화연구원 연구초빙교수
저서: 華嚴教의 一切智 研究, 지론종 연구(공저)
역서: 정선 화엄 I (공역), 정선 원효(공역)

석길암(石吉岩)

한국외국어대학교 상경대학 경제학과(경제학사) 및 동국대학교 대학원 불교학과(철학박사)
한국불교연구원 전임연구원, 금강대학교 불교문화연구소 HK교수
(현) 동국대학교 경주캠퍼스 불교학부 교수
저서: 불교, 동아시아를 만나다, 동아시아 종파불교(공저)
논문: 화엄경의 편집의 사상적 배경에 대한 고찰, 有关起信論成立的几点问题(기신론의 성립을 둘러싼 몇 가지 문제점), 起信論 註釋書に表れろ如來藏理解の變化(기신론 주석서에 나타난 여래장 이해의 변화, 지눌의 돈오와 점수에 대한 화엄성기론적 해석

안경식(安京植)

동아대학교 인문대학 및 한국학중앙연구원 한국학대학원, 국립대만사범대학(철학박사)
북경 제2외국어대학 교환교수
히로시마대학 교육학연구과 객원교수
동아대학교 인문대학 교수
한국교육사학회 회장, 한국교육사상연구회 회장
(현) 부산대학교 사범대학 교육학과 교수
저서: 한국전통아동교육사상, 소파 방정환의 아동교육운동과 사상,
　　　구비문학에 나타난 한국전통교육

이지중(李之中)

동아대학교 인문대학 교육학과(문학사) 및 동국대학교 교육학과(교육학석사)
동국대학교 대학원(교육학박사)
(현) 국립 한국복지대학교 장애상담과 교수
저서: 교육과 언어의 성격, 초월과 보편의 경계에서(공저)

이철헌(李哲憲)

동국대학교 대학원(철학박사)
(현) 동국대학교 경주캠퍼스 교수
저서: 붓다의 근본 가르침, 대승불교의 가르침, 갈등치유론(공저)
역서: 문수사리보살최상승무생계경(공역)

정혜정(丁惠貞)

숙명여자대학교 문과대학 교육학과(문학사) 및 동 대학원(교육학석사)
동국대학교 교육철학(교육학박사)
중앙대학교 초빙교수
(현) 원광대학교 HK연구교수
저서: 동학·천도교의 교육사상과 실천, 동학의 심성론과 마음공부, '몸-마음'의 현상과 영성적 전
　　　환, 일본의 근대화와 조선의 근대(공저), 마음과 마음: 동서 마음 비교(공저)
역서: 진리의식의 마음(스리 오로빈도)

교육과 한국불교

2017년 8월 10일 1판 1쇄 인쇄
2017년 8월 25일 1판 1쇄 발행

지은이 • 김방룡 · 김정래 · 박보람 · 석길암 · 안경식 · 이지중 · 이철헌 · 정혜정
펴낸이 • 김진환
펴낸곳 • (주) **학 지 사**
　　　　04031 서울특별시 마포구 양화로 15길 20 마인드월드빌딩
대표전화 • 02)330-5114　　　팩스 • 02)324-2345
등록번호 • 제313-2006-000265호

홈페이지 • http://www.hakjisa.co.kr
페이스북 • https://www.facebook.com/hakjisabook

ISBN　978-89-997-1397-2　93370

정가　20,000원

이 도서의 국립중앙도서관 출판시도서목록(CIP)은 서지정보유통지
원시스템 홈페이지(http://seoji.nl.go.kr)와 국가자료공동목록시스템
(http://www.nl.go.kr/kolisnet)에서 이용하실 수 있습니다.
(CIP 제어번호: CIP2017025898)

교육문화출판미디어그룹 학 지 사

심리검사연구소 **인싸이트** www.inpsyt.co.kr
원격교육연수원 **카운피아** www.counpia.com
학술논문서비스 **뉴논문** www.newnonmun.com
간호보건의학출판 **정담미디어** www.jdmpub.com